FRIEDRICH CORNELIUS

JESUS DER MENSCH

FRIEDRICH CORNELIUS

JESUS DER MENSCH

IN SEINEM RELIGIONSGESCHICHTLICHEN ZUSAMMENHANG

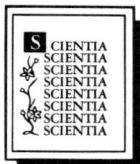

SCIENTIA

1973

SCIENTIA VERLAG AALEN

Meinen Kindern

Copyright 1973 by Scientia Verlag Aalen
Titelnummer 203/00120 * ISBN 3. 511. 00120. X.
Gesamtherstellung: fotokop wilhelm weihert kg.
Kleyerstraße 12, Darmstadt
PRINTED IN GERMANY

INHALT

Vorgedanken

Es gibt Theologen, die behaupten, was man geschichtlich erkläre, das entwerte man dadurch für den Glauben.[1] Ich behaupte umgekehrt, daß erst derjenige Zusammenhang, der geschichtlich vollkommen aufgeklärt ist, für eine theologische Deutung zugänglich wird. Freilich, der Historiker verfährt wie jeder, der wissenschaftlich arbeitet: er betrachtet die Geschehnisse nur so weit, wie sie in das Gebiet fallen, das seiner Methode zugänglich ist. Aber damit, daß er andere Seiten dieser Zusammenhänge ausklammert, braucht er diese nicht zu leugnen. Ich jedenfalls muß mich gegen diese Unterstellung ganz entschieden verwahren.

Gewiß, es gibt Gelehrte, die so von ihrer eigenen Methode besessen sind, daß sie über sie hinaus nichts wahrnehmen. So war die materialistische Naturwissenschaft des 19. Jahrhunderts von den Erfolgen ihrer Forschung so berauscht, daß sie meinte, alle Zusammenhänge des Lebens durch Kraft und Stoff erklären zu können. Auf die Frage, wie die chemischen Vorgänge im lebendigen Körper verlaufen, antworteten die Experimente: genau wie außerhalb desselben; auf die Frage, wie die Bewegungen des Körpers physikalisch bedingt seien, kam die Antwort: nach denselben allgemein gültigen Bewegungsgesetzen, wie außerhalb. Und das mißverstand sie (und die Ideologie des Ostens, die ja hundert Jahre rückständig ist, tut das noch heute), es gebe nur physikalische und chemische Vorgänge im Körper. Sie merkte nicht, daß sie eben vor der Untersuchung von den eigentlichen Lebensvorgängen abstrahiert hatte. Ein Mensch stürzt nach den gleichen Fallgesetzen vom Berge, wie ein Stein; muß uns deshalb sein Sturz ebenso gleichgültig sein? Der Denkfehler wird am sichtbarsten, sobald wir die Gegenfrage stellen: wann hat ein Stein den Berg erstiegen?

Nein, wenn ich das Funktionieren einer Schreibmaschine oder eines Gehirns physikalisch genau durchschaut habe, so weiß ich damit noch gar nichts über den Sinn von dem, was auf der Maschine oder vermittelst des Gehirns geschrieben oder getan wird.[2] Die physikalisch-chemische Betrachtungsweise gibt uns von den Lebens- und Seelenvorgängen selbst nicht die geringste Kunde: sie sieht im Voraus von ihnen ab.

Und das gleiche Verhältnis waltet zwischen der Geschichtswissenschaft und der Theologie. Ob z.B. Lukas 9,60 der ursprüngliche Text lautete: „Laß die Toten ihre Toten begraben" oder „Laß die Toten dem Totengräber"[3], das ist eine philologische Frage. Ob Jesus den Ausspruch wirklich getan hat, und wenn er ihn getan hat, wie er sich in sein gesamtes Denken und seine zeitgegebenen Voraussetzungen einordnet, das ist die Frage, die der Historiker zu beantworten hat. Ob er mit diesem Wort einen Einblick in die Welt nach dem Tode und in die wahren Bedürfnisse des Toten mitzuteilen hatte und welchen, das ist die theologische Fragestellung, die außerhalb des geschichtlichen Bereiches fällt und mit geschichtlicher Methode nie beantwortet werden kann. Aber diese Frage kann erst gestellt werden, wenn die historische Frage beantwortet ist. Erst wenn wir wissen, was Jesus eigentlich mit dem Worte gesagt hat, kann die theologische Frage einsetzen — sonst geht es so wie bei manchen Sekten, die aus Übersetzungsfehlern neue Wahrheiten ableiten möchten.

Aus diesem Grunde ist eine Darstellung von Jesus ohne theologische Voraussetzungen vom rein geschichtlichen Standpunkt aus nicht nur für den historisch denkenden Menschen unserer Zeit notwendig, sondern sogar für jede Theologie eine notwendige Vorarbeit. Welche Folgerungen für den Glauben allerdings daraus zu ziehen sein werden, das darf der Historiker nicht fragen. In diesem Sinne muß ich mich ebensosehr gegen diejenige theologische Richtung wenden, die versucht, die Geschichte mundtot zu machen, wie gegen die Fehlauslegung der Geschichte, die der Religion das Daseinsrecht absprechen will, weil sich alles natürlich erklären lasse. Beides sind Plattheiten des liberalen Zeitalters, über die uns die herzzerreißenden Erlebnisse unseres Jahrhunderts hinausgeführt haben sollten. Wir können geschichtlich feststellen, was Menschen zu anderer Zeit gedacht haben und wie sie zu ihren Anschauungen gekommen sind. Ob diese Anschauungen wahr oder irrig waren, darüber muß nach anderen Maßstäben als den geschichtlichen geurteilt werden.

Aber auch der Theologie leistet die Geschichte eine notwendige Vorarbeit, wenn sie die menschlichen Zusammenhänge der Religionsgeschichte besser kennen lehrt. Die Forschung bringt dabei manches zu Tage, was den herkömmlichen Anschauungen widerstreitet — sonst wäre sie keine Forschung. Sie kann die Theologie dadurch vielleicht von veraltetem Ballast befreien und ihr Gelegenheit geben, den Glauben zu vertiefen.

Namentlich möchte ich unterstreichen: was für den Geschichtsforscher Visionen sind (echte Visionen, nicht krankhafte Halluzinationen), das sind vom theologischen Standpunkt aus gesehen göttliche Begnadungen. Sie enthalten über ihre geschichtliche Bedeutung hinaus noch einen überweltlichen Sinn. In die Geschichte geht dieser Sinn eben durch die Auffassung des Menschen ein, der die Vision erlebt und deutet.

Bei dieser Gelegenheit muß ich den Unterschied zwischen visionärem und ekstatischem Erleben unterstreichen. Visionen sind Einblicke in transzendente Zusammenhänge, die sich dem Erlebenden ungewollt mitten im normalen Seelenleben aufdrängen. Er kann sich sogar gleichzeitig kritisch bewußt bleiben, daß sie zur alltäglichen Erfahrung nicht stimmen, — wie

es das Buch Jonas naiv schildert. Ekstase dagegen ist mehr oder minder methodisch gesuchte „Erkenntnis übersinnlicher Welten", oft durch narkotische Mittel angeregt, wie bei den orphischen Zirkeln des späten Griechentums oder den Haschischrauchern des Islam. Von den primitiven Schamanen an bis zu den heutigen Anthroposophen: stets sind die Erkenntnisse der Ekstatiker Spiegelungen ihrer Wachbegriffe, die nur scheinbar in transzendentem Licht erstrahlen. Die Ekstase zeigt nur dem die Wahrheit, der schon vorher in der Wahrheit gelebt hat; wer aber vom Irrtum herkommt, erlebt auch in der Ekstase seine Irrtümer von neuem. Die Überlieferung zeigt uns Jesus als visionären Menschen. Das gehört zu den Zügen, die unserer Zeit unverständlich geworden sind. Die visionäre Begabung ist zwar nicht ausgestorben, aber sie wird von den heutigen Menschen als Abnormität gewertet. Nun gibt es allerdings Visionen, die den Ausbruch einer Geisteskrankheit begleiten oder vorbereiten (wie z.B. Hölderlin bei seiner verhängnisvollen Heimreise aus Frankreich „überfallen" wurde[4], oder Nietzsche seinen Zarathustra „diktieren hörte"[5]). Aber Visionen begleiten die Religionsgeschichte durch alle Zeiten, auch Visionen von durchaus gesunden Menschen.[6] Die Vision gibt einen Blick frei in eine über die gewöhnlichen Sinne hinausliegende Welt. Ob diese Einblicke Wahrheit oder nur Schein darbieten, darüber hat der Historiker kein Urteil abzugeben. Er kann sie nur festhalten als Ereignisse, und zwar als die wirksamsten Ereignisse der Religionsgeschichte überhaupt. Er kann auch ihre psychologischen Voraussetzungen zu klären suchen. Denn selten wird jemandem eine Vision zu teil, der nicht seelisch und sogar leiblich darauf vorbereitet ist. (Darüber und nur darüber hat auch der Psychiater mitzureden.) Es gehen auch Beziehungen zur Alltagswelt in das visionäre Erleben ein, und soweit allerdings darf und soll es der Historiker untersuchen. Aber ich verwahre mich ausdrücklich dagegen, als ob ich meinte, daß mit dieser geschichtlichen Einordnung der Sinn der Visionen und ihr Wahrheitsgehalt erschöpft werde.[7]
Visionäre göttliche Begnadungen hat es allerdings nicht nur in Palästina gegeben. Gott ist nicht nur einem einzigen Volke eigen. Weder die Juden noch die Christen sind in diesem Sinne ein auserlesenes Volk. Darüber hat schon der ähnlich geurteilt, dem dieses Buch gilt, Jesus von Nazareth.

Anmerkungen

1   z.B. E. Käsemann mehrfach.
2   Vgl. den ähnlichen Gedanken Plutarch, de defectu oraculorum 47.
3   Perles, ZNW XIX 2,19, S. 96.
4   Hölderlin sagt darüber in „Patmos":

> Wenn aber einer . . .
> Mich überfiele, daß ich staunt' und von dem Gotte
> Das Bild nachahmen möchte, ein Knecht . . .

Er meinte also nicht von Räubern überfallen worden zu sein, wie Schwab in seiner Biographie mißverstand, sondern er war von einer Vision überfallen worden.

5   Nietzsche beschreibt das selbst in „Ecce homo".

6   Für die homerischen Griechen müssen die Visionen allgemein bekannte Erlebnisse gewesen sein, da der Dichter dem Achilleus, dem Paris, der Helena, dem Diomedes und besonders dem Odysseus und dem Telemachos immer wieder solche zuschreibt. Ebenso sollen in Irland besonders die visionären Begegnungen mit Verstorbenen kaum irgend jemandem fremd sein.

7   Ich habe diese Sicht bisher nur in gebundener Rede vorgetragen und verweise dafür vorerst auf meine Hefte: Das christliche Weltjahr; Der Tröster; Geheimnisse; Stimmen des Orients (alle Briefbuch Verlag, Greifenberg/Ammersee); Vergessene Götter (Verlag Karlsruher Bote); Blick hinter den Schleier (Verlag W. Eilers, München).

Erster Teil:
DIE UMWELT

I. Die drei Wurzeln des Christentums

1. Israel und die judäische Gesetzesreligion

Um Jesus zu verstehen, muß man die Umwelt kennen, in die er hinein-
geboren war, vor allem die bunte Vielfalt der Religionen, denen die
Menschen um ihn her anhingen. Der Schauplatz seines Lebens war das
kleine Ländchen, das die asiatischen Kulturländer mit Afrika verbindet.
Anfangs hieß es Kanaan, d.h. Purpurland. Später gaben ihm die Griechen
den Namen Palaistina nach dem Volk der Palaister, das um 1200 v. Chr.
in die Küstenlandschaft einwanderte, und uns in der falschen Aussprache
Philister volkstümlich geworden ist. Auf der Karte sieht die Landbrücke
nach Afrika viel breiter aus; aber was östlich und südlich von Palästina
sich anschließt, ist fast unbewohnbare Wüste. Das Land ist heute wieder
voll politischer Spannungen, und daher in Umrissen jedem bekannt.

Der fruchtbare, aber hafenarme ziemlich ebene Küstenstreifen, in dem
die Palaister sich niederließen, von südlich Gaza bis zur Bergnase des
Karmel wurde im Altertum nie zu Israel gerechnet, noch jemals von
Israeliten besiedelt. Er wird im Osten von rauhen Gebirgen überragt, die
zum Hochland von Judäa und seiner Hauptstadt Jerusalem mehr als 1000
Meter ansteigen, um dann wieder schroff zum tiefen, bis weit unter
Meereshöhe absinkenden Spalt des Jordantales abzufallen. Jenseits des
Jordan folgt wieder ein Hochplateau mit tiefeingefurchten Flußtälern,
das schnell in die unbewohnbare arabische Wüste übergeht. Im Süden
wird Palästina von einer gebirgigen Öde eingefaßt, in der nur wandernde
Hirten ihre Herden von Ort zu Ort treiben und das spärliche Grün ab-
weiden. Diese Landschaft hieß im Altertum Edom. Noch weiter im
Süden folgt die regelrechte Wüste der Sinai-Halbinsel. Das Jordantal ist
der nördliche Ausläufer jener ungeheuren Erdkluft, welche als afrikanischer Graben bekannt ist. In ihr sind die Vulkane von Abessinien und
Kenia emporgequollen, während andere Teile mit Wasser angefüllt das
Rote Meer und den Njassa-See bilden. Auch das Südende des Jordan-
laufes ist ein See, das Tote Meer, dessen Spiegel noch fast 400 m unter
dem Meeresspiegel liegt, die tiefste Senke der Landflächen auf der Erde.
Es ist eine Salzlauge und dazu von vulkanischen Ausscheidungen ver-
pestet, so daß kein Lebewesen darin gedeihen kann. Im Altertum hieß es
der Asphalt-See.

Das Gebirgsland westlich des Jordan enthält große Gegensätze. Im Süden
herrschen schroffe, düstere Gebirgsformen vor. Der karge Boden enthält
gerade genug Grundwasser für dauernde Siedlungen. So ist diese Landschaft Judäa wie darauf angelegt, selbstwillige, gegen sich selbst und
gegen den Nebenmenschen harte Seelen zu erziehen. Noch härter werden

die Lebensbedingungen im Süden Judäas, wo nur künstliche Bewässerung dem Boden einen geringen Ertrag abgewinnen kann. Nach Norden geht Judäa in das Gebirge Ephraim über, dessen ehemals dichte Wälder um die Zeitwende wohl schon größtenteils verschwunden waren. Dieses Gebirgsland wird im Norden durch eine breite Talsenke begrenzt, die Ebene Jezreel. An diese Senke schließt sich im Norden Galiläa an, ein fruchtbares Mittelgebirge mit sanft geschwungenen Höhen voll Äckern und Weinbergen. Sein höchster Gipfel ist der Tabor. Im Osten wird Galiläa vom See Genezareth begrenzt, einem fischreichen Süßwassersee von sehr weiter Fläche, fast genau auf Meereshöhe. Er wird vom Jordan durchströmt. Die Landschaft jenseits davon hieß die Dekapolis, d.h. die zehn Städte und war um die Zeitwende hauptsächlich von Makedonen und Griechen besiedelt. Im Nordwesten wird Galiläa wieder von einem Gebirgszug begrenzt, der vom Karmel bis zur Jordanquelle eine wenig wegsame Scheidewand gegen Phönikien zieht.

Südlich grenzt an Palästina die Sinai-Halbinsel an, die die Landbrücke nach Ägypten bildet. Der Karawanenweg war viel begangen und daher auch die geistige Wechselwirkung stark. Aber um die Zeitwende hatte sich der altägyptische Glaube eingekapselt; die Priester blieben zwar dabei Ägyptens Könige, auch die Herrscher makedonischer, dann römischer Herkunft, als Gottessöhne und Verkörperungen eines Gottes und darum als Götter zu verehren; daneben heilige Tiere in den Tempeln zu halten, die ihnen die Götterbilder ersetzten, oder vielmehr umgekehrt ihnen schon als Götter gegolten hatten, ehe sie Götterbilder anzufertigen begonnen hatten. Darum erhielten die Götterstatuen dann Tierköpfe. Den Judäern kam diese Religion als abscheulich und lächerlich zugleich vor, und davon übertrugen sie ihre Abneigung auf das Volk selbst, das eine so verkehrte Religion hatte, deren eigentlichen frommen Sinn niemand mehr erfaßte.[1] Man merkt es besonders an der Art, wie Josephos die Behauptung abwehrt, die Judäer könnten Nachkommen von Ägyptern sein — schon der Gedanke macht ihm Grauen: er deutet an der Urkunde, die ihn begründet, so lange herum, bis sie das Gegenteil aussagt. Von diesem Glauben also scheint direkt keine Ausstrahlung mehr nach Judäa gelangt zu sein.

Wohl aber war Ägypten zugleich das Land uralter Wissenschaft. Und besonders die Heilkunst konnte man dort lernen. Zwar war die ägyptische Heilkunst zu dieser Zeit mit allerlei Zauberwesen durchsetzt — die Ägyptischen Ärzte wußten sehr gut, daß Zauberformeln, auch wenn sie sinnlos klingen, das Unterbewußtsein beeinflussen können, und nützten dieses Wissen aus. Aber sie hatten daneben seit mehr als 2000 Jahren eine nüchterne medizinische Wissenschaft. Sie kannten schon die Antibiotica, die aus den Exkrementen verschiedener Tiere zu gewinnen sind. So waren die ägyptischen Ärzte neben den griechischen die berühmtesten ihrer Zeit.

In Phönikien ragte aus dem geistigen Erbe der ausgehenden Steinzeit ein schauerlicher Brauch in die spätere Geschichte hinüber. Man brachte nach altem Herkommen die Erstlinge des Feldes einem Gotte zum Brandopfer dar. Aber ebenso gehörte das erste Kalb, das eine Kuh warf, das erste Lamm jedes Mutterschafes, wenn es männlich war, dem Gotte. Schon im vierten Jahrtausend wurde dieser Brauch auf die menschliche Erstgeburt ausgedehnt. Mindestens in Notzeiten, auf Orakelweisung oder Gelöbnis hin, wurde sie dem Gotte als Brandopfer dargebracht. Wir kennen eine unterirdische Verbrennungsstätte in einer Höhle bei Gezer.[2] Sie stimmt genau mit der Sitte überein, die im ersten Jahrtausend als Molochopfer beschrieben wird, mag nun Moloch den Gott oder das Gelöbnis bedeuten.[3] Es war darum für das Volk in der Nachbarschaft Palästinas ein altvertrauter Gedanke, daß ein Vater seinen eigenen Erstgeborenen, vielleicht den einzigen Sohn, zum Opfer geben könne für die Not seines Volkes. Auch vom Stammvater der Israeliten, von Abraham, wurde die Bereitschaft zu solchem Opfer erzählt. Und wenn man den Menschen bewunderte, der solche grausame Minderung der eigenen Familie auf sich nahm, wie nahe lag es, gleiches von einem Gott zu erzählen. Tatsächlich berichtet uns Philo von Byblos ein ähnliches Sohnesopfer, das El, der höchste Gott der Phöniker zur Sühne dargebracht habe.[4] Solcher Glaube war also um die Zeitenwende in der Nachbarschaft Palästinas lebendig.

Andererseits war Kanaan seit dem 2. Jahrtausend v. Chr. in den Kulturkreis der Keilschriftvölker einbezogen, und seine religiösen Bräuche waren weitgehend nach dem Vorbild des babylonischen Gottesdienstes geprägt. Die babylonische Religion erschütterte die Seelen durch Totenklagen um den verschwundenen Gott Tammuz oder phönikisch Baal — mit dem Aufschrei, den nur die orientalische Trauer kennt, — um aus diesem tiefsten Jammer durch die Kunde: der Gott ist auferstanden und erscheint, in ebenso unbändigen Jubel umzuspringen. In dieser Aufregung der gesteigerten Affekte erlebte der Phönikier wie der Babylonier seine Gottesnähe.[5]

Nicht minder waren nach Phönikien die Kulte der Göttinnen von Babylonien gedrungen. In diesen Kulten mußten sich die Dienerinnen und verschnittenen Diener (Galli[6]) der Göttin der sogenannten freien Liebe hingeben. Kurz diese Tempel waren nur dadurch von den Bordellen unterschieden, daß die Dirnen sich nicht um eigener Gewinnsucht sondern zu Ehren der Göttin und zu Nutzen des Tempels den Begierden der zuströmenden Verehrer preisgaben. Dadurch wurde die schmähliche Entwürdigung des Weibes gemildert, die Heiligkeit des Liebeslebens auch in seiner niedrigsten Form noch gewahrt.

In schroffem Gegensatz sowohl zur ägyptischen als auch zur phönikischen Religion hat sich die alttestamentliche Religion Israels ausgeformt. Der Gedanke, daß nur ein Gott existiere, der verborgene Schöpfer der Welt, knüpft an alte ägyptische Geheimlehren an; und Israel verehrte diesen Gott durch Brandopfer, wie es die Babylonier und Phöniker taten. Auch der Gedanke der Sünde, die den Zorn eines Gottes hervorrufe, und die Sage von der Sintflut, in der Gott einmal alle Menschen bis auf einen Weisen vernichtet habe, stammt aus Babylonien.

Aber wenn die Ägypter die Götter in Tiergestalt verehrten, so war für den Israeliten das Tier lediglich um des Menschen willen geschaffen, und es war sündhaft, sich Gott als Tier vorzustellen; ja alle anderen Götter neben dem einen Jahweh waren nur „Nichtse".[7] Ebenso lehnten sie die Göttlichkeit der Könige ab, die den Ägyptern die Grundlage ihres staatlichen Daseins war. Und hoffte der Ägypter, nach dem Tode ein Gott unter Göttern zu werden, so waren dem Israeliten die Verstorbenen wesenlose Schatten, höchstens Gespenster. Deswegen schienen ihnen umgekehrt auch die sterbenden Götter der Babylonier und Phöniker lächerlich. Am schroffsten aber wandten sie sich gegen die sinnlichen Kulte ihrer Umgebung. Jede Art von Liebe außerhalb der Ehe war ihnen Sünde, verstieß gegen Gottes Gebote.

Den einzigen Gott, den Schöpfer Jahweh, hatte Moses verkündet;[8] dieser Gott hatte sich Israel aus allen Völkern auserwählt — d.h. ursprünglich eben diejenigen, die sich der Predigt des Moses zugewandt hatten. Er hatte am Sinai — nicht dem Berge, der heute diesen Namen führt, sondern dem Djebel Yelleg in der Oase von Kadesch Barnea — einen Bund mit diesem Volke geschlossen, und ihm seinen Schutz für alle Zeiten zugesagt. Dafür sollte sich das Volk auf die Gesetze verpflichten, die Jahweh ihm gab. Das waren zunächst die bekannten zehn Gebote. Das zehnte Gebot, das bedeutet: Du sollst dich nicht auf Kosten deines Bruders bereichern, wurde alsbald durch weitere Gesetze erläutert, als Verbot Boden aufzukaufen oder Zins zu nehmen. Ebenso fanden sich zu dem Gesetze sehr bald bestimmte Kultbräuche hinzu, vor allem die Beschneidung, mit der das Kind Jahweh geweiht wurde, und die drei großen Jahresfeste, bei denen jeder sich am Altar Jahwehs einfinden sollte: das Passah (oder Pessach) Fest zur Erinnerung an die Befreiung aus der ägyptischen Knechtschaft; 50 Tage später das Wochenfest zur Erinnerung an die Gesetzgebung. Beide waren zugleich die Feiern zu Beginn und Abschluß der Getreideernte. Ihnen entsprach das dritte große

Fest im Herbst, das Laubhüttenfest, das Fest der Weinlese, dem zugleich die Bedeutung beigelegt wurde, an das Leben der Vorfahren in Zelten in der Wüste zu erinnern.

Nachdem Israel seßhaft geworden war, erlebte es etwa 200 Jahre nach Moses eine kurze Glanzzeit unter den Königen David, der Jerusalem zu seiner Hauptstadt machte, und seinem Sohne Salomo, der dort den Tempel errichtete, als kultischen und nationalen Mittelpunkt. Aber schon bei dessen Tode spaltete sich das Volk in zwei Kleinstaaten, die unaufhörlich miteinander haderten, bis das nördliche Israel durch die Assyrer (722 v. Chr.), der Reststaat Juda durch Nabukodrossor (verschrieben Nebukadnezar) von Babylon vernichtet wurde.

Aber obwohl damals die ganze besitzende Bevölkerung nach Medien und Babylonien verschleppt wurde, hielten wenigstens die Gefangenen aus Juda zusammen, durch den Jahweh-Glauben zu einer Kultgemeinschaft zusammengefügt. Als nach fünfzig Jahren Kyros der Perserkönig ihnen die Rückkehr nach Judäa gestattete, ergriff nur ein Teil die Gelegenheit, ein anderer blieb im Irak. Das Königtum allerdings wurde zwei Jahrzehnte später beseitigt, als es sich bei Wirren im Perserreich unzuverlässig gezeigt hatte. Als höchste Autorität unter dem persischen Statthalter blieb dem Volke der Oberpriester am neuerbauten Tempel von Jerusalem.

In der Zeit, die sie in Babylonien zu leben gezwungen waren, hatten die führenden Männer alle Rechtsgewohnheiten der Heimat und besonders die Priester alle Riten, die am Tempel üblich waren, gesammelt und niedergeschrieben. Als Darius I. verordnete, daß jedes Volk seine hergebrachten Gesetze schriftlich niederlegen sollte,[9] arbeitete wahrscheinlich der Schreiber Ezra diese Sammlung der Rechtsbräuche und alle alten Sagen der Zeit bis Moses, denen sich eine rechtlich vorbildliche Handlung entnehmen ließ, zur Thora, den fünf Büchern von Moses[10] zusammen. Und mit Hilfe eines Sonderbeauftragten des Perserkönigs aus judäischem Stamme, des königlichen Mundschenks Nehemia[11] brachte er es dahin, daß sich der ganze in Judäa wieder ansässig gewordene Teil des Volkes eidlich auf die Beobachtung dieses Gesetzes verpflichtete. Und allmählich lebte sich dieses Gesetz in dem anfangs widerwilligen Volke ein. So wurde aus der Nation von Juda die Gemeinde einer Religion von eigener Art, einer Religion der Gesetzeserfüllung.

Was waren die Kennzeichen dieses Gesetzes?

Vor allem, der Judäer sollte nur den einen Gott verehren, Jahweh, dem er durch die Beschneidung gelobt war. Nicht nur die Verehrung fremder Götter war strafbar, sondern alles, was indirekt zu einem solchen Dienst verführen konnte. Deswegen war die Ehe mit Weibern der Nachbarvölker

16

verboten — während ein Fremder, der sich lange im Lande aufgehalten hatte und „gottesfürchtig" geworden war, d.h. die Formen des mosaischen Glaubens angenommen hatte, für die eheliche Verbindung als Judäer behandelt werden durfte. Nicht Rassenreinheit also war das Ziel dieser ehelichen Abtrennung, sondern Unversehrtheit der Religion.

Der Judäer aber sollte den Namen Jahweh nicht profan in den Mund nehmen. Das steigerte sich bald dahin, daß er sogar im Gottesdienst nicht ausgesprochen wurde. Wo er in der Schrift oder den Propheten geschrieben war, da sagte man statt dessen Adonai, der Herr. (Später schrieb man deswegen die Vokale dieses Ersatzwortes zu dem Namen, wodurch sich für Unkundige die Aussprache Jehowah ergab.) Das Gebot wurde also als Tabu gegenüber einem magisch wirksamen Namen aufgefaßt. Das ist nicht der einzige Rückfall in primitive Magie. Galten doch später auch die Gesetzesrollen, aus denen in den Versammlungen verlesen wurde, als magisch geladen: wer sie berührte, dessen Hände wurden „unrein", mußten durch Waschung von dem Zauber befreit werden, der an ihnen haftete[12].

Der Judäer sollte sich kein Bild von seinem Gotte machen, es anzubeten. Auch da scheint ganz urtümliche Denkart nachzuwirken, für die das Bild und das Wesen dasselbe ist. Später hat das Judentum daher jedes heilige Bild verpönt, und es war eine große Überraschung, als in Dura eine Synagoge aus dem 3. Jahrhundert n. Chr. aufgedeckt wurde, die mit Bildszenen aus dem Alten Testament reichlich geschmückt war. Die Judäer um die Zeitenwende legten das Gebot also noch nicht so fanatisch aus wie die Bilderstürmer der Reformationszeit.

Das äußere Kennzeichen des Gläubigen war außer der Beschneidung und den mannigfachen Speisegeboten die strenge Arbeitsruhe am Sabbat. Keine Tätigkeit, die dem Alltag diente, war an diesem Tage erlaubt vom Freitagabend an, wo der „König Sabbat" (nach späterer Redeweise) mit dem Entzünden von Lichtern begrüßt wurde. Der Judäer konnte an diesem Tage nur verzehren, was er am vorherigen Tage zubereitet hatte; mußte er am Sabbat von daheim entfernt sein, so konnte er nur essen, was er mitgenommen hatte — denn auch bei einem andern Judäer etwas zu kaufen, wäre schon verbotene Tätigkeit gewesen. Da oft die Möglichkeit fehlte, Speise vorher zu bereiten, so sahen die Griechen manche Judäer an diesem Tage auf Speise verzichten und hielten daher den Sabbat für einen Fasttag. Aber so war er nicht gemeint: er sollte ein Freudentag und eine Erinnerung an den Paradieseszustand sein, in dem der Mensch noch nicht dazu verflucht war, zu arbeiten. Vor allem aber war er eine Nachahmung des Gottes, der nach dem Schöpfungsbericht selbst am siebenten Tage geruht, das Werk der sechs vorherigen Tage überschaut und alles sehr gut gefunden hatte.

Das Gesetz schrieb weiter eine Unmenge von Speisegeboten vor. Manche sind ursprünglich hygienischer Natur. So ist der Abscheu vor Schweinefleisch wahrscheinlich von der Gefahr der Trichinen und Finnen ausgegangen. Auch Blutwurst und ähnliches war in dem heißen Klima Palästinas in Gefahr, rasch zu verderben. Aber mehr noch hing sich an diese Gebote der religiöse Tabu-Geist. Jahweh hatte den Genuß verboten — war doch das Schwein das Opfertier der griechischen Demeter und der ihr gleichgesetzten ägyptischen Göttinnen. Der Abscheu vor dem Blutgenuß aber ging so weit, daß sich der judäische Schlächter einer besonderen Methode bedienen mußte, um das Fleisch des geschlachteten Tieres vollständig ausbluten zu lassen. Schächten nennt man sie. Und da die Völker umher diesen Abscheu vor dem Blute nicht hatten und überdies bei der Schlachtung das Tier einem ihrer Götter zu weihen pflegten, so durfte der Judäer nicht am Tische eines Andersgläubigen essen, um nicht am Götzendienst teilzunehmen. Sondern er mußte all sein Fleisch vom judäischen Schächter beziehen, und der wachte natürlich genau darüber, daß dies Gebot nicht zu Gunsten seiner heidnischen Konkurrenz übertreten würde.

Von den weltlichen Rechten war der wichtigste Unterschied gegen die umwohnenden Völker, daß das mosaische Gesetz jede Aussetzung oder Abtreibung von Kindern verbot; so blieb das Volk trotz Not und Armut biologisch stets ein wachsendes Volk, während die Nachbarn sich selbst durch derlei Unsitten schwächten. Ebenso eigen waren die brutalen Strafen, die jeden unehelichen Geschlechtsverkehr mit dem Tode bedrohten, und die Verfehmung gegen das griechische Laster der Knabenliebe. Das Wirtschaftsrecht aber suchte die Familien schollenfest zu machen. Nicht nur war jeder Zins unter den Volksgenossen verboten, sondern im fünfzigsten Jahre[13], nach sieben Jahreswochen, sollte jeder Grundbesitz in die Hände des früheren Besitzers zurückkehren. Grundverkauf war also nur eine Abtretung für befristete Zeit. Das wirkte zwar dem Entstehen von Großgrundbesitz entgegen, ließ aber auch keine Anpassung des Bodenbesitzes an die wechselnde Kopfzahl der Familien zu.

Aber die Analogie des Sabbats der Woche forderte auch, daß jedes siebente Jahr als Sabbat-Jahr gehalten werden sollte. In diesem Jahre sollten alle Bauern ihre Äcker nicht bestellen. Gewiß wird die allgemeine Brache dem Boden gut getan haben, aber für das Volk, wenn nicht die vorherige Ernte sehr gut war, bedeutete das Brachjahr jedesmal ein Hungerjahr. Kein Wunder, daß diese Bestimmungen bald umgangen worden sind. Sie zeigen ja, daß sie aus dem Kopfe eines naturfremden Dogmatikers hervorgegangen sind.

So war die Einführung des Gesetzes zuerst auf vielerlei Widerstand gestoßen. Aber was zuerst Zwang gewesen war, das wurde allmählich Gewohnheit und schließlich geliebter Brauch der Heimat, den man in jede Fremde mittrug.

Die Judäer hatten neben dem Gesetze einen geistigen Rückhalt auch noch in der Literatur, die in dem Alten Testament gesammelt ist: eine reiche nationale Erinnerung in den Geschichtswerken, und eine immer neue Quelle religiöser Erhebung und sittlicher Maßstäbe in den prophetischen Schriften. Dazu kamen nun in der Zeit nach Ezra die Schriften, die später als die fünf Büchlein zusammengefaßt worden sind: darunter die Sammlung der Weisheitssprüche (wie sie ähnlich in Ägypten ein Vorbild hatte), das Buch Hiob, und vor allem die Psalmen, das religiöse Liederbuch.

Die Größe und Einseitigkeit der damaligen mosaischen Gemeinde ist scharf in ihnen abgespiegelt.

Die Psalmen sind religiöse Lieder für den Gottesdienst. Die meisten wurden dem König David zugeschrieben. Mit diesem Namen scheinen die Dichtungen gekennzeichnet, die seit Alters überliefert waren. Darunter waren Lieder zur Thronbesteigung der israelitischen[14] Könige. Eines beginnt: „Jahwe sagte zu meinem Herrn: setze dich zu meiner Rechten, bis ich deine Feinde zum Schemel deiner Füße mache." Das war altägyptische Ausdrucksweise: wir sehen die besiegten Feinde auf ägyptischen Darstellungen buchstäblich unter des Königs Füßen liegen. Dann wird dem neuen Herrscher das Bild eines heiligen Königs vorgehalten, nach dessen Weise er regieren solle. So gedankenlos wurde das Lied aber gesungen, daß aus den Worten „König der Gerechtigkeit" ein Eigenname Melchisedek herausgehört wurde, dessen Träger dann schon in einem jungen Stück der Thora (also jedenfalls vor Ezra) als Zeitgenosse und Opferpriester zur Zeit Abrahams eingeführt wird[15].

Wenn nun auch viele Psalmen aus der Zeit der Könige von Juda stammen mögen, so hat doch der Gebrauch sie ausgesiebt. Was nicht mehr in die Zeit paßte, wurde vergessen. Von den falschen Göttern, gegen die die Propheten hatten kämpfen müssen, ist fast nicht mehr die Rede. Unbestritten ist in den Liedern Jahweh der einzige Gott des Volkes und der Tempel in Jerusalem seine einzige Wohnung. Wohl gab es Gottlose, die das Gesetz verachteten, und zwar im eigenen Volke. Und diesen Gottlosen ging es oft besser als den Frommen. Man sieht, das Gesetz war zur Zeit dieser Lieder nicht nur durchgeführt, sondern der Eifer dafür schon wieder im Abnehmen. Aber die vom Glauben abfielen, wandten sich nicht andern Göttern zu, sondern verfielen dem Unglauben — einer im Orient bisher unbekannten, wohl aber in der griechischen Philosophie vorhandenen Seelenverfassung. Solche Lieder gehören also frühestens in das Ende der Perserzeit, wahrscheinlicher schon in den Beginn der griechischen Herrschaft.

In kühnen und oft herrlichen Bildern preisen die Psalmen die Erhabenheit Jahwehs, des Herrn aller Völker und aller Geschöpfe der Erde und des Himmels. An ihn kann darum auch jedes Gebilde erinnern. Wie der Hirsch nach frischem Wasser, sehnt sich die Seele nach ihm. Seine Güte reicht so weit, wie die Wolken wehen, und seine Treue so weit der Himmel ist.

Um so auffallender ist, wie in den Psalmen die Grundstimmungen der altbabylonischen Gottesverehrung festgehalten sind. Wie der Babylonier über die Verfehlung gegrübelt hatte, die er nicht kenne, über den Götterzorn, den er sich unwissend zugezogen habe, so stehen die Psalmensänger gedrückt vom Gedanken an die Sünde, das heißt die Übertretung des Gottesgesetzes, und an den Zorn Jahwehs, der sie dafür treffen könne. Man klagt und jubelt nicht mehr über Tammuz; aber die Zerknirschung über die Sünde zerfleischt die Seelen, wie ehemals die Trauer über den toten Gott bewirkte, daß sich die Frauen die Brüste wund schlugen. Und wie damals springt in den Psalmen die Trauer in Jubel um: in hunderterlei Tönen wird gepriesen, daß Jahweh dennoch barmherzig sei und die Sünden vergebe, daß er sein Volk nicht verlassen werde, sondern dessen Feinde vernichten; ja schließlich würden alle Heiden kommen, sich vor ihm zu neigen. Es ist also dasselbe Aufpeitschen der Affekte, erst der Trauer, dann der Lust, und derselbe, plötzliche Übergang wie im Tammuzkulte, aber die Affekte sind vergeistigt. Diese Art von Gottesdienst belebt zwar die sicherste Glaubensgewißheit, aber der Gläubige gewinnt keine Ruhe in Gott, sondern seine Gefühle werden im Gegenteil aufgewirbelt. Die Lust, die er findet, ist oft der Triumph, daß die Feinde seines Volkes und seines Gottes vernichtet würden — die Wollust der Rachsucht, die der Dichter wenigstens in der Vorstellung vorweg genießt. Das gilt selbst für den 103. Psalm, in welchem die Barmherzigkeit Jahwehs als des Vaters seines Volkes gepriesen wird, vielfach mit dem Wortschatz des zweiten Jesaias. Die Vergeltung für erlittenes Unrecht gehört auch hier mit zu den Zeichen der göttlichen Gnade. So zeigt gerade dieses Gedicht, das so sehr in die christliche Zukunft vorauszuweisen scheint, wie der Judäer aus der Aufpeitschung der Affekte nicht herauskonnte. Es fehlte in seiner Gottesverehrung die „schöpferische Pause", trotz aller Sabbat-Feier. Gerade der Sabbat wurde ja mit diesen Liedern begangen.

Und darum fühlte sich dieses Volk einer Erlösung bedürftig, Erlösung im Sinne einer Befreiung vom Trieb zu verbotenen Dingen. Seine Religion der Gesetzeserfüllung gab ihm den Seelenfrieden nicht. Sie vereinte nicht

20

mit Gott, sondern stellte Gott als fordernden Vertragspartner und Rächer dem Menschen gegenüber.

Dies ist der Seelenzustand, aus dem das Christentum entsprungen ist.

Anmerkungen

1 Vgl. dazu besonders H. Kees Der Götterglaube der alten Ägypter, 1941; und S. Morenz, Ägyptische Religion 1960. Ich selbst habe in meiner Geistesgeschichte der Frühzeit II 1, 1962, S. 73 ff versucht, die ägyptische Religion dem religionsgeschichtlichen Verständnis unserer Tage näher zu bringen (wo ich S. 120, Z. 2 bei der Besprechung der Pyramidentexte zu verbessern bitte: Von Osiris ist weniger häufig die Rede, von Ptah gerade genug, um zu erweisen, daß sein Kult schon bestand.).
2 Vgl. Geistesgeschichte der Frühzeit I, 1960, S. 141.
3 O. Eissfeldt, Molk als Opferbegriff . . . und das Ende des Gottes Moloch, 1935. Dagegen aber W. F. Albright, Die Religion Israels . . ., 1956, S. 179 f.
4 Philo Byblios (F. Gr. Hist. III C 790 fr. 2 § 33)
5 Geistesgeschichte der Frühzeit II 1, S. 10 f. Ich nenne diese Art des Gotteserlebens Erschöpfungsmystik, um sie von der mystischen Versenkung der Inder, Neuplatoniker und deutschen Mystiker zu unterscheiden.
6 Das Wort hat nichts mit den Galliern zu tun, sondern ist sumerisch. Vgl. E. J. Gordon, Sumerian Proverbs, 1959, S. 310 f. Es ist eingewendet worden, daß die Urkunden Söhne von Kalu-Priestern erwähnen (ebenda S. 482; J. Renger Z. Ass. 59, S. 192 f). Da der kleinasiatische Kybele-Kult (= sumerisch Kubaba) die Selbstverstümmelung der Galli enthielt, ist der Einwand hinfällig: sie konnte auch in erwachsenem Alter nach Erzeugung von Kindern vorgenommen werden.
7 Elilim, in der deutschen Übersetzung durch „Götze" wiedergegeben.
8 Über die Anfänge der israelitischen Religion habe ich ausführlich Geistesgeschichte der Frühzeit II 2, 1967, S. 180 ff gehandelt, habe den Moses selbst ZAW 78, 1966, S. 75 ff in ägyptischer Urkunde aufgezeigt. Im übrigen setze ich die Geschichte Israels als bekannt voraus.
9 H. H. Schaeder „Das persische Weltreich", 1941, S. 25.
10 Die Kritik hat aus diesem Werk mehrere Quellenschriften aussondern können. Auch die Sagen über die Urzeit des Volkes Israel wurden in das Gesetzbuch aufgenommen, soweit sie als Praecedens-Fälle juristische Bedeutung hatten.
11 A. van Hoonacker hat versucht, die überlieferte Reihenfolge von Ezra und Nehemia umzukehren, und hat sehr viele Anhänger gefunden. Mir scheint das Verfahren geschichtlich unmöglich, die Darstellung, wie sie Ed. Meyer Geschichte des Altertums III 1 gegeben hat, die einleuchtendste. Vollends Forscher, die die Bücher der Chronik dem Ezra zuschreiben (was aber nicht beweisbar ist), müßten unterstellen, daß Ezra selbst sich falsch eingeordnet habe. Aber auch ohne das ist die Chronik, aus der die Bücher Ezra und Nehemia herausgenommen sind, zeitlich den Ereignissen nahe genug, so daß man ihr chronologische Glaubwürdigkeit wird zumessen müssen.
12 Heilige Schriften machen die Hände unrein: Strack-Billerbeck IV 1, S. 433 ff (Schab. 13b; 14a u. a.)
13 Nach inclusiver Zählweise, wie sie bei den Griechen üblich war, also nach 49 Jahren. Das Jubeljahr ist kein verdoppeltes Sabbat-Jahr, sondern das siebente solche Jahr.
14 Ein Thronbesteigungsfest Jahwehs, wie es die skandinavische Schule herauszuarbeiten sucht, hat es schwerlich gegeben. Nicht nur ist das babylonische Fest, das das Vorbild für die Theorie abgab, inzwischen als Fehldeutung entlarvt, sondern vor allem müßte ein solches Fest im Priesterkodex der Exilszeit, der alle kultischen Überlieferungen der judäischen Königszeit zu bewahren suchte, mit all seinen Riten aufgezeichnet sein. Hier ist der Schluß aus dem Schweigen der Quellen zwingend.
15 Genesis 14, ein Stück, das alte gute Überlieferung mit ganz später Zudichtung aus der Exilszeit vereinigt.

2. Der persische Lichtglaube

Die Kirchen fassen das Christentum als einen Blütenschoß aus der Wurzel des Judentums auf. Das ist geschichtlich nur halbwahr. Alt-Israel ist nur die eine der drei Wurzeln, aus denen diese Weltesche der letzten zwei Jahrtausende gewachsen ist. Die griechische Philosophie und die persische Religion sind gleichwertige Wurzeln seiner lebendigen Kräfte.

Die persische Religion ist das persönliche Werk Zarathustras. Der geschichtliche Hintergrund, aus dem heraus sie verständlich wird, ist verdunkelt worden. Zuerst hat die Verehrung seiner Anhänger Zarathustra zu einem mythischen Wesen unvordenklicher Zeit gemacht; dann ist sein Wesen durch irrige wissenschaftliche Ansätze unserer Tage keineswegs klarer geworden.[1] Glücklicherweise sagen uns seine eigenen Dichtungen, die den Kern des persischen Kultes bildeten, mit welchem Geiste er zu ringen hatte.

Seit mindestens Mitte des zweiten Jahrtausends lebte in Turkestan, Nordost-Iran und den anschließenden Teilen Indiens ein Volk, das sich selbst die Arier, das heißt etwa „die Recken" nannte. Diese Länder waren vor der Ankunft der Arier von einer dunklen Rasse bewohnt. Sie war den Ariern in der Entwicklung städtischer Lebensformen weit voraus, aber sie scheint befangen gewesen zu sein in ängstlichem Zauberglauben. Die eindringenden Arier verachteten diese schwarzen Stadtbewohner gründlich; sie schienen ihnen zu Sklaven geboren und für die niedrigsten Dienste gerade recht. Sie als erste begannen, den Rang der Menschen nach der Farbe zu bestimmen. Und sie hatten das „Recht", denn der Sieg gab ihnen die Macht dazu. Wehe dem „Sudra", der sich etwa an der Tochter eines Weißen vergriffen hätte! Aber auch die Arier selbst wollten von Mischung mit den dunklen Landestöchtern meist nichts wissen. Die Farben („Kasten") sollten getrennt bleiben. So lebten zwei Völker fast ohne Heiratsgemeinschaft miteinander in demselben Lande, die einen als Herren, die anderen als ausgebeutete Knechte, von Geburt an zu ewigem Dienste bestimmt. Dagegen scheint die Aufspaltung der Herrenschicht nach Berufen in weitere Kasten[16] erst nach Zarathustra geschehen zu sein.

Die Arier waren ein sehr selbstbewußtes Geschlecht. Auch die Götter, vermeinten sie, bedürfen unserer Hilfe, um ihre Feinde zu bezwingen. Was vermag denn der Feuergott Agni für sich allein, wenn der Priester nicht das Feuer entzündet? Der Gott des Soma-Trankes, der die Trinker berauschte, war er nicht abhängig davon, daß die Priester die Stengel der Soma-Pflanze (Rhabarber?)[2] auspreßten, abseihten und gären ließen? Und selbst Indra, der Gott des Mutes, mußte er nicht von den Dichtern gerufen werden, um die Soldaten zu befeuern, wenn sie in den Kampf zogen, und um sie aufzumuntern mit dem Beispiel dieses gewaltigen Kämpfers gegen böse Mächte? Dichter und Priester also waren Helfer der Götter, damit sie den Menschen Segen bringen konnten. Denn diese Götter waren nicht allmächtig, sondern hatten gegen die Mächte der Dürre und der Finsternis die Welt des lebendigen Gedeihens zu verteidigen. Sie waren Devas, d.h. Lichtbringer,[3] und zugleich Spender von Regen und Fruchtbarkeit; aber den Ariern wäre ein Leben ohne Kampf ein leeres Leben erschienen, und darum mußten auch die Götter streitfrohe Kämpfer sein.

Neben diesen Lichtgottheiten stand eine andere Göttergruppe, die man die Asuren nannte — das heißt ursprünglich vielleicht die Zauberkräftigen, oder etwa die Hehren. Der oberste und wichtigste unter ihnen war Varuna, der Gott des Eideszaubers, der den Eidbrüchigen in seinem Netze[4] verstrickt und bestraft. Er fordert Wahrhaftigkeit. Viel hoheitsvoller ragte dieser Eidgott schon von Anfang an über die Devas hervor. Ein anderer Asura war Mitra, iranisch Mithra, auch ein Gott des Rechtes, der „Freund" und Beistand, der Schützer der Verträge. Später wurde er mit der Sonne verglichen — die das Unrecht an den Tag bringt und also auch seit Urzeiten eine Rechtsgottheit war — doch war Mithra dem sichtbaren Gestirn übergeordnet.

Anfangs war das alles sehr echt und fromm gemeint. Wenn die Dichter des Veda die Götter besangen, so wollten sie diese feiern und auch ihren Hörern vor die Herzen, ja visionär vor die Augen rufen. Aber die Priester (Brahmanen), die das Opferfeuer entfachten, schätzten ihre Macht über die Götter so hoch ein, daß diese mehr ihre gehorsamen Geister schienen. Also nicht der Gott hat die Macht zu segnen oder zu verderben, sondern der Brahmane, der ihn durch Gebet, Lied und Opfer ruft und gnädig — oder ungnädig stimmt. Hütet euch, ihr Könige, einen Brahmanen zu beleidigen! Wenn ihr knausert und ihm nicht den Lohn gebt, den er fordert, so wird er das Opfer so vollziehen, daß es euch den Zorn des Gottes und nicht seine Gnade auf den Hals jagt! Die Schriften der Brahmanen gaben ausdrücklich Anweisungen darüber, wie man das Opfer in dieser Weise unbemerkt falsch vollziehen könne, um dem Auftraggeber zu schaden.

Aber diese Machtstellung machte den Brahmanen eine andere Menschengruppe streitig, die Yogin, die durch Beherrschung des Atems und der Begierden sich eine Kraft der Hypnose gewannen, mit der sie im Stande zu sein glaubten, die Weltordnung selbst zu ändern. In den indischen Heldenliedern wird erzählt, wie ein Yogin durch sein Machtwort einen Gott zur Geburt als Mensch zwingen konnte, oder durch seinen Fluch dem Vollmond die Schwindsucht auferlegt habe, so daß er zusammenschrumpfte, und nur durch ein gütigeres Wort desselben Yogin danach wieder zunehmen durfte. Durch Selbsthypnose hat ein Gott die Welt geschaffen, die dem Inder nichts war, als ein hypnotischer Traum (Maja). „Alles ist dem möglich, der glaubt", mit diesem Wort der Evangelien läßt sich die Weltsicht der Yogin auf kürzeste Formel bringen, wenn man statt „glaubt" setzt „auf seine eigene Kraft vertraut".

Aber nach der gleichen Weltsicht mußte jedes Tun und jedes Wort auch mit gleicher Kraft auf das eigene Dasein wirken, wenn nicht im Leben, dann nach dem Tode. Karma, ursprünglich ein Gott, bezeichnete die Macht dieses Nachwirkens. Es zwang die Menschen zur Wiedergeburt in neuer Gestalt. Der Mensch leide auf Erden das Schicksal, das er sich im vorigen Leben verdient habe. So tröstete man die Sudra über ihr Knechts-los: wenn sie geduldig und liebevoll ihr Leben vollendeten, so würden sie als Arier wiedergeboren werden. Die Brahmanen erhofften vom Leben in Priesterpflicht eine Wiedergeburt unter den Göttern. Dem Mörder aber stand eine Wiedergeburt als Tiger bevor, und so jedem, der Übles tat, eine andere Tiergestalt. Wahrscheinlich hatte schon der einheimische Glaube der Sudra von Wiedergeburt in Tieren erzählt, wie die Religion der Stämme auf den ostindischen Inseln noch heute tut.[5] Nur die Wertung der Tiergestalt als eines Absinkens von der erreichten Höhe des Menschentums ist das Neue.

Dies ist in kurze Formeln zusammengefaßt die Ordnung und Weltsicht, die Zarathustra vorfand und nun als großer Reformator umgestaltete. Er stammte der Überlieferung nach aus dem äußersten Westen des arischen Gebietes, aus Medien. Da hätte er leicht Gedanken der Keilschrift-Länder aufnehmen können; aber davon findet sich in seinen Gedichten keine sichere Spur. Sondern seine Gedanken gehen gradlinig aus denen der arischen Frühzeit hervor. Auch sprachlich war zu seiner Zeit der Unterschied zwischen indisch und iranisch nur mundartlich; er selbst hat ihn durch sein Werk vertieft.

Der fürstliche Stammbaum, der ihm zugeschrieben wird, ist wohl erfunden[6]: die Liebe zum Rind und die Hochschätzung der bäuerlichen Arbeit sind ihm sein Leben lang geblieben. Er wurde Sänger und mag die vedischen Lieder zum Opfer vorgetragen haben. Die Laufbahn des Brahmanen stand ihm also offen.

Aber er empörte sich gegen die Hinterlist, die im Kulte geübt wurde. Verlangt nicht Varuna die Wahrhaftigkeit? Und hier lernten die Brahmanenschüler, wie sie ihre Auftraggeber betrügen könnten! So geriet Zarathustra in einen sittlichen Gegensatz zu den Mächtigen seiner Umwelt. Der Zwist scheint ausgebrochen zu sein, als er bei einem feierlichen Rinderopfer zugegen war. Wie? Hatten die Götter nicht das Rind zum

24

Helfer des Menschen erschaffen? Und diese Brahmanen quälten es zu Tode bei ihrem Opfer. Zarathustra machte sich zum Anwalt des Rindes: er dichtete, wie es sein Schicksal vor dem hehren Weisen (Gott) beklage und wie dieser ihn, Zarathustra, berufe, für das Rind einzutreten.

Der Gegensatz verschärfte sich: nicht nur die Brahmanen belegte Zarathustra mit Schimpfnamen — Karapan (etwa „Jämmerlinge" oder „Murmler") und dergleichen, er sprach von dem „Harn eures Soma"; er erklärte die Devas, denen die Brahmanen dienten oder die ihnen dienten, für böse Geister — nicht Lichtbringer, sondern Trug-Genossen. Auch für seinen Gott der Wahrheit benützte er den alten Namen Varuna nicht mehr; er gab ihm den neuen Namen Asura Mazda, der hehre Weise. Und damit war er an einer Wende der Religionsgeschichte angelangt, er stand vor dem einen Gott der Wahrheit und fragte sich selbst: wie kam meine Seele wandernd bis hierher[7] — auf diesen Gipfel der Gottesschau?

Die beiden Kasten, die er vor sich sah, wurden ihm zum Vorbild der Geisterwelt. Auch da gibt es Mächte des Lichtes und der Finsternis. Dem lichten Gott dient der Mensch „durch reine Gedanken, durch wahre Worte, durch fleißige Tat"; den finsteren Gewalten durch Lüge, Schmutz und Trägheit, wie sie die Sudras kennzeichneten. Und wie die Brahmanen hofften, als Götter wiedergeboren zu werden, so werde es sich erfüllen: diese Trug-Genossen werden zu ihren Devs, zu den finsteren Geistern geraten, während der Mazda-Gläubige, der seinem Gott durch Wahrhaftigkeit dient, als Lichtwesen nach dem Tode ins Lichtreich aufsteige.

Damit war der Glaube an Himmel und Hölle, in unserer Sprache geredet, geboren. Und Zarathustra malte es näher aus, wie die lichte und finstere Macht einander bekämpfen — als Zwillinge, sagte er — und der Mensch die Aufgabe habe, in diesem Kampfe Partei zu nehmen. Er war Optimist genug, an einen endlichen Sieg des Lichtes zu glauben: vor dem Licht muß die Finsternis weichen, vor der Wahrheit wird die Lüge zunichte. Zuletzt werde ein großer Weltbrand kommen (dies könnte er aus den Lehren der Babylonier gehört haben). Wäre er Vernichtung? Ja, eine große Feuerprobe für alle Guten, wie sie das „Gottesgericht" der Arier auch als Probe für die Wahrheit des Eides gebrauchte. Die Wahrhaftigen werden sie überstehen, die Mächte der Finsternis werden von dem Übermaß des Lichtes in diesem Weltenbrand vernichtet. So mußte der Kampf der beiden Welten in einem letzten „Gerichte" enden, in dem nicht nur die Menschen, sondern die Götter selber sich bewähren mußten.

Dem großen Gott der Wahrheit standen Mächte zur Seite, man weiß nicht recht, ob Zarathustra sie als eigene Wesen oder als Auswirkungen seines Gottes verstanden hat: „guter Sinn, heiliger Geist, Wahrheit (Arta), Herrschermacht, Heil, Unsterblichkeit". Dazu die alte Erdgöttin Aramaiti; diesen Namen veränderte er durch ein Wortspiel so, daß er „frommen Sinn, Demut" bedeutete.[8] Er dichtete davon, daß der „gute Sinn" mit dieser „Demut" eine Ehe eingehe, und feierte dies als das Vorbild der menschlichen Ehe. Denn Ehe und Kinderzeugung sind Dienste am Werk des Ahura-Mazda, ebenso wie die Pflege des Ackers und des Viehs. Die neue Religion war darin allen Aufgaben des Lebens offen. Sie hat das ehelose Einsiedlerleben, das in Indien aufzukommen begann, als Dienst der Finsternis bekämpft.

In Baktra fand Zarathustra beim König Vistaspa einen Gönner, der seinen Glauben annahm[9], und damit gewann die neue Religion eine irdische Stätte. Freilich erregte sie den Widerstand der alten Gewalten, und es wird berichtet, daß Zarathustra selbst und Vistaspas Vater in den Tempeln von Baktra erschlagen worden seien. Es wird gewaltsam genug hergegangen sein. Aber das Endergebnis war: Iran von Baktra westwärts schloß sich in der Lehre des Zarathustra zusammen und verfestigte sich dadurch zu einer eigenen nationalen Gemeinschaft, die bald auch sprachlich ihre Eigenheiten ausbildete (z.B. Ahura statt Asura), während Indien am Glauben der Brahmanen festhielt und nun seinerseits die ehemals verehrten Asuren unter die bösen Geister zu rechnen anfing und eine vollkommene Gegenreform durchführte.

Die Anhänger des Zarathustra hatten später ihre eigenen Priester, die das heilige Feuer pflegten und die Gesänge ihres Propheten beim heiligen Dienste rezitierten. Magier heißen sie bei den Griechen, ich verstehe den Namen als „Hochwürden".[10]

Über den weiteren Verlauf sind wir nicht im einzelnen unterrichtet. Jedenfalls war unter Dareios I. (um 500) der Glaube Zarathustras die Staatsreligion des Perservolkes. Sein Sohn Xerxes rühmt sich in seinen Inschriften, den Kult der Devs unterdrückt zu haben. Das bezieht sich wahrscheinlich nicht nur auf sein Vorgehen gegen die Verehrung des Marduk von Babel. Denn Babylonien hatte einen Aufstand gegen das Perserreich versucht und sich dabei von den Priestern aufhetzen lassen; zur Strafe legte Xerxes den berühmten Hochtempel des Marduk-Bel in Trümmer und führte das goldene Standbild des Gottes aus dem Tempel in seine Schatzkammer. Die babylonischen Planetengötter scheinen also schon den Persern des 5. Jahrhunderts v. Chr. als Dämonen der Finsternis und Lüge gegolten zu haben.

Andererseits bestanden in den unteren Volksschichten Persiens die Kulte der Zeit vor Zarathustra fort[11]. Mithra, der Helfer in allerlei Nöten, eine wahrscheinlich urindogermanische Gottesgestalt[12], und Anahita, die Göttin der Liebe und der Gewässer, die ich für die Istar-Anunit[13] der Babylonier halte, wurden bald sogar von den Königen anerkannt. Sie wurden in den Inschriften neben Ahura-Mazda (griechisch Oromazdes) genannt[14] und empfingen öffentliche Verehrung. Bald kamen weitere Volksgötter hinzu. So verdunkelte sich der Glaube an den einzigen Gott des Lichtes und der Wahrheit. Das Formelwesen nahm überhand. Der Gottesdienst bestand in langen Litaneien, die die Magier vorzubeten hatten, und in einer Menge von Reinheitsvorschriften, ganz ähnlich wie in Judäa. Das war einer der Anknüpfungspunkte, über die sich die persische Religion dem mosaischen Glauben näherte und schließlich großenteils in ihn einschmelzen ließ. Diesen Vorgang und seine Beweggründe werden wir später kennenlernen.[15]

Anmerkungen

1   Siehe vorerst meine Indogermanische Religionsgeschichte § 146 ff und Anm. Inzwischen ist das schöne Buch von W. Hinz „Zarathustra" 1951 erschienen, das vor allem zum ersten Mal eine lesbare wissenschaftliche Übersetzung der Gathas gibt und außerdem die Triebfedern von Zarathustras religiösem Leben treffsicher herausarbeitet. Irrig scheint mir nur die Kontrastierung zum Mithraskult. Siehe unten S. 65 ff. Der Areimanios in den Mithrasinschriften (Cumont, Mysterien des Mithras 153) ist der Aryaman des Veda, nicht der Angra-Mainyu des Zarathustra. Vielmehr finden sich alle Züge, gegen die Zarathustra kämpft, im brahmanischen Frühjahrs-Rinderopfer. Irrig scheint mir auch das Vertrauen auf die einheimische Chronologie, die schon im Anfang der Sassanidenzeit die wahre Dauer selbst der Arsakidenzeit nicht mehr kannte. Vielmehr ist Zarathustra jedenfalls vor dem Abschluß der Rgveda-Sammlung aufgetreten, die man um 800 v. Chr. ansetzt. Denn im damals zusammengestellten zehnten Buch des Rgveda sind die Asuren schon zu bösen Geistern abgewertet, und sagt ein Dichter (X 124) ausdrücklich sich vom Vater Asura los. Auch ist für Xanthos um 480 v. Chr. Zarathustra schon eine Gestalt unvordenklicher Zeit. So kann man sein Wirken nicht viel später als 850 v. Chr. ansetzen.
2   Dieser Ansicht war nach Vorgängern im 19. Jahrhundert auch A. Heusler, wie mir mündlich berichtet worden ist. Die Beschreibung der saftreichen Stengel paßt jedenfalls besser zum Rhabarber als zum Ginseng.
3   Deiva heißt nach einer mündlichen Bemerkung von W. Wüst nach seinem Akzent nicht nur Lichtwesen, sondern Lichtbringer. Ich habe kein eigenes Urteil darüber.
4   Zum Netz des Varuna vgl. die sumerische Geierstele, wo Enlil den eidbrüchigen Feind in seinem Netz packt; ferner Ezechiel 17,19 f. Abwegig verweist Fohrer „Hauptprobleme des Buches Ezechiel" 1952, S. 239 zu letzterer Stelle auf das Netz, in dem Marduk die Tiamat fängt: bei dieser ist von Eidbruch nicht die Rede.
5   Ich unterstelle, daß die Sudras in den Kulturzusammenhang gehören, den vor allem A. E. Jensen „Das Weltbild einer frühen Kultur" 1948 gezeichnet hat. Vgl. den Abschnitt „Maskenbundkultur" in meiner Geistesgeschichte der Frühzeit I, 1959, S. 93 ff.
6   Eher könnte man daraus, daß er Hotar wurde, brahmanische Abstammung erschließen. Aber die Kastenschranken innerhalb der Arier sind zu seiner Zeit offenbar noch nicht fest. Auch Wiswamithra ist ja aus dem Kriegerstand zum Brahmanen aufgestiegen.
7   So hat O. Paul übersetzt.
8   Vgl. dazu Hertel Abh. sächs. Akad. 40,2, 1929, S. 86 f, S. 105 ff. Seine Monomanie, überall Feuergötter zu sehen, abgerechnet — seine sonstigen Aufstellungen überzeugen. Ähnlich hat Zarathustra seinen Saoma (später Haoma gesprochen) dem Rauschtrank der Brahmanen entgegengesetzt. Der Haoma der Parsen ist zwar auch narkotisch, aber mit der entgegengesetzten Wirkung zum Alkohol: der Saft der Ephedra, der im Haoma enthalten ist, wird heute medizinisch verwendet, um vorübergehend einen Zustand besonderer Geistesklarheit hervorzurufen.
9   Ausdrücklich wird sein Gegner beim Gericht vor Vistaspa als Brahmane bezeichnet.
10   Es ist mißverständlich, wenn Herodot die Magier als medischen Stamm bezeichnet. Das griechische Wort Phyle ist doppeldeutig. Klarer drückt sich Strabo 727 aus: die Perser zerfielen

27

in drei Phylen: Haushalter („Paleischoreis"), Achämeniden (d.h. Königshaus) und Magier. Das sind also genau die drei Stände wie 1789 in Frankreich.

11   Nicht alles, was bei Herodot die Magier üben, ist persisch. Z.B. der Lustrationsbrauch, der VII 39 (in Kleinasien) vollzogen wird, ist hethitisch und hat in Gen 15,10 sein Gegenstück; und das Menschenopfer durch Lebendig-Begraben, das Herodot als persisch hinstellt, stammt letztlich wohl aus Ur.

12   Wenn Mithra bei den Kushan als Dev bezeichnet wird, so ist das Sprachmischung, nämlich die indische Bedeutung von Dev zu unterstellen.

13   Ich lese bei Herodot I 199 Anylitta statt Mylitta. Die Korruption des Textes muß allerdings schon in vor-alexandrinische Zeit zurückreichen. Es wäre das die Aussprache für babylonisch Anunit, vgl. Labynetos für Nabunahid. Durch Mouillierung konnte daraus Anajid und in persischer Schreibweise Anahid werden. — Jedenfalls wird das Bild der Anahid im Avesta wie ein babylonisches Kultbild beschrieben. Auch Ishtar Anunit war bekanntlich wie Anahid Göttin der Liebe und der Gewässer (letzteres besonders seit der Kassitenzeit). Vgl. besonders ihren kassitischen Tempel aus Uruk, der im Berliner Museum wieder aufgebaut ist.

14   Zuerst unter Artaxerxes II.

15   In Indien ist es Zarathustra ergangen wie Luther in der Gegenreformation: die Brahmanen haben den Asura verfehmt, aber den Anstoß, den Zarathustra nahm, stillschweigend beseitigt: es gibt in Indien keine Rinderopfer mehr, so genau sie im Veda beschrieben sind. .

16   G. Dumezil will die Aufspaltung der Arier in drei Berufsgruppen schon in die indogermanische Urzeit zurück datieren. Diese Konstruktion wird dadurch widerlegt, daß in Griechenland und bei den Römern die Könige, die Edeln und Patricier zugleich die erblichen Inhaber oder Anwärter auf die Priesterwürden waren. Dazu sind Anchises, Paris, Romulus u.a. Hirten; Laertes ist Gärtner, Cincinnatus Kleinbauer: diese Edeln stehen also alle im ursprünglichsten Erwerbsleben. Die ständische dreiteilung ist also für Griechen und Römer quellenwidrige Konstruktion.

3. Griechische Gottesgedanken

Fast noch unbekannter als die persische Religion ist den heutigen Menschen die der alten Griechen. Obwohl seit fünfhundert Jahren Homer fast jedem studierenden Jüngling bekannt wird, blieb sie unverstanden. Das spätere Altertum, das nicht mehr an sie glaubte, hat einen Wall von falschen Deutungen aufgerichtet, der bisher selten überstiegen worden ist.[1]

Will man diese Religion verstehen, so muß man zu allererst sich in die Menschen hineindenken, die an die Göttervielheit so fest wie die mittelalterlichen Menschen an den Teufel glaubten. Vielleicht noch fester. Denn bei Homer ist es ein fast regelmäßiges Erlebnis, daß seine Heroen einen Gott erblicken, der ihnen zunächst wie irgend ein Bekannter oder Unbekannter entgegentritt, sich aber dann plötzlich in einen Vogel oder eine Wolke oder was sonst verwandelt. Das heißt, diese Götter waren Gestalten, die in visionären Bildern, in Wachträumen, vor die Seele traten. Die Griechen als das geborene Künstlervolk hatten derartige Gesichte häufiger als andere Völker. Sie waren „eidetisch" veranlagt, wie man heute sagt.

Das bedeutete aber nun, daß in solchen Bildern ihnen die Antriebe ihres unbewußten Daseins vor Augen traten. Die Götter der Griechen sind nichts anderes als die Mächte des unterbewußten Seelenlebens.[2] Für Aphrodite und Bacchos, d.h. Liebe und Rausch, sieht das wohl auch der nüchterne Mensch von heute. Es ist nicht anders mit Ares, dem Gott der Kriegspsychose. Für Athene sagt man heute Intuition oder Sublimierung, Artemis ist der jugendliche Drang des Flegelalters, Apollon das Gesundheitsgefühl, Hermes das Glück selbst. Hera wirkt in der Ehe als Trieb der Mütterlichkeit nebst der zugehörigen Eifersucht. Selbst Poseidon ist nicht so sehr der Erdbeben- und Meergott als das Gruseln überhaupt — man schaue sich nur seine Kinder, die Medusa und den einäugigen Kyklopen an. Und Hades und Kore, die Todesgötter, sind wohl unmittelbar verständlich.

Wohl sind auch Sonne und Morgenröte, Quellen und Flüsse und Berge zu den Göttern gerechnet und mit Opfern bedacht worden. Geben sie doch auch dem Menschen ihre erfreulichen Gaben. Aber die eigentlichen Götter der Griechen sind nicht diese Naturmächte, sondern die genannten Mächte des Seelenlebens.

Über allen diesen Mächten aber waltete Zeus, der große Gott, gegen den alle anderen zusammen nichts vermögen.[3] Er war je länger, je mehr der eigentliche Gott der Griechen, die anderen Götter sind seine ausführenden Werkzeuge. Daß die Griechen diesen ihren Gott im Gewitter wirken sahen, als den, der die Wolken sammelt und die Blitze schleudert, darin knüpfen sie an die älteste Religion der urtümlichen Menschen an. Aber das Bild ist nicht das Wesen. Zeus ist ganz einfach die Macht, die das Schicksal bestimmt; wenn er es bei Homer einmal dadurch tut, daß er die „Keren" der beiden Streitenden abwiegt, so hebt das nur hervor, daß er nicht nach Willkür, sondern nach Gerechtigkeit entscheiden will[3a].

Dieser übermächtige, gerechte, schicksalverhängende Gott ist im Grunde der gleiche, an den Christen und Chinesen glauben. Die Griechen waren mindestens in demselben Grade Monotheisten, als es die heutigen Katholiken sind; die Götter neben Zeus waren ähnlich wie bei diesen die Schutzheiligen und Engel, abgesehen davon, daß sie eigene Opfer bekamen. Eigene Feste und Feiertage haben die Heiligen ja auch.

Nur daß die griechischen Götter ebenso eifersüchtig über ihre Rechte wachten wie Jahweh im Alten Testament oder wie etwa ein rechthaberischer Mensch. Jeder Gott forderte den ihm zustehenden Kult, und zwar ohne Minderung. Ließ der Mensch es daran fehlen, so konnte der Gott ihn furchtbar strafen, bis zum Wahnsinn. Darin schürft die griechische Religion tiefer als die israelitische und alle folgenden. Die Sünde ist in ihr nicht eine absichtliche Herausforderung der Götter durch den Menschen, sondern wird selbst schon als Strafe von den Göttern verhängt. Wenn der Mensch einen der Götter verachtet, das bedeutet in heutiger Ausdrucksweise, daß er die Ordnung seines unbewußten Innnenlebens stört. Daraus folgt dann die Verblendung, die die Missetaten zur Folge hat.

Wenn die Götter furchtbar sein konnten, so beschwichtigte der Grieche sie durch den ihnen zukommenden Kult, und die Angst vor einem Versäumnis konnte da wohl zu einer abergläubischen Pedanterie führen, wie sie besonders die Römer ausgebildet haben. Aber das natürliche war, daß die Götter dem Menschen hold waren. Der Grieche hielt sie für seine Freunde und dankte ihnen für jedes Glück des Lebens. Er kannte die Grillen nicht, als ob ein Göttergeschenk, das uns beglückt, sündig sein könne.

Damit ist der Ausgangspunkt der griechischen Religion umschrieben. Die weitere Entwicklung lief in zwei verschiedenen Richtungen ab. Die eine möchte ich die mythologische nennen. Die blonden nordischen Geschlechter, die als Oberschicht in Griechenland eingedrungen waren, betrachteten ihre Sippen als gottgezeugt. Das war ein Glaube, den sie schon aus ihrer Heimat mitbrachten. „Lichtgeboren"[4] hieß ursprünglich nur eben, daß ein Kind die Merkmale der Herrenrasse an sich trug. Die Dichter haben nun jedem Adelsgeschlecht nicht nur seinen Stammbaum bewahrt, sondern sie malten auch das Liebesverhältnis zwischen dem Familiengotte und der Stammutter in bildhaften Einzelzügen aus: der Leda sei der Himmelsgott als Schwan genaht, zu Danae in ihr verschlossenes Gemach als goldener Regen eingedrungen; die Europa habe er als Stier entführt und sei mit ihr nach Kreta geschwommen. Bei der Zeugung des Herakles, dessen menschlicher Vater bekannt war, hieß es (wie von den ägyptischen Königen), Zeus habe die Gestalt des Ehegatten angenommen und so der Gattin beigewohnt. Bei anderen Geschlechtern ist es der Meergott oder ein Flußgott, der der Stammutter genaht ist. All diese Sagen wollten ursprünglich nur eines: den rechtlichen Vorzug einer bestimmten Familie mythisch begründen. Mit der Religion hatten sie nur das zu tun, daß sich die Nachkommen eines Gottes mit dem vollen Vertrauen, das in jenen urwüchsigen Zeiten ein Sippengenosse zum andern hegte, an diesen wenden konnten.

Andere Mythen umschreiben das Wesen der Gottheit genauer: wenn Hermes selbst als Dieb von Rindern gezeichnet wird oder bei einem Handel sich einen reichen Gewinn ergattert, so war er eben der Gott, der solche Beute gewährte. Es gehörte zur Weltansicht der Griechen, daß sie anders als Moses ungerechtfertigten Gewinn nicht als Übervorteilung ansahen, sondern (wie noch heute) den Handel als Sport betrachteten, bei dem sich die geistige Überlegenheit zeigen könne. Wenn Diomedes in der Ilias den Glaukos überredet, als Gastfreund von Großvaterzeiten her mit ihm den Schild zu tauschen, und dabei ein Stück, das hundert Rinder wert war, gegen eines von neun Rindern Wert in Tausch erwarb, so war das für den griechischen Hörer eine Heldentat mehr.

Aber es sollte der Tag kommen, an dem dieses ganze Spiel der mythologischen Phantasie gegen die Religion selbst Zeugnis legen sollte, für ein Geschlecht, dessen sittliches Empfinden sich verfeinert hatte.

Zu gleicher Zeit nämlich, wie diese Mythologie in Blüte schoß — sie ist vornehmlich das Werk der Dichter Homer, Hesiod und ihrer Nachahmer — entstand im Orakel von Delphi ein religiöser Mittelpunkt, dessen Priester sich die Erziehung des religiösen Feingefühls zur Aufgabe setzten.

Das Orakelwesen war uralt. Es gehörte mit zur griechischen Weltschau. Wenn ein Unglück dadurch entstand, daß ein Gott vernachlässigt war, so mußte es eine Stätte geben, wo die Götter selbst Auskunft gaben, wer der beleidigte Gott sei und auf welche Weise er zu versöhnen sei. Der Gott der Sühnungen war Apollon, und so war es gegeben, daß gerade ein Orakel dieses Gottes über die notwendigen kultischen Sühnen Weisung erteilte. Ein großer Teil der erhaltenen Orakelsprüche gibt solche kultische Vorschriften.

Das Ansehen des Orakels wuchs, und man fragte es auch um Rat in täglichen Lebensnöten. Und da setzte die Erziehungsarbeit ein. Die Priester des Apollon, oder vielmehr die Pythia, die durch einen Trank aus Lorbeerblättern und angeblich auch durch betäubende Dünste aus einem inzwischen verschwundenen Felsspalt[5] in einen Entrückungszustand versetzt war, gab nämlich nur undeutliche, zweideutige Auskunft. Das Orakel „beantwortete nicht, sondern es deutete an"[6]. Aus der Sage bekannt ist die Antwort, die es bei der Bedrohung Athens durch übermächtige Feinde gab: „das Heer wird geschlagen oder der König wird fallen". Der König Kodros soll sich auf diesen Spruch hin ins Lager der Feinde begeben und absichtlich Streit erregt haben, damit er erschlagen werde. Daraufhin ließen die Feinde von Athen ab, weil das Orakel schon erfüllt, der Sieg nicht mehr zu hoffen sei. Der Spruch hat sich im Perserkrieg wiederholt, und Leonidas zögerte nicht, an den Thermopylen den gleichen Opfertod auf sich zu nehmen.[7] – Als der Lyder Gyges das bisherige Herrscherhaus gestürzt hatte, fragten die Lyder, ob sie den Gyges als König anerkennen sollten. Das Orakel sagte nicht ja und nicht nein; es soll gesagt haben: die fünfte Generation wird dafür büßen müssen.[8]

Manchmal fügte das Orakel seinen Sprüchen noch die Mahnung bei: Sophroneite!, zu deutsch, bleibt bei gesundem Sinn.[9] Diesen gesunden Sinn verdeutlichte die delphische Lehre durch die berühmte Forderung: erkenne dich selbst. Aber nicht in dem Sinne, wie dies etwa die katholische Beichte fordert. Nicht eine Gewissensprüfung wollte Apollon, sondern gemeint war: erkenne den ungeheuren Abstand, der zwischen Mensch und Gott ist, und bleibe darum ehrfürchtig. Denn die Unsterblichen stehen über dem menschlichen gut und böse, die Menschen aber vergehen, sie sind nur wie der Schatten eines Rauches, der in der Luft verweht.[10] Erkenne deine eigene Nichtigkeit. Überhebung, das ist die eigentliche Sünde.[11]

Diese delphische Lehre tönt uns vor allem aus Dichterworten entgegen. In ihrem Geiste sang Simonides „Gott allein ist gut", was um die Zeitenwende zu einem Sprichwort geworden ist. Voll delphischer Weisheit war dann die attische Tragödie des Aischylos und Sophokles. Es lag ja nahe, bei der Feier des Totengottes Dionysos (denn das ist dessen eigentliches Wesen)[12] die Vergänglichkeit des Menschen darzustellen und damit die Lehre von Delphi einzuprägen. Allerdings führte gerade der Dionysoskult über die delphische Lehre noch hinaus. Dionysos ist nicht nur Totengott, er ist der Gott, der den Eingeweihten Unsterblichkeit gewährt. Die trunkenen Satyrn, die am Schluß der tragischen Vorstellung jedesmal noch ein übermütig-scherzhaftes Spiel aufführten, waren die Masken, in denen der Eingeweihte die Wiedergeburt erleben, in denen der Zuschauer die Totengeister erblicken sollte. Der Rausch, in dem sich der Mensch befreit fühlt von der Last des Leibes, galt als ein Vorgefühl des Zustandes nach dem Tode, wo diese Last abfällt. Mit einem Wortspiel kündeten es die Propheten des Dionysos: soma-sema, der Leib ist ein Grab, aus dem die Seele im Tode erst frei wird.

Damit war das Leben selbst umgewertet. Es war nicht mehr das Geschenk gütiger Götter, das man froh und dankbar hinnahm. Es war ein Gefängnis, in dem die Seele für vergangene Missetaten büßte.[13]

Somit war auch in Griechenland der Boden für die Seelenwanderungslehre bereitet. Sie ist jedoch nur in engen philosophischen Kreisen oder Sekten durchgedrungen. „Aus der Wanderung der Seelen, in welcher sie von einem Leibe zum andern irren, befreit der Gott Dionysos seine Eingeweihten, denen er in einer mystischen Mahlzeit sein eigenes Blut, eben den Saft der Trauben, gewährt. Damit wird der Eingeweihte selbst zum ‚Bacchos‘ und erleidet das Schicksal des Gottes, der von den Titanen zerrissen war, aber zu neuem Leben auferstanden ist." So haben die Orphiker gelehrt, denen der mythische Sänger Orpheus von seinem Weg in die Unterwelt diese tröstliche Kunde zurückgebracht hatte. Die Sekte hatte ihre eigene, seltsame Lehre über Weltentstehung und Vergehen, von der wir nur mehr Umrisse ahnen, und die für die Vorgeschichte des Christentums ohne Bedeutung ist.[14]

Alles das ist ein Mittelglied zwischen der urwüchsigen Religion der Dionysosfeiern und den philosophisch abgeklärten Vorstellungen. Orphiker waren im 6. Jahrhundert in Unteritalien und am Tyrannenhof von Athen verbreitet; und namentlich Platon fand es nicht unter seiner Würde, sich mit ihnen philosophisch auseinanderzusetzen.

Im selben Jahrhundert wandte sich das geschärfte Feingefühl gegen die mythologischen Gottesvorstellungen. Ein Dichter Stesichoros hatte die Helena angegriffen, das leichtfertige Weib, das das Unheil zehnjährigen Krieges verschuldet habe. Als ihn ein Augenleiden befiel, deutete er es als Strafe der beleidigten Göttin (denn Helena war Göttin in Sparta): die Dichter haben falsch von ihr berichtet. Sie war nicht untreu, sie war gar nicht in Troia; sondern erst in Ägypten hat Menelaos die vermißte, aber schuldlose Gattin wiedergefunden. So wagte dieser Dichter, den heiligen Homer der Lüge zu zeihen, der doch in einem Ansehen stand wie bei den Christen die Bibel. Die Griechen haben ihn darum nicht als Ketzer verbrannt, sondern gerade dieses Gedicht blieb berühmt durch seine sittliche Idee[14 a].

Auf den Spuren des Stesichoros hat dann der Philosoph Xenophanes den überlieferten Mythos noch viel schärfer angegriffen. „Alles, was unter Menschen für schändlich gilt, das haben Homer und Hesiod den Göttern angedichtet: Betrug, Mord, Meineid, Ehebruch." An Stelle dieser unwürdigen Gottesvorstellungen kündet er einen anderen Gott, der den Menschen weder an Gestalt noch an Sinn vergleichbar sei. Schon andere Philosophen vor ihm hatten nach der Obrigkeit oder dem „Ursprung" der Welt geforscht[15] oder gegrübelt — der eine hatte sie im Wasser, der andere in der Luft, jener im Unbestimmten und dieser in der Zahl gefunden. Bei Xenophanes tritt zum erstenmal hervor, daß die Frage religiös gemeint war. Seine Nachfolger haben den philosophischen Gott beschrieben als das eine unveränderlich Seiende[16]; und in dieser Formel kehrt er in allen Dichtungen und Abhandlungen der Mystiker wieder, bis in späte, christliche Zeiten. Es wurde der Gegensatz des philosophischen Glaubens zur Volksreligion, daß er nur diesen einen, aller Natur übergeordneten Gott anerkannte. Als sich die Israeliten in der griechischen Welt ausbreiteten, da beanspruchten sie mit ihrem Jahweh eben diesen einzigen Gott der Philosophen zu meinen und also selbst als Philosophen zu gelten.

Es traten natürlich auch Verteidiger der Mythologie auf. Da sie die sittliche Anstößigkeit der überlieferten Göttergeschichten nicht leugnen konnten, so suchten sie sie durch Umdeutung zu beseitigen. Noch im Rahmen des Glaubens blieb es, wenn Aischylos aus dem (in Wirklichkeit ägyptischen) Namen des Zeussohnes Epaphos etymologisierend folgerte, der Gott habe ihn durch seinen Atem gezeugt. Offenbar war ihm schon anstößig, den Mythos der göttlichen Zeugung buchstäblich zu nehmen. Volkstümlicher wurde die allegorische Deutungsweise. Bei ihrer Ausbreitung nach Asien hatten die Griechen Völker kennengelernt, die ihre Gottesbegriffe an den sichtbaren Himmelskörpern gebildet hatten: die Ägypter verehrten ihren höchsten Gott als die Sonne, die Babylonier ihre Liebesgöttin im Abendstern (ein Kult, der früh nach Korinth und schon zu Solons Zeiten nach Athen gedrungen war). Und im Herzen von Griechenland selbst, in Eleusis, hatte sich ein bäuerlicher Geheimkult aus vorgriechischer Zeit erhalten, welcher unter anderm die Hochzeit des Himmels und der Erdgöttin in geheimer Schau vorführte. Wie einfach war es, die anstößigen Liebeshändel des Zeus wegzudeuten, wenn man alle die Mädchen, die er besucht haben sollte, als die Erde auffaßte, die vom Regen des Himmels befruchtet werde. Ebenso wurde Apollon als Sonne, Artemis als Mond, Hera, die Gattin des Himmels als die Luft ausgelegt. Damit bekamen die Mythen einen naturgeschichtlichen Sinn, an dem sittlichen Anstoß zu nehmen niemandem einfallen konnte. Nur leider — ging ihr religiöser Sinn dabei verloren. Götter, zu denen man beten konnte, waren Luft und Mond nicht mehr. Dazu waren die Griechen naturwissenschaftlich schon zu weit vorgeschritten.

Da konnten dann die Sophisten mit ihren Lehren hervortreten, die da sagten, der Mensch ist das Maß aller Dinge, von den Göttern wissen wir nicht, ob sie sind oder nicht sind. Und die dann behaupteten, was Karl Marx und Nietzsche ihnen nachgesprochen haben, daß gut und böse von den Mächtigen der Erde bestimmt würden nach dem Maße, was ihnen selbst und ihrer Macht zum Vorteil gereiche. Ins allgemeine Bewußtsein trat diese Lehre dadurch, daß die Sophisten sich als Lehrer der Beredsamkeit anpriesen mit dem Anspruch, sie könnten die schwächere Sache zur stärkeren machen: nämlich vor Gericht. Sie meinten wohl zunächst die gute, aber weniger überzeugende Sache. Aber man verstand sie dahin, und in den erhaltenen Gerichtsreden sind Beispiele genug dafür, daß sie es auch übten, die rechtlich schwächere Sache durch Scheingründe zum Sieg zu führen. Damit aber mußte das Vertrauen in die Rechtsprechung verloren gehen, und bald wurde die Frage allgemein, ob denn Recht und Sittlichkeit und Religion mehr sei als eine von menschlicher Willkür ersonnene Täuschung der Dummen.

So war die griechische Religion seit 400 v. Chr. in voller Auflösung. Die griechische Gesittung hatte keine verpflichtende Religion mehr, sondern ließ jeden sich selbst seinen Glauben zusammensuchen. Lebendig war noch der Glaube an gewisse Heilgötter, in deren Tempeln die Kranken schliefen, um sich durch Träume über die Methode der Heilung belehren zu lassen.[17] Und wie oft wurde auch dieser Glaube enttäuscht! Ihm arbeitete die eben begründete wissenschaftliche Heilkunst der Griechen entgegen. Lebendig war auch der Glaube an das Schicksal (Tyche), das zuerst in Theben durch Epaminondas seinen Gottesdienst als Göttin erhielt – als Zufall, als Schicksalsmacht, die nach Willkür Glück und Elend verteilt. Sie trat für viele Griechen an die Stelle der alten Götter.

Die eigentlich fortwirkende Kraft des Griechentums war nicht mehr seine Religion, sondern die Philosophie. Und von ihr strahlten auch wieder religiöse Wirkungen aus, die sich der Gedankenwelt des Christentums einverleibt haben und deswegen hier nicht übergangen werden können, obwohl sie zumeist allbekannt sind.

Alle die philosophischen Schulen des späten Griechentums gehen aus von Sokrates. Er hatte sich gegen den Relativismus der Sophisten gewandt. Mochten sie recht damit haben, daß das Gute nur das Nützliche sei; aber was ist das wahrhaft Nützliche? Schaut euch doch im praktischen Leben um: Tüchtigkeit (Tugend) bedeutet, daß einer in seinem Fach etwas tauge, und dazu muß er seine Sache gelernt haben. Wenn man einen guten Schuh haben will, geht man zu einem tüchtigen Schuster. Und so muß der, der den Staat aus seiner Not retten will, zum einsichtigen Manne gehen. Tugend ist Einsicht.

Das haben nun seine Schüler sehr verschieden verstanden. Die Kyniker, von denen Diogenes sprichwörtlich noch heute bekannt ist, predigten, daß die Einsicht vom Genuß betäubt und irre geführt werde. Der wahrhaft Weise sei derjenige, der gelernt habe, auf alle Genüsse zu verzichten. Der Luxus ist das Verderben der Menschheit, die Einfachheit das Lebensziel, das der Weise vorleben müsse. Oft ging ihre Natürlichkeit bis über die Grenzen des Anstandes hinaus (zynisch nennt man das noch heute), denn sie wollten alle Vorurteile überwinden, bei sich und bei ihren Hörern. Ihre Predigten richteten sich nicht nur gegen Luxus und Verschwendung, gegen „Mehrhaberei", also gegen das, was man heute Kapitalismus und Imperialismus nennt. Sie bekämpften jede Art von Verfeinerung, und damit die Kultur selbst. Das bedürfnislose Leben sei das, was dem Weisen zieme. Sie bekämpften auch den veralteten Gottesglauben oft in gröbsten Ausdrücken.

Viel innerlicher hat des Sokrates begabtester Schüler Platon gelehrt und gewirkt. Wohl sprach auch er davon, daß der Weise auf die Genüsse verzichte, verglich ihn mit dem Wettkämpfer, der im Training (griechisch Askese) vieles entbehren müsse, um schließlich den Siegeskranz zu erringen. Wort und Vorbild sind den Christen eine Richtschnur des Lebens geworden. Aus dem Satze, daß das Gute das Nützliche sei, folgerte Platon, daß der Schlechte sich selbst schädige — daß er zugleich der Unglückliche sein müsse, doppelt unglücklich, wenn er der Strafe entgehe. Nicht nur sei es besser, Unrecht zu leiden als Unrecht zu tun: das hatte Sokrates so herrlich vorgelebt, als er zum Tode verurteilt war, unschuldig, wie Platon alle Menschen überzeugte. Obwohl seine Freunde ihm die Gelegenheit schufen, aus dem Gefängnis zu entfliehen, hatte er lieber das Urteil auf sich genommen, als gegen die Gesetze zu handeln. Denn es wäre Undank gegen das Vaterland, wenn man helfe, seine Gesetze zu zerstören. Wenn schlecht tun heiße, sich selbst unglücklich machen, so folgte daraus auch, daß man die schlechte Tat des andern mit guter Tat vergelten müsse. Wobei Platon allerdings es auch für eine gute Tat gegen den Verbrecher ansieht, ihn der Strafe zu überantworten. Trotz des fast christlichen Klanges war also der Sinn seines Ausspruchs doch ein anderer. Und dennoch ist Platon auch so schon einer der großen Vorbereiter der christlichen Predigt von der Liebe zu allen, auch zum Feinde.

Aber dies ist noch nicht die eigentliche Bedeutung Platons in der Geschichte des Glaubens. Sondern er entwarf ein neues Weltbild, das auch dem Christentum zugrunde liegt, nur verbrämt mit israelitischen Wendungen der Sprache.

Das wichtigste an der dionysischen Lehre war es gewesen, daß sie die Griechen dazu erzog, Leib und Seele zu unterscheiden. Homer kannte die Seele nur als den Lebensrest, der den Menschen im Tode verläßt: Psyche, Seele, das ist ursprünglich der Hauch, der vom erkalteten Leichnam ausgeht und vor dem die Lebenden schaudert. Die Eingeweihten des Dionysos aber sahen in der Seele ihren unsterblichen Teil, der zur Höhe steigt, wenn der Leib von ihm abfällt und der Erde zurückgegeben wird. So hat es meines Wissens zum ersten Male Euripides ausgesprochen[18]. Aber wenn die Seele der göttliche Teil des Menschen ist, so mußte man alles Widergöttliche zum Leibe rechnen: nicht nur das Begehren nach Speise und Trank, sondern auch den Zorn, der zu so vielen Gewalttaten reizt. Als unsterbliche Seele blieb beim Nachdenken nur das Denkvermögen, die Vernunft.

Da wir bis heute im Banne dieser griechischen Unterscheidung stehen, ist es wohl gut, einmal darauf hinzuweisen, wie willkürlich sie den Trennungsstrich gezogen hat. In Wahrheit ist das Bewußtsein eine Einheit und die Denktätigkeit wird erst durch die Wahrnehmungen und durch die Willensregungen in Bewegung gesetzt. Und da die Wahrnehmungen alles umfassen, was wir überhaupt von der Welt wissen, so enthält damit das Bewußtsein auch die ganze Außenwelt. Das heißt, es gibt gar keine Außenwelt, unsere Innenwelt ist nicht im Körper eingeschlossen, sondern sie reicht bis zu den Sternen, sie reicht bis zu Gott.

Diese Erkenntnis war den Griechen durch die Entwicklung, die ihr Denken genommen hatte, verbaut. Ihre großen Denker (und auf ihren Spuren die abendländische Philosophie bis heute) mühten sich vielmehr an der Frage herum, wie es möglich sei, mit den unvollkommenen und uns über die Wahrheit täuschenden Sinnesorganen die Wahrheit zu erkennen.

Da war nun die große Entdeckung Platons, daß sich unsere wissenschaftlichen Aussagen nicht auf die Gegenstände der Wirklichkeit zu beziehen pflegen. „Das rechtwinklige Dreieck" ist nicht ein Dreieck, das ich konstruiere, sondern ich zeichne nur ein solches Dreieck als Beispiel hin, und die Zeichnung ist eine unvollkommene Andeutung dessen, was ich meine, des „Geschauten", griechisch gesprochen der Idee. Alle Allgemeinaussagen gelten solchen geschauten Bildern, die vollkommener sind als alle ihre irdischen Abbilder.

Sooft diese Lehre auch wiederholt wird, sie wird meist gründlich mißverstanden. Da die modernen Menschen das Schauen verlernt haben, so stehen sie den Ideen ratlos gegenüber, und halten sie für Begriffe. Aber Ideen sind für Platon keine Begriffe, sondern Wirklichkeiten. Am ehesten mag das heute an der Idee „Gesundheit" sich veranschaulichen lassen. Sie ist gewiß auf Erden nie vollständig vorhanden: aber daß sie etwas sehr wirkliches ist, das spürt jeder, der sie nicht hat. Und welches Elend ist über die Welt gekommen, seitdem die Gesetze nicht mehr aus der Idee der Gerechtigkeit sondern aus dem Willen einer Mehrheit begründet werden! Wie ist die Kunst verfallen, seitdem die Idee der Schönheit verloren ging!

Woher wissen wir von diesen Ideen? Platon meinte, der wissenschaftliche Beweis wecke am vorgezeigten Abbild nur die Erinnerung an etwas, was schon im Bewußtsein schlummere — weil doch die Wirklichkeit uns diese vollkommenen Bilder nicht zeige. Also müsse der Mensch vor diesem Leben in einem früheren Dasein die Ideen gesehen haben. Es muß eine Welt des Vollkommenen geben, von der unsere irdische Welt nur schattenhafte Abbilder zeigt. Und in diese vollkommene Welt geht der Weise im Tod ein (das hatte wahrscheinlich Sokrates selbst noch ausgesprochen), wenn er sich im Leben geübt hat, den Ideen nachzuleben, und sich unabhängig gemacht hat von den Scheinbildern.

Man sieht, hier hängt alles aufs innigste zusammen: als wissenschaftliches Postulat wird Unsterblichkeit des Geistes und das Schauen der höchsten Ideen als Seligkeit vor der Geburt und nach dem Tode abgeleitet. Wir sind hier schon bei der Vorstellung eines Himmelreiches im Anschauen Gottes nach dem Tode; sie hat in der Kirche das Gottesreich verdrängt oder verdeutlicht, das Jesus verkündet hat. Die oberste Idee nämlich, das Eine, Schöne, Wahre und Gute ist auch bei Platon nichts anderes als unser „Gott", den er nur mit anderen Worten umschreibt, weil die Griechen seiner Zeit viel mindere Gottesvorstellungen hatten.

Platons Lehre ist alsbald von Aristoteles zerpflückt worden. Wie im Samenkern der Baum enthalten ist und sich aus ihm entwickelt, so seien die Ideen dem Geiste einwohnende Ziele: aus der Erinnerung brauchen sie nicht zu stammen. Damit fiel die ganze Mythologie des Platon wissenschaftlich dahin. Aber im Gegensatz zu Platon hat Aristoteles und seine Schule zunächst fast keine volkstümliche Wirkung ausgeübt. Nur sein astronomisches Weltbild hat sich durchgesetzt: er ließ die Erde im Mittelpunkt von acht durchsichtigen Himmelsschalen ruhen, von denen die oberste die Fixsterne enthalte, die näheren je einen Planeten. Das ging in das astrologische System über, das an die Sternkunde der aristotelischen Schule anknüpfte.

Nach Alexanders Siegeszug entstanden noch zwei weitere philosophische Lehrgebäude. Epikur verkündete als Ziel die ungetrübte Heiterkeit der Seele. Noch mehr, er lebte sie vor in langer schmerzhafter Krankheit. Aber zu dieser Heiterkeit gehöre es, daß sich der Weise von den abergläubischen Vorstellungen der Religion befreie. Wenn es Götter gibt, so meinte Epikur, so müßten sie das ungetrübte Glück besitzen, das er als das höchste Gut ansah. Wie könnten sie das, wenn sie sich um die Schicksale der Menschen kümmerten? Die Welt sei mechanisch durch die Bewegung der Atome bestimmt, und weder Zorn noch gute Laune der

Götter könne diesen Ablauf verändern. Weder gute noch böse Vorzeichen bedeuteten irgend etwas: all solchen Aberglauben muß der Weise überwinden, dann gewinne er die Ruhe, mit dem Schicksal fertig zu werden und seine Heiterkeit durch keine Zwischenfälle stören zu lassen. Viele entsetzten sich über diese gottlose Lehre; und ihr trat vornehmlich Zenon entgegen, der das System und die Schule der Stoa begründete[19]. Er war semitischer Abkunft und hatte daher schon eine stärkere Bindung an das Göttliche im Blute. Zwar war auch ihm ungetrübte Glückseligkeit das natürliche Ziel, nach dem die Menschen streben und streben sollen. Aber er fand dies Glück darin, daß sich der Mensch einordne in das göttliche Weltgesetz (den „Logos"). Weise sei, wer sich durch keine Lust und keinen Schmerz von dem Wege der Tugend ablenken lasse. Darum gelte es, die Unerschütterlichkeit des Gemütes zu üben. Trauer und Freude, Haß und Liebe schienen ihm für den Weisen gleich verwerflich: sie alle sind Affekte, die ihn aus seiner selbstbestimmten Bahn herausreißen. Abtötung der Affekte also wird die große Erziehungsaufgabe. Auch die Liebe zur Heimatstadt und ihren Gesetzen darf den Weisen nicht anfechten: seine Heimat ist die ganze Welt, die ein einziger Staat sei, gelenkt von Gott und seinem Gesetz.

So wie Epikur die Religion, so verneint also Zenon und seine Schule die griechische Staatsgesinnung. Aber während an der Religion das Volk noch mit zäher Anhänglichkeit festhielt, waren die Kleinstaaten durch die politische Entwicklung ohnehin überholt, und es dauerte knapp ein Jahrhundert, bis all die griechischen auf ihre Freiheit so erpichten Zwergstaaten in mehr oder minder schonender Form dem römischen Weltreiche einverleibt wurden. Die Stoa wurde geradezu Wegbereiterin des römischen Imperiums.

In den griechischen Kolonialstädten, wo die griechischen Kulte mehr oder minder künstlich eingeführt worden waren und deswegen nicht so fest im Volksbewußtsein wurzelten, wurde die Philosophie in ihren vielen Abschattungen die gemeinsame Weltanschauung mindestens der wortführenden Kreise. Mit ihr mehr als mit der Volksreligion mußte sich jeder neue Glaube auseinandersetzen, und das heißt zugleich, sich ihr anpassen.

A n m e r k u n g e n

1 Ausführlich über die griechischen Götter: W. F. Otto: „Die Götter Griechenlands" (4. A. 1956), der die Erkenntnis von ihrem Wesen wohl zuerst wiedergewonnen hat; vgl. jetzt sein schönes Büchlein „Theophania" 1956. Ich selbst habe über die griechischen Götter ausführlich in meiner indogermanischen Religionsgeschichte gehandelt ($ 203 ff); auch kürzer in meiner „Geistesgeschichte der Frühzeit" II 2 $ 305 ff, doch läßt sich die Erkenntnis durch die Tiefenpsychologie noch vertiefen.

2 Ich hoffe, die Zusammenhänge mit dem unbewußten Seelenleben an anderer Stelle herauszuarbeiten. S. Freud hat mit dem israelitischen Trieb zum Monotheismus viel zu ausschließlich die Libido im Unterbewußtsein gesucht und seine Nachbeter haben erst recht allzu gewaltsam vereinfacht. Die griechischen Götter sind die „Archetypen" des Traumlebens.

3 Ilias 8,17 ff.

3a Ker scheint mir etymologisch die Schutzgottheit KAL der Sumerer, der KA der Ägypter.

4 Griech. diogenes, ein Beiwort, das adlige Geburt anzeigt.

5 Der Felsspalt im Heiligtum von Delphi ist bei den Ausgrabungen nicht zum Vorschein gekommen. Aber wie mir ein zuständiger Geologe bestätigte, können sich solche Spalten bei späteren Erdbeben wieder schließen — und wie oft ist Griechenland von Beben heimgesucht. Der Fundbericht besagt also nichts gegen die Glaubhaftigkeit der alten Angaben.

6 Heraklit fr. 93 (Diehl/Kranz 1951).

7 Es ist also hier nicht ein Orakel ex eventu, sondern ein Eventus ex oraculo.

8 Herodot I 13.

9 Livius 23,11.

10 „Leere Schatten" Sophokles Aias 126; vgl. Antigone 1170.

11 Hybris hat zwar etymologisch nichts mit „über" (hyper) zu tun, denn ich wüßte kein Beispiel ähnlichen Lautwandels im Griechischen. Aber es wurde auf Grund des Anklangs schon von den späten Griechen so verstanden.

12 Erkennbar an seinem ältesten Fest, den Anthesterien; vgl. Heraklit fr. 15.

13 So bei dem viel volkstümlichen Glauben verarbeitenden Empedokles.

14 Indogermanische Religionsgeschichte § 252 A habe ich versucht, die Orphik als volkstümliche Einkleidung der pythagoraeischen Philosophie zu deuten.

14a weitergebildet in der Helena des Euripides, und noch in der modernen Oper.

15 Daß die Arche der Vorsokratiker nicht nur „Ursprung" sondern in erster Linie „Obrigkeit" der Welt meint, habe ich schon in meinem Erstlingswerk „Die Weltgeschichte und ihr Rhythmus" 1925, S. 131 ausgesprochen. Es ist besonders bei Pythagoras deutlich: die Zahl ist nicht der Ursprung, aber die leitende Macht der Natur. Aristoteles hat das Mißverständnis in die Welt gesetzt und es scheint in den 2000 Jahren seither nicht berichtigt worden zu sein.

16 Die Behandlung des Parmenides durch Gadamar in der Festschrift für Heidegger kommt nahe an meine Deutung heran, ohne doch die religiöse Sicht zu ahnen.

17 Ein Zeichen dafür ist, daß der Asklepios-Kult um 420 nach Athen verpflanzt wurde.

18 Supplices 533 f. Aber viel früher ist die gleiche Auffassung von Leib und Seele bei den Ägyptern bezeugt (Pyramidentexte 215 1). Sie wird von ihnen zu den Griechen gekommen sein. Vgl. ferner B. Snell „Die Entdeckung des Geistes" 1946.

19 Siehe jetzt vor allem Pohlenz „Die Stoa" 1949.

II. Die Religionsmischung der hellenistischen Zeit

1. Ursprung des dualistischen Weltbildes

Als das Perserreich morsch geworden war, wie in unseren Jahrzehnten der Kolonialismus der Europäer, da konnte Alexander der Große mit seinen unverbrauchten Makedonen binnen zwölf Jahren ganz Vorderasien nebst Ägypten und noch das Indusgebiet erobern. In Ägypten wurde er als Befreier und Sohn des Gottes Amun begrüßt, und daraus leitete er den Anspruch einer gottähnlichen Stellung gegenüber allen Unterworfenen ab. Das hat sich auf seine Nachfolger in Asien und Ägypten vererbt. Infolge seines Eroberungszuges wurden nicht nur die Rassen und Völker durcheinandergemengt, sondern auch die Weltanschauungen. Der König selbst fühlte sich als Vertreter der griechischen Gesittung, die damals ihre Vollreife erlangt hatte, aber mit großer Überheblichkeit auf alle asiatischen „Barbaren" herabsah. Den Griechen war es Glaubenssatz: nur der Hellene ist der Freiheit fähig. Die Barbaren sind zur Sklaverei geboren. So hat es Alexanders Lehrer Aristoteles formuliert[1]. Alexander selbst allerdings wuchs über diese Lehre hinaus, als er aus den vorderasiatischen Gebieten, die auch für die Perser unterworfene Kolonialländer gewesen waren, in die Kernlande Irans vordrang. Dort setzte sich ihm ein volkstümlicher Widerstand entgegen, der von einem mindestens ebenso starken Freiheitswillen getragen wurde, wie die Griechen ihn hatten. Lieber ließen die Einwohner ihre Wohnungen und ihre Habe im Stich und wichen in die endlosen Steppen Turans aus, als daß sie sich den fremden Eroberern beugten.[2]

Diese Erfahrung gab Alexander den Plan ein, durch vorsätzliche Blutmischung zwischen den beiden Herrenvölkern, den Makedonen und den Iraniern, eine neue Herrenschicht mit einem staatstragenden Gemeingefühl heranzubilden. Jeder Staat, der Dauer haben soll, bedarf ja einer solchen, durch gemeinsame Instinkte und ethische Normen zusammengehaltenen Führungsschicht. Alexander hoffte, auf Grund der Mischheiraten ein Gemeingefühl der Griechen und Iranier herbeiführen zu können. Er nahm selbst eine persische Fürstentochter zur Gattin, und veranlaßte viele Makedonen, es ihm nachzutun. Er stellte persische Abteilungen in sein Heer ein, und setzte in den östlichen Provinzen, den iranischen Gebieten, persische Zivilbeamte neben die makedonischen Befehlshaber. Aber seine Gefolgsleute verstanden ihn nicht, oder wollten ihn nicht verstehen. Gerade weil sie zumeist auch von griechischer Gesittung nur eine Tünche angenommen hatten, hielten die Makedonen umso überheblicher an der Auffassung fest, daß ihnen kraft Eroberungsrechts die alleinige Herrschaft gebühre. Als Alexander gestorben war, lösten die meisten seiner Großen die aufgenötigten Ehen mit den Asiatinnen wieder auf. Die Nachfolgestaaten des Alexanderreiches stützten sich vielmehr ganz einseitig auf die Griechenstädte, mit denen Alexander und seine Nachfolger Kleinasien, Syrien, Ägypten durchsetzten, und in geringerem Maße auch die östlichen Länder, besonders die Grenzgebiete gegen Turkestan. Denn die griechische Lebensform war die Stadt (mit zugehörigem Ackerland und Obstgärten für den Eigenbedarf der Bewohner). Hier waren die Eroberer unter sich; nur langsam drangen als arbeitende Unterschicht die einheimischen Völker auch in die Städte ein, und wie es beim Siedeln auf gemeinsamem Raum unausbleiblich war, mischte sich das Blut nun gerade in diesen Unterschichten.

War der bewaffnete Widerstand der Asiaten vergeblich gewesen, so sammelten sie sich doch bald zu einem geistigen Widerstande, der nicht sofort sichtbar wurde, aber dann umso nachhaltiger wirken konnte, als er sich die griechische Logik aneignete. Auch ohne die Blutmischung hätte ja die Auseinandersetzung zwischen den Religionen stattfinden müssen, die so eng aufeinander gerückt waren.

Dabei war es nun geschichtlich entscheidend, daß nicht die Philosophen, sondern Soldaten und Händler die griechische Lebensart nach Asien trugen. Auch die neuen Könige und ihre Beamten kamen aus dem Soldatenstand. Nur Alexandria in Ägypten und Pergamon in Kleinasien waren nicht nur Residenzen, sondern auch Stätten der Bildung. Später kamen noch Tarsos in Kilikien und Gerasa im Ostjordanland(?) hinzu. Aber in der Regel vollzog sich die Vermischung der Religionen nicht im Bereich des klaren Gedankens, sondern durch Sprachangleichung, bei der die verschiedenen Denkweisen der Völker unter gleichen Worten verdeckt zu neuen einheitlichen Gebilden zusammenflossen. Die Orientalen trugen ihr eigenes Empfinden in die Ausdrücke des Griechischen, das als Verkehrssprache überall geläufig wurde, und formten dadurch langsam das griechische Denken selbst um[3]. So entstand jene gemeinsame kolonialgriechisch-orientalische Gesittung, die man zum Unterschied vom echten Griechentum Hellenismus nennt, und in ihr die neuen Religionen. In mancherlei Resten hatte sich in Vorderasien die uralte Ackerbaureligion erhalten, die uns aus China am besten bekannt ist, die aber wahrscheinlich aus Westasien stammt.[4] In dieser war eine zwiegeteilte Welt geschaut worden: Himmel und Erde entsprachen den Urgegensätzen männlich und weiblich: Vater Himmel und Muter Erde zeugen alles Leben. Da nun der Himmel der Sitz der lichten Gestirne ist und selbst in diesen südlichen Gegenden große Leuchtkraft hat, die Pflanzen aber aus der dunklen Humuserde wachsen, so war der Gegensatz von Himmel und Erde zugleich der von Licht und Dunkel — beide als gleichwertige Teile der Weltordnung angesehen.

42

Dann hatte Zarathustra gepredigt: die ganze Welt ist geteilt in das Reich des Lichtes, der Wahrheit einerseits und der Finsternis, der Bosheit andererseits. Auf jene vorgeschichtliche Weltansicht angewendet bedeutete das: die irdische Welt ist ein böses, finsteres Dasein unter der Herrschaft Ahrimans. Die Seele des Erleuchteten strebt aus ihr hinaus ins Licht des Himmels empor. Und die von Zarathustra umgebildete Karmalehre ergab: wer im Leben dem Lichte dient, also der Wahrheit und dem überirdischen Ziel, der steigt im Tod ins Lichtland empor, während der, der sich an die irdischen finsteren Dinge hingibt, dem finsteren Reich des Ahriman verfällt. Das war eine Empfindung, die sich bei allen despotisch bedrückten Volksschichten leicht einstellen konnte. Ferner ergab sich: unter den Menschen ist der Mann der Träger des lichten Willens, das Weib verkörpert das Dunkle, das Böse. Also ist das Begehren nach dem Weibe für den Mann ein Abfall von der Welt des Lichtes. Wer zum Lichte strebt, muß sich der Hinneigung zum Weibe, des geschlechtlichen Lebens enthalten. Diese Folgerung war ganz gegen den ursprünglichen Sinn der Lehre Zarathustras, aber sie entsprach der in arischen Ländern, besonders in Indien weitverbreiteten Abkehr von der Sinnlichkeit[5], die sich zur Zeit Alexanders schon in den Orden der Jaina (griechisch Gymnosophisten) und Buddhisten organisiert hatte. Nur wer der geschlechtlichen Liebe abstirbt, kann seine gesammelten Kräfte auf das Streben nach übersinnlichen Welten richten. Das sagen schon einige Lieder des Rgveda[6].

Das Bild von Tag und Nacht ergab, daß die Urmächte Licht und Finsternis abwechselnd herrschten: je ein Jahrtausend nach der späteren persischen Theologie. Erst in den letzten Jahrtausenden sind sie in Kampf geraten. Soviel mußte diese Grübelei der Lehre Zarathustras nachgeben. Seit dem Erscheinen Zarathustras habe der Endkampf begonnen, der sich wieder nach ein oder drei Jahrtausenden zu Gunsten des Lichtes entscheiden wird, wenn der Saoshyant, der Retter, auftreten wird.

In dieser Form erreichte der Dualismus Judäa. Dort war der beherrschende Gegensatz im Weltbild einerseits die Gerechtigkeit im Sinne der genauen Erfüllung der mosaischen Gebote, andererseits die Sünde als Übertretung dieser Gebote. Und dieser Gegensatz wurde in der Zeit nach Alexander dem Gegensatz von Licht und Finsternis gleichgesetzt. Gott ist der Herr des Lichtes, seine Erscheinung (Schechina) ist selber Licht; die Sünde aber stammt vom Geiste der Finsternis. Das ist die Ausprägung des Dualismus, die wir in den Schriften von Qumran finden[7].

Seine volle Ausbildung aber erlangte der Dualismus, d.h. die Lehre von den zwei Welten, erst durch die Beimengung der griechischen Philosophie. Auch Platon unterschied ja zwei Welten: eine körperliche mit sinnlichen Begierden und eine seelische mit dem geistigen Streben nach dem Reich der ewigen einzig wirklichen Urbilder, von denen die Dinge der Erde nur Schattenrisse seien. Wie nahe lag es, diese Schattenbilder mit dem Reich der Finsternis und die Welt der Ideen mit dem Reich des Lichtes gleichzusetzen. Die körperliche Welt bestand nach griechischer Sicht aus den vier Elementen Feuer, Luft, Wasser und Erde. So hatte Empedokles unterschieden, und war damit zwar oberflächlicher, als andere Forscher seiner Zeit, hat aber eben weil seine Lehre gemeinverständlich war, mit ihr eine unerhörte Fernwirkung geübt bis nahe an unsere Tage.

Nun hatte weiterhin Platon aus der Lehre der griechischen Mysterien das Bild übernommen, daß sich die Seele im Leibe befinde wie in einem Grabe. Die Seele war also ein Innen, dem der Körper und die materielle Welt als Außen gegenüberstanden. Am deutlichsten ist das in dem schönen Gebete gesagt, das Platon dem Sokrates, dem Manne von sprichwörtlicher Häßlichkeit des Körpers in den Mund legt. Er bittet die Götter um „innere Schönheit"[8]. Wir alle stehen im Banne dieser Lehre. Den älteren Orientalen war eine solche Unterscheidung von Außenwelt und Innenwelt ganz ferngelegen, ebenso den homerischen Griechen. Ihnen war der Mensch ein Ganzes, aus dem sich erst beim Tode die durchaus noch körperhafte (wenn auch bei den Griechen schattenhafte) Seele löste. Die Unterscheidung ist erst das Ergebnis einer philosophischen Denkweise, die wir von Jugend auf mit unserer Sprache unbesehen aufnehmen; und zwar, wie wir sehen werden, das Ergebnis eines Fehlschlusses. Aber darauf kommt es für die geschichtliche Wirkung nicht an. Der Irrtum kann so weit wirken wie die Wahrheit. Kein anderer großer Gedanke der Griechen hat die Nachwelt so in Bann gezogen, wie gerade dieser Fehlschluß. Zumal er sich noch mit der Wertung verband: das Innenleben sei das wertvolle Leben, das körperliche Genießen solle der Weise verachten.

Da konnte denn auch für das praktische Leben die Innenwelt der griechischen Sicht mit dem Reich des Lichtes, und die Außenwelt der Materie mit dem Reich der Finsternis nach persischem Glauben gleichgesetzt werden. Zwar deckten sich die Begriffe nicht ganz. Für die Perser war z.B. das Feuer natürlich ein Teil des Lichtes, ein heiliges Wesen; für die Griechen war es eines der vier Elemente, also ein Stück der Materie. War die Materie das Reich der Finsternis, so mußte das Element Feuer als „finsteres Feuer" vom heiligen, geistigen Feuer unterschieden werden. Und so treffen wir tatsächlich bei den Sekten der nachfolgenden Zeit auf den widersinnigen Begriff eines „finsteren Feuers".[9]

44

Ich wiederhole: Die griechische Philosophie hatte einen Gegensatz zwischen dem Geiste als dem vernünftigen Teile des Menschen und dem unvernünftigen Begehren herausgearbeitet, das aus den Trieben des Leibes hervorgehe. Der Weise müsse sich nach der Vernunft richten und die körperlichen Begierden im Zaum halten. Für die Perser war „der Weise" der Namen des höchsten, lichten Gottes, sein Gegensatz der Geist der Finsternis und Lüge. Für die Israeliten war Gott vor allem der gerechte Richter und alles Sünde, was seinem Gebot zuwiderlief. Diese drei verschiedenen Gegensatzpaare wurden bei der Völkermischung in eins gesetzt, nicht durch einen erleuchtenden Denkvorgang, sondern durch die Unbedachtsamkeit unbewußter Sprachangleichung. Also weise oder vernünftig war soviel wie gut, licht, gottgefällig; der Körper war das finstere, das Werkzeug des bösen Geistes, das Sündhafte.

Die Folgen dieser Begriffsverschmelzung waren ganz ungeheure. Wenn der Körper das Böse war, so war Körperpflege etwas Verwerfliches, und die Lust des Zeugungstriebes war nicht nur dann sündhaft, wenn er zu verbotener Liebe reizte, sondern die Liebe war überhaupt Augenlust und Fleischeslust und also eine minderwertige Begierde. Keuschheit war diejenige Reinheit, die den Weisen schmückte. Von Bewahrung der Keuschheit erzählten die griechischen Romane; und Jungfräulichkeit lebenslang galt als höchster Grad der Tugend auch beim Manne.

Das sind Grundsätze der orientalischen Weltauffassung bis zum heutigen Tage geblieben. Diese Umdeutung der Grundbegriffe aber wandelte sich im Munde der Unterworfenen zu einer scharfen Waffe gegen das Griechentum. Was war denn das sichtbarste von der griechischen Gesittung anders, als eine unerreichte Höhe der Körperpflege? So wie die Angelsachsen die Welt, die ihnen hörig ist, mit Tennis- und Fußballplätzen überziehen, so waren die Wahrzeichen der griechischen Herrschaft die Bäder und Gymnastikplätze, wo die jungen Männer nackt sich in Laufen, Ringen, Boxen übten. Bäder und Gymnasien waren auch die Stätte der Geselligkeit — und all das sollte nun nach der neuen orientalischen Weltanschauung nur Dienst für den verfluchten Leib, also geradezu gottwidrig sein! Nie hätte diese Anschauung ihre Gewalt über die Menschen bekommen, wenn nicht der nationale Haß der Unterdrückten gegen ihre fremden, griechischen Herren ihr einen politischen Antrieb gegeben hätte.

Es ist notwendig, an dieser Stelle etwas zu verweilen. Die Fernwirkungen jener Weltanschauung reichen nämlich bis in unsere Sprache und damit in unsere Denkvoraussetzungen. Für einen unbefangenen Wahrheitssinn ist die Teilung des Menschen in Geist und Leib unhaltbar. Schon die orientalischen Denker fügten als dritten Teil die Seele hinzu. Aber dadurch wurde die Unklarheit nur größer. Wie immer man diese drei Teile abgrenzen mag, entstehen Widersprüche. Ursprünglich gilt die Teilung Leib—Seele dem toten Menschen: die Seele ist das, was fortlebt, wenn der Leib tot ist; und der urtümliche Mensch stellt sich dies fortlebende Wesen so körperlich vor, daß es mit allen Fähigkeiten zu Lust und Kraftwirkung ausgestattet sei wie im Leben. Daher bringt er den Ahnen Opfer dar, um sie nicht Hunger leiden zu lassen, oder sich bei den mächtigen Toten in guter Erinnerung zu erhalten. Andererseits schien den Babyloniern, Juden und einem Teil der Griechen die Seele nur ein Schatten im Vergleich zum vollen leiblichen Dasein: ein bewußtlos dahinhuschendes Gespenst, vor dem es dem Begegnenden kalt schauert.

Indem die griechische Philosophie das Wort Seele aufgriff, um damit das Bewußtsein zu bezeichnen, legte sie diesem Bewußtsein gerade die Fortdauer nach dem Tode bei. Ob das bei der Wortwahl beabsichtigt war, stehe dahin, jedenfalls erschien das Bewußtsein als der ewige Teil des Menschen; und das insofern mit Recht, als wir ja vom Tode nur auf dem Umweg durch das Bewußtsein erfahren können, und wenn wir an Ereignisse nach unserem Tode denken, notwendig unser Bewußtsein hinzudenken müssen, auch wenn diese Ereignisse uns selbst nicht betreffen.

Indem nun aber die Philosophie Platons innerhalb der Seele den denkenden oder führenden Teil von dem begehrenden und dem beherzten Teile unterschied, mußte sie innerhalb des Bewußtseins einen sterblichen und einen unsterblichen Teil unterscheiden. Denn das Begehren, das auf sinnliche Genüsse gerichtet ist, kann doch den Leib nicht überdauern. Entweder also mußte auch ein Teil des bewußten Lebens mit dem Tode erlöschen — und es blieb nur der denkende Teil übrig, für den dann das Wort Geist geprägt wurde; das Wort Seele war dann auf den sterblichen Teil des Bewußtseins und Unterbewußtseins zu beschränken[10]. Oder man mußte, um ein volles Leben nach dem Tode denken zu können, auch dem Leibe eine Auferstehung zuschreiben: Auferstehung des Fleisches, formulierte später die Kirche. Schon die alten Ägypter scheinen ähnlich gedacht zu haben, wenn sie sich mühten, den Körper durch Einbalsamieren für alle Zukunft zu erhalten[11].

In Wirklichkeit ist der Leib nur „Erscheinung" im Kant'schen Sinne, das heißt die (nach der Kategorie der Substanz geordnete) Selbstwahrnehmung. Der Leib befindet sich also im Bewußtsein, nicht das Bewußtsein im Leibe. Und der Geist ist ein willkürlich auf Grund einer bestimmten vorgefaßten Wertung abgegrenzter Teil des Bewußtseins. Wirkliche Existenz hat nur der Mensch als Ganzheit. Um ein Beispiel zu nehmen: Verliebtheit ist ein Zustand des Bewußtseins (der Seele im Sinne Platons), bei welchem der Verstand (also der „Geist") ganz ins Schlepptau des begehrenden Teils gerät. Wie will man in ihr den Anteil von Seele und Leib unterscheiden? Beide sind das Gleiche von verschiedenen Seiten gesehen.

Niemand kann sich den eigenen Leib denken, ob den lebenden oder den toten, ohne sein eigenes Bewußtsein hinzuzudenken. Das ist der Grund, warum der Glaube an Fortdauer nach dem Tode trotz aller Zweifel der Wissenschaft unwiderleglich im Wesen des Menschen enthalten ist und jede Gesittung wieder auf ihn zurückkommt. Die Teilung aber des Selbst in eine unsterbliche Seele und einen sterblichen Leib beruht auf einem Trugschluß, den die orientalische Welt von der griechischen übernommen und zum Kernstück ihrer Lehren gemacht hat, und den zu überwinden auch heute nur den schärfsten Denkern seit Kant gelungen ist[12].

Für die Welt vor zweitausend Jahren aber war der Trugschluß noch etwas Neues, ein Problem, das sie nicht durchschaute, ja ein Ausblick auf neue Möglichkeiten der gesamten Weltauffassung, so etwa wie heute die Relativitätstheorie. Und der Hauptinhalt der Geistesgeschichte von Alexander bis auf Jesus ist es, wie sich die Menschen allmählich in diesen Irrtum eingelebt haben, bis sie ihn für den sichersten Grund alles Nachdenkens ansahen.

Daß dieses falsche Weltbild so innig mit den religiösen Gedanken verwoben worden ist, das ist die Ursache für die heutige Schwäche des Christentums: nicht Entmythologisierung, sondern Befreiung von diesem falschen Dualismus wäre die Aufgabe der christlichen Denker von morgen.

Anmerkungen

1   Aristoteles, Politik I 1,6
2   Dieser Widerstand ist noch heute in der Alexandersage der Gegend in volkstümlicher Erinnerung, wie Böhringer in seinem Reisebericht auf dem deutschen Orientalistentag 1961 in Göttingen erwähnte.
3   Vgl. meinen Aufsatz „Hellenismus und Orient" Arch. f. Kulturgeschichte 24, 1934, S. 304 ff.
4   Vgl. meine Geistesgeschichte der Frühzeit I, S. 122 ff.
5   Schon vor der vedischen Zeit werden weibliche Gottheiten durch männliche ersetzt (vgl. meine Indogermanische Religionsgeschichte 1942, S. 90). In den Liedern des Ṛgveda tritt das Weib mehrfach als Störerin der religiösen Sammlung auf: I 179, X 10;179
6   Siehe unten S. 103 f „Fleisch" als Bezeichnung des Sündhaften überhaupt in Qumran; vgl. Kuhn Z. f. Theol. u. Kirche NF 22, 1952, S. 200 ff.
7   Qumran, Sektenregel (Q 1 S).
8   Phaidros, 279 c
9   Corpus Hermeticum XIII 1,28
10   Das ist deutlich bei der Unterscheidung der Menschen in pneumatische, die für die Geheimlehren empfänglich sind, und psychische, die nur den Begierden leben, und darum keinen unsterblichen Teil haben. Vgl. R. Reitzenstein, die hellenistischen Mysterienreligionen 3.A. 1927, besonders S. 303 ff.
11   Jedenfalls bemühen sich die ägyptischen Totentexte zu allen Zeiten, gerade die Fähigkeit zum Genusse magisch auch über den Tod hinaus zu bewahren. Vgl. in den Pyramidentexten den

Spruch: „Da nimmt er den Männern die Frauen weg, nach denen ihn gelüstet" (Nr. 317/510 c, d Sethe) „Küchenmeister des Ptah, gib dem N ordentlich zu essen" (345).

12   Vgl. namentlich H. Cornelius, Einleitung in die Philosophie, 1903, S. 257 ff; Transzendentale Systematik 1912. Ähnlich R. Steiner, Philosophie der Freiheit 1890 (während etwa L. Klages „Der Geist als Widersacher der Seele" den Dualismus nur mit umgekehrtem Vorzeichen der Wertung fortsetzt, und gar nicht merkt, daß er nur den Ungeist meint).

2. Neue Nationen

Die erste geschichtliche Wirkung der neuen Weltanschauung war, daß sich neue Nationen bildeten. In Samaria hatten die Assyrer Menschen aus Babylonien, aus Medien, aus Nordsyrien durcheinandergesiedelt. Aramäisch wurde deren gemeinsame Sprache. Diese hatten schon bald einen Kult des Jahweh in Bethel eingerichtet, um den Gott des Landes für sich günstig zu stimmen[1]. Als sich die Judäer dem Gesetzbuch des Moses beugten, da wollten auch die Bewohner Samarias dieses Gesetz haben, das ja den Willen Jahwehs verkündete. Aber zur Gemeinde von Jerusalem wurden sie nicht zugelassen. Im Gegenteil, der Sohn des Hohenpriesters, der eine vornehme Samaritanerin geheiratet hatte, mußte vor den Eiferern in Jerusalem nach Samaria flüchten. Es ist nicht ganz klar, wann das geschehen ist, ob kurz vor oder nach Alexander[2]. Jedenfalls brachte er den Samaritanern die Thora des Moses mit. Und da war doch ausdrücklich der Garizim bei Sichem als der Berg bezeichnet, auf dem bestimmte Kulthandlungen verrichtet werden sollten[3]. Was lag näher, als den ganzen Kult, wie ihn das Gesetz vorschrieb, auf diesen Berg zu verpflanzen! Die Samaritaner erbauten auf dem Garizim einen Tempel, setzten den Sohn des judäischen Hohenpriesters dort als Priester ein, und pflegten den Kult nach der Vorschrift des Gesetzes. Sie hatten damit einen nationalen Mittelpunkt gewonnen. Der Kult auf der Bergeshöhe mußte namentlich diejenigen von ihnen ansprechen, die iranischer Herkunft waren.

Sie übernahmen auch den ganzen Wust der judäischen Ritualgesetze, von der Beschneidung bis zum Verbot blutiges Fleisch oder gar Schweinefleisch zu genießen. Sie hielten es ebenso streng damit wie die Judäer. Aber von diesen trennte sie bitterer Haß. Beide sahen den Tempel der anderen als Götzentempel an, beide in dem Nachbarn den Rivalen um die richtige Gottesverehrung. So wurde Samaria geradezu eine Pflanzstätte für das, was man heute Antisemitismus nennt, für die Feindschaft gegen das Judentum, dessen Formen es sich doch selbst verschrieben hatte. Den eigentlichen Lebensquell des Judäertums, die prophetischen Schriften aber konnten die Samaritaner nicht übernehmen: in ihnen war Jerusalem zu sehr im Vordergrund. Deswegen wird das Samaritanertum als Nation erst da geistig fruchtbar, als sich ein Teil davon von der judäischen Tradition löste. Ein anderer Teil verharrt bis zum heutigen Tage in den damals gebildeten Formen, als kleine, hartnäckig sich abschließende Sekte.

Ich übergehe die Armenier[4] und die Parther[5], die zu gleicher Zeit als neue Nationen erscheinen, vorher haften ihre Namen an winzigen Stämmen.

Ganz unmerklich schlossen sich auch die Syrer als eigene Nation zusammen. Die aramäische Sprache war in Syrien seit ca. 1000 v. Chr. durch die aus der Wüste eingedrungenen Stämme verbreitet; sie wurde im Assyrerreich die Verkehrssprache, in der die verschiedenen durcheinandergewürfelten Völker sich zu verständigen suchten; im Perserreich die Kanzleisprache der Behörden für den westlichen Teil des Reiches, also den vorderen Orient bis zu den persischen Grenzen. Die aramäische Schrift, aus der phönikischen abgeleitet, wurde die amtliche Schrift, und in ihr schrieb man auch das Persisch des herrschenden Volkes. So ist aus ihr die Zendschrift abgeleitet, in der die heiligen Bücher der Perser verfaßt sind. Auch die indische Sanskrit-Schrift ist nur eine Umbildung derselben aramäischen Schrift.

Nach der makedonischen Eroberung war die Amtssprache griechisch; aber vielleicht hat gerade der Gegensatz zu dieser Amtssprache dahin gewirkt, daß unter den Einheimischen die aramäische Sprache sich durchsetzte und alle anderen Sprachreste verdrängte. Als sich dann beim Zerfall des Syrerreiches eigene Fürstentümer mit einheimischen Dynastien in Edessa und Samosata bildeten, da kam diese syrische Sprache empor, und war Sprache auch des Gottesdienstes bis zur arabischen Eroberung. Zu einer nationalen Staatsbildung allerdings haben es die Syrer nie gebracht. Die Herrschaft über sie ging von griechischer in armenische, dann in römische Hand über. Aber das Streben der Nationen ging damals nicht auf irdische Herrschaftsmacht. Das hängt mit der Umstimmung zusammen, die die ganze Weltanschauung in jenen Jahrhunderten erfuhr.

In gewissem Sinn sind auch die Judäer seit jenen Jahrhunderten eine neue Nation. Gewiß, sie hielten fest an den alten Schriften und Gesetzen, in denen ihre Religion und ihr Brauchtum sich eingekapselt und gegen andere Nationen abgesondert hatte. Aber die Sprache dieser Bücher des Alten Testaments, das Hebräische, kam außer Gebrauch, und war bald nur mehr den Gelehrten verständlich. An die Stelle trat eine aramäische Mundart. Auch die neuen religiösen und juristischen Schriften, die schließlich im Talmud zusammengefaßt wurden, sind aramäisch abgefaßt. Wenn man also die Sprache als Kennzeichen der Nation auffaßt, so sind die Judäer seit der makedonischen Eroberung oder kurz danach eine neue Nation. Und sie sind es nicht nur in der Sprache, sondern auch in der Weltanschauung, die ja eng mit der Sprache zusammenhängt.[6] Wir wissen das ja meist gar nicht, wie sehr die Gedanken, die in unseren Worten vorgeprägt sind, unser ganzes Denken bestimmen. Es ist durchaus nicht gleichgültig, ob man eine logisch durchgeformte Sprache, wie etwa das Französische, oder eine nur beschreibende Sprache wie das Englische, eine weitschweifig gesangliche Sprache wie das Italienische oder eine zu straffem Ausdruck drängende wie Deutsch als Muttersprache gelernt hat. Das Hebräische war auch eine Sprache des knappen Ausdrucks, noch mehr als die unsere, gerade passend um abgerissene eindringliche Sentenzen zu prägen, wie die Propheten taten. Es war ein Nachlassen der geistigen Hochspannung, die in der Zeit des alten Testaments geherrscht hatte, als das Volk zum verwandten, aber durchaus nicht so mit religiösen Begriffen durchsetzten Aramäisch überging: ein Nachlassen des religiösen Akzents in den Worten muß damit verbunden gewesen sein. Für die neuen Seelenstimmungen, die wir in den nachfolgenden Jahrhunderten finden, war aber dies Aramäisch offenbar das rechte sprachliche Werkzeug.

Anmerkungen

1 2. Könige 17,25 ff.
2 1. Chron, 3,19 ff führt das Geschlechtsregister der Könige von Juda 10 Generationen über Zerubbabel hinaus, das sind 200–250 Jahre. Da die Chronik wie M. Noth, Überlieferungsgeschichtliche Studien I 1943, S. 174 ff, gezeigt hat, im Zusammenhang mit dem samaritanischen Schisma geschrieben ist, so würde das auf eine Zeit dieses Schismas um 300 v. Chr. führen. — und in diese Zeit setzt auch Josephus den Bau des Tempels auf dem Garizim. — Andererseits scheint Neh. 13,28 sich auf den Enkel des Hohenpriesters zur Zeit des Nehemia zu beziehen. Der Vers braucht nicht von Nehemia selbst herzurühren; wenn Eljasib zur Zeit des Artaxerxes I. (um 430) Hohenpriester war, so ist seines Enkels Ehe in die Zeit Artaxerxes II. zu setzen, also um 380. (Sein Vater Jojada scheint zur Zeit der Elephantine-Urkunden, unter Darius II. im Amte.) Aber wir wissen nicht, ob es nur einen Sanballat gegeben hat. Ich wage keine Entscheidung.
3 Deut. 27, 12. Eigentlich müßte man die Garizim sagen, das Wort ist ja Plural.
4 Wenn Herodot VII 73 die Armenier aus Phrygien ableitet und ihnen den Paphlagonen ähnliche Waffen zuschreibt (Strabo 536 ist genealogische Dichtung), so könnten sie die Arawanna der hethitischen Urkunden sein. Noch besser scheint die Hypothese von Cavaignac, sie seien die Abkömmlinge der Treren, die um 800 aus Europa kamen (Revue hittite et asianique 72, 1963, S. 47 ff). Wie schwierig die Herkunft der Sprache zu beurteilen ist, zeigt das Beispiel „Tigranokerta"; der Name gehört einer Kentumsprache an, während das Armenische eine Satemsprache ist.
5 Auch hier ist der Name älter, aber bezeichnete bisher einen arischen Stammessplitter, keineswegs eine eigene Nation.
6 Th. Boman, „Das hebräische Denken im Vergleich zu dem Griechischen" 4. A. 1967, arbeitet heraus, daß das Hebräische eine „dynamische" Sprache sei, und der Israelit ein akustischer Typ gewesen sei. Letzteres wird richtig sein (dynamisch ist ein viel zu unbestimmter Ausdruck), aber wenn er demgegenüber die Griechen als eidetischen Typ, ihre Sprache als statisch bezeichnet, so ist das nur die Hälfte der Wahrheit. Es gab Griechen, auf die die Beschreibung zutrifft, aber des Sokrates Daimonion war eine gehörte Stimme, und das ganze Orakelwesen von Dodona und Delphi usw. setzt Seher oder Seherinnen voraus, die genauso akustisch veranlagt waren, wie die Propheten Israels. Und Themistokles, Alkibiades, Alexander und die Diadochen sind so dynamische Menschen gewesen, wie kaum andere in der Weltgeschichte. Heraklits Philosophie ist dynamisch, im Gegenschlag zu der statischen Naturphilosophie des Thales und des Pythagoras. Kurz die Griechen sind die allseitig entwickelten Menschen. Man findet denn auch alle die Eigenheiten bei ihnen, die Boman als spezifisch hebräisch herausstellt. Auch Homer und Herodot erklären das Weltgeschehen aus dem Ratschluß des Zeus, bzw. der Götter insgesamt. Selbst die Haltung der Judäer zum Gesetz hat in dem „nomos basileus" bei Pindar und Herodot sein Gegenstück. Wie man sich überhaupt die Völker der Antike nicht isoliert, sondern in beständiger Wechselwirkung vorstellen muß.

3. Judäa unter makedonischer Herrschaft

Mindestens seit Beginn der hellenistischen Zeit drängte die Bevölkerung von Judäa über ihre Grenzen hinaus. Zunächst bildete sich neben den beiden großen Volksgruppen in Palästina und in Babylonien ein dritter Mittelpunkt in der Großstadt Alexandria. Schon Alexander selbst scheint den Judäern ein bestimmtes Stadtviertel zugewiesen zu haben. Und bald wurde ihnen dieses zu eng. Denn, wie schon erwähnt, im Gegensatz zu der weitverbreiteten griechischen Unsitte, neugeborene Kinder auszusetzen, ließ das mosaische Gesetz weder Abtreibung noch Kindstötung zu[1], und verlangte überdies frühe Heirat. Daher waren die judäischen Familien in der Regel weitaus kinderreicher als die griechischen. Dazu kam die durch die Speisegesetze und den reichlichen Verbrauch von Zwiebeln und Knoblauch gestärkte Gesundheit der Judäer. Beides zusammen führte zu einer Volksvermehrung, die das karge Judäa nicht fassen konnte. Die Judäer waren gezwungen, sich auszubreiten.

Sie verloren gleichzeitig ihre angestammte Sprache. In Syrien und Palästina verdrängte, wie erwähnt, das Aramäische als die allgemeine Verkehrssprache das freilich nahe verwandte Hebräisch. In Alexandria aber nahmen die Judäer die herrschende, griechische Sprache an, und verlernten ihre Muttersprache so sehr, daß sie auch ihre heiligen Schriften übersetzen mußten, um sie verstehen zu können. Die Legende datiert diese Übersetzung schon ins 3. Jahrhundert[2], und das scheint dem Abstand des zugrunde liegenden Textes von dem später in Palästina gültigen zu entsprechen. Ungewollt brachte die Übersetzung eine neue Tönung in alle religiösen Begriffe: die Wörter, die dafür verwendbar waren, waren griechisch geprägt, und brachten die Nebenvorstellungen mit, die den Griechen dabei anklangen[3]. Für die Geschichte des Christentums wurde am wichtigsten, daß der Gottesname Jahweh, der schon in Jerusalem aus Scheu nicht mehr ausgesprochen, sondern durch Adonai (Herr) ersetzt wurde, in der Übersetzung durch Kyrios, Herr, wiedergegeben wurde.

Auch der Zusammenhang mit dem kultischen Mittelpunkt in Jerusalem lockerte sich durch die weite Entfernung. Da das Gesetz keinen Opferdienst außerhalb von Jerusalem zuließ[4], mußten sich die entfernten Gemeinden einen andersartigen Gottesdienst schaffen. Sie kamen in Gebetshäusern (Synagogen) zusammen, um gemeinsam zu beten und die Schriften zu hören. Wann dies aufkam, dafür haben wir ein inschriftliches Zeugnis schon aus dem 3. Jahrhundert v. Chr.[5] Ein legendarischer Bericht setzt das Bestehen einer großen Synagoge um 140 v. Chr. in Alexandria voraus[6]. Vermutlich hängt die Entstehung dieses neuartigen Wortgottesdienstes mit dem vertieften Sinn zusammen, den der Ausdruck „Wort Gottes" im Zusammenhang mit dem Eindringen der persischen Gedanken für die Judäer gewonnen hatte. Jedenfalls war die Religion Zarathustras mit solchem Dienst des Wortes vorausgegangen, aber die Übernahme durch die Judäer, die auch den letzten bildhaften Ritus dabei abstreiften, gehört zu den folgenreichsten Neuerungen der ganzen Religionsgeschichte. Der Wort-Gottesdienst machte die alten blutigen Opfer überflüssig, die im Grunde mit der Gottesauffassung seit Amos nicht mehr übereinstimmten.

Die Judäer zur Zeit vor und nach Jesus waren nicht dasselbe wie die heutigen Juden. Sie waren erst auf dem Wege, es zu werden. Um den Unterschied hervorzuheben und immer wieder ins Gedächtnis zu rufen, — denn er ist für den Gegenstand wichtig — behalte ich den lateinischen Namen für die damalige Bevölkerung bei. Allerdings ist der Unterschied nicht in allen Richtungen groß. Sogar die mundartlichen Gruppen, die man heute unter den Juden unterscheidet, gab es schon damals. Die Judäer in Palästina sprachen den Namen Moses wie die Sepharden mit reinem O; die von Alexandria sagten Moyses, ähnlich wie heute die Ostjuden[7].

Was man heutzutage als besonderes Kennzeichen des Judentums teils bewundert, teils anfeindet, die geistige Wendigkeit, war den Schriften des Alten Testaments noch fremd. Alt-Israel kannte die logischen Künste nicht. Sie sind ein Erbe des späten Griechentums, das mit seiner Redekunst und seiner wissenschaftlichen Schlußlehre den Orientalen überlegen gegenübertrat. In der Praxis war es oft genug die Fähigkeit der Redner, durch Scheinschlüsse irre zu führen und die Irrtümer wieder aufzulösen. Nirgends haben damit die Griechen gelehrigere Schüler gefunden als unter den Judäern.

Die verschleppten Israeliten in Babylonien hatten sich vornehmlich auf den Handel geworfen. Bald konnten die Judäer den griechischen Händlern ebenbürtig gegenübertreten. Die Judäer z.B. in Alexandria und sonst im Römerreich waren schon damals vorwiegend mit Handel und Geldleihe beschäftigt. Die Urkunden, die angeblich von landwirtschaftlicher Tätigkeit der Judäer in Ägypten berichten[8], sind in Wirklichkeit Quittungen über Geldgeschäfte: an der Börse nennt man ja vielleicht auch die Tätigkeit einer Bodenkreditbank eine Beschäftigung mit Landwirtschaft. Aber es ist einseitig, nur diesen Typ zu sehen, der nur darum den Heiden am meisten in die Augen fiel, weil sie eben mit dem Geschäftsmann am häufigsten zu tun hatten. Der Weiße im heutigen Afrika wird den Negern ganz ähnlich vorkommen. Jedenfalls in Palästina selbst überwogen ganz andere Menschentypen und darum auch andere Berufe. Namentlich Galiläa war ein Land der Bauern, Hirten, Fischer und Handwerker.

Alle Nachrichten deuten darauf, daß in Palästina im 4. und 3. Jahrhundert unsägliche Armut in allen Kreisen war. Über der Not des Augenblicks verkümmerte sogar der geschichtliche Sinn, der von Moses bis Ezra so lebendig gewesen war. Kein Zeugnis hat die Schicksale der Judäer in diesen Jahrhunderten bewahrt, nicht einmal eine Legende redet davon. Erst der Tobiade Joseph, der gefälliges Wesen mit Dreistigkeit verbindend unter König Ptolemaios (IV?) die Freundschaft des Herrscherpaares gewann und die gesamten Zölle von Phönikien und Palästina pachtete, brachte Reichtum ins Land, der durch den Prunk, den Joseph entfaltete, viele Hände in Tätigkeit setzte und so auch einem größeren Teil des Volkes zugute kam.

Mit der Ausbreitung der Judäer in die hellenistische Welt begann die Tragödie des Jahweh-Glaubens. Die Judäer sahen in den Kulten der Völker, unter die sie sich zerstreuten, nur Götzendienst. Ihr Gesetz schrieb ihnen nicht nur vor, jeden fremden Kult zu meiden. Sondern der überzeugte Jahweh-Verehrer mochte sich seinem Gotte gegenüber verpflichtet fühlen, die Überlegenheit Jahwehs gegenüber diesen „Nichtsen" hervorzukehren.[9]

Damit rief er notwendig die Gegenwehr der „Heiden" hervor. Kein Volk erträgt es, wenn Gäste angreifen, was ihm heilig gilt. Und dem Fanatismus der Judäer schien nichts heilig zu sein, was die Griechen hochachteten. Natürlich entgalten die spottlustigen Griechen mit gleicher Münze. Die Gesetzestreue wohlschmeckende Speisen zu verachten, schien ihnen kleinlich, und wo sie die wohlgemeinte Gastfreundschaft ablehnte, sogar menschenfeindlich. Die Beschneidung kam den Griechen geradezu unanständig vor. So hören wir seit der Zeit die Vorwürfe, daß die Judäer alle Menschen als Feinde betrachteten, und kein Gefühl für Schicklichkeit hätten. Aus solchen kleinen unvermeidlichen Mißverständnissen sproßte gegenseitige Verachtung. Aus der Mißachtung wurden leicht Tätlichkeiten, wenn der Pöbel von solcher Stimmung erfaßt wurde. So entstand der „Antisemitismus", und er begleitet den mosaischen Glauben seitdem als Schatten auf allen Wanderzügen; er wird immer wieder entstehen, solange es diesen Glauben gibt, weil dieser Glaube die religiösen Grundlagen des fremden Volkstums nicht anerkennen darf.

Das erste Dokument dieser Spannung ist das Buch Esther. Es erzählt von einem „antisemitischen" Anschlag auf das Judentum im Perserreich, der durch eine königliche Nebenfrau judäischen Stammes im letzten Augenblick verhindert wird, während stattdessen die Juden ein Blutbad unter den Andersgläubigen anrichten dürfen. Und zum Gedenken an diese Rache feiern seitdem die Judäer das Purim-Fest. Seltsamerweise tragen die judäischen Hauptpersonen dieser Legende die Namen der babylonischen Götter Marduk und Istar. Das sind deutliche Decknamen. Und darum betrachte ich auch den Xerxes (Ahasver) und Hamann des Berichtes als Decknamen für Personen, die die Zeitgenossen des Schriftstellers leichter als wir erraten konnten.

Das Buch Esther ist nämlich Ende des zweiten Jahrhunderts v. Chr. verfaßt[10]. Und aus dieser Zeit berichtet eine andere Schrift eines ungenannten Judäers (das sogenannte IV Buch Ezra) und etwas anders auch Josephus[11], daß König Ptolemaios VII. bei seinem Regierungsantritt die versammelten Judäer Alexandriens durch Elephanten zerstampfen lassen wollte, aber durch eine wunderbare Fügung daran verhindert worden sei. Sollte der angebliche Ahasveros nicht dieser Ptolemaios Physkon sein und Hamann sein Ratgeber Hermon? Dann wäre das Buch Esther ein Zeugnis für die Geschichte des 2. und nicht des 5. Jahrhunderts.[12]

Jedenfalls, der „Antisemitismus" war um diese Zeit schon vorhanden. Und nun gab es Judäer, die diesen Gegendruck nicht ertrugen, ja, die innerlich den Meinungen der „Heiden" über das Gesetz zustimmten. War es nicht in der Tat nicht nur unfreundlich, sondern widersinnig, sich vom Tisch der Freunde fernzuhalten, mit denen man doch Geschäfte verabreden wollte und mußte? Und war nicht überhaupt die griechische Gesittung, die auf der ganzen Welt als die höchste galt, ein erstrebenswertes Ziel? Warum sollte man vorsätzlich Barbar bleiben, nun, wo die Griechen jeden als Hellenen anerkannten, der sich der Bildung befleißigte, mochte er stammen, woher er mochte? [13] Aber Teilnahme am griechischen Leben forderte auch Teilnahme am griechischen Sport und damit an der Nacktkultur. In den Bädern spielte sich ja ein großer Teil des geselligen Lebens ab.

Auch wenn sich ein Judäer über das allgemeine orientalische Gefühl hinwegsetzte, das im Nackten etwas Sündhaftes sah[14], so genierte ihn dabei die Beschneidung, die ihn im Bade auffallen ließ. Der Wunsch, sich anzupassen, führte folgerichtig dahin, daß sich manche in ärztliche Behandlung begaben, um die Verstümmelung durch künstliches Vorziehen der Haut wieder auszugleichen.[15]

Selbst in die Familie des Hohenpriesters Onias drang das Streben ein, sich dem Griechentum einzufügen, ja in ihm aufzugehen. Sein Bruder Josua nannte sich griechisch Jason und ließ sich vom König Antiochos das Amt des Hohenpriesters übertragen. Onias wurde im Exil in Daphne bei Antiochia ermordet. Sein gleichnamiger Sohn flüchtete nach Ägypten und erbaute dort einen Konkurrenztempel. Jason förderte die Verschmelzung mit dem Griechentum. Er ließ in Jerusalem ein Gymnasium nach griechischem Muster bauen und erbat für die Stadt das griechische Bürgerrecht. Damit wäre das mosaische Gesetz automatisch außer Kraft gesetzt worden. Noch eifriger griechisch war sein Nachfolger Menelaos. Beide schürzten damit einen Knoten, den nur das Schwert zerhauen konnte.

Anmerkungen

1 Auch wenn Kinder wie in Athen, auf dem Markt ausgesetzt wurden, wo sich dann geschäfts-tüchtige Leute der Kinder annahmen und sie als Sklaven aufzogen, fielen sie für die Volksvermeh-rung aus. Mehr als alle Kriege hat dieses Laster Griechenland verödet, so daß Plutarch schätzt, das ganze Land könne keine 6000 Hopliten mehr aufbringen.

2 Die Legende führt die Übersetzung auf König Ptolemaios II. zurück. Nun wäre es zwar nicht ausgeschlossen, daß wirklich für die Bibliothek in Alexandria eine Übersetzung angefertigt wurde, wie eine Umschrift der heiligen Schriften des Avesta bezeugt ist. Aber wahrscheinlicher ist doch die Septuaginta (LXX) aus dem Bedürfnis der Gemeinden hervorgegangen, speziell derer in Alexandria. Wobei immer noch die Möglichkeit offen bleibt, daß die Übersetzer sich geschäfts-tüchtig den Auftrag vom König verschafften und sich von ihm bezahlen ließen. Der Zeitansatz, den die Legende gibt, ist ungefähr richtig; denn Hekataios von Abdera scheint die LXX schon zu benützen.

3 G. Bertram ist diesen Akzentverschiebungen des Glaubens in lehrreichen Aufsätzen nachge-gangen: siehe zuletzt ZDMG 1969 Supplementa I S. 302 ff (= XVII deutscher Orientalistentag); Die Bibel in der Welt, 13, 1971, S. 15 ff.

4 Ich lasse hier den Ersatz-Tempel, den Onias IV in Ägypten erbauen ließ, außer acht. Er ist im Grunde so gesetzwidrig, wie derjenige in Elephantine; nur daß letzterer zu einer Zeit erbaut war, wo das Gesetz in der Diaspora noch nicht allgemein anerkannt war. Man kann die Tat des Onias nur als einen Ausdruck der Opposition gegen Jerusalem begreifen: der Bau fällt in die Jahre, wo die Hellenisten in Jerusalem herrschten, und keine Aussicht zu bestehen schien, daß der Opfer-dienst dort wieder kultisch rein hergestellt werden könnte.

5 Wann der Synagogen-Gottesdienst aufgekommen ist, läßt sich schwer ermitteln. Die Tätigkeit der Pharisäer seit 120 v. Chr. setzt voraus, daß es so ziemlich in jedem Ort von Palästina die sabbatlichen Zusammenkünfte in den Synagogen gab. Dagegen sehe ich keinen Anhalt dafür, solche auch, wie gewöhnlich geschieht, schon im babylonischen Exil zu unterstellen. Das Drängen der Ezra und Nehemia nach Wiederherstellung des Opferkultes in Jerusalem scheint mir viel-mehr nur verständlich, wenn damals kein Ersatz für diesen Kult in einer anderen Form des Gottesdienstes vorhanden war.

6 Josephus c. Apionem II 53 ff.; Makk III 3 ff.

7 Vgl. die Verteilung der beiden Namensformen in den von Th. Reinach gesammelten Zeugnis-sen der antiken Schriftsteller über das Judentum (1895).

8 I. Juster „les Juifs dans l'empire Romain" II 1914, S. 294 f. Dabei hatte U. Wilcken „Griechi-sche Ostraka" I 1899, S. 523 die richtige Ausdeutung der Urkunden schon gegeben.

9 Ich erschließe das aus der Haltung der Juden in späterer Zeit — z.B. erinnere ich an die blutigen Unruhen in Regensburg zu Ausgang des Mittelalters, weil ein Jude die Maria als Hure bezeichnete; oder an den Ausspruch angeblich von Liebermann, ein gut gemalter Misthaufen sei ihm lieber als eine schlecht gemalte Madonna (die dem Juden eben ein Götzenbild ist).

10 Es ist nicht mehr in die eigentliche Sammlung der heiligen Schriften aufgenommen worden: es „macht die Hände nicht unrein" nach rabbinischer Lehre. Es scheint auch in Qumran zu fehlen: die Essener scheinen das Purimfest noch nicht gekannt zu haben. Das Buch ist andererseits nach Unterschrift der griechischen Übersetzung im Jahr 49/8 v. Chr. ins Griechische über-setzt worden.

11 Siehe Anm. 6.

12 Jedenfalls gibt es kein babylonisches Fest, das im Purim umgebildet wäre, wie man früher wegen Marduk und Istar vermutet hat.

13 Vgl. J. Jüthner „Hellenen und Barbaren" 1923.

14 Herodot I 10.

15 Vgl. $\dot{\alpha}\nu\alpha\sigma\pi\alpha\sigma\mu\dot{o}\varsigma$ bei Paulus und die Kommentare dazu, bes. Theol. Wörterbuch zum NT.

4. Neue Religionen

Indem die neue Form des Dualismus, wie sie oben skizziert wurde, das Lebensgefühl der Völker durchdrang, mußte sie auch die Religionen umformen und neue Versuche auslösen, das Verhältnis der Menschen zu Gott und der göttlichen Welt in verjüngten Glaubensformen zu ordnen. So beginnt gleich nach dem Alexanderzug ein Zeitalter voll neuer, untereinander engverwandter Religionen.

Die erste Mischform bildete sich in Ägypten. Wir kennen den Anlaß genau. Die Stadt Sinope am Schwarzen Meer hatte vom berühmten Bildhauer Bryaxis ein Marmorbild ihres Unterweltgottes anfertigen lassen. Wie dieser Gott hieß, ist umstritten, nämlich ob der spätere Namen Sarapis schon in Sinope ihm zukam. Der Name ist jedenfalls nicht griechisch. Manche Gelehrten wollen ihn mit einem babylonischen Sarap, hebräisch Seraph verbinden[1]. Andere betonen, der Gott habe den Namen erst in Ägypten erhalten. König Ptolemaios I. von Ägypten träumte nämlich (denn den politisch verantwortlichen Mann lassen seine Aufgaben oft auch im Traum nicht zur Ruhe kommen), der Gott Sarapis erscheine ihm und befehle, ihn nach Alexandria zu holen[2]. So erwarb oder entführte der König das Bild aus Sinope und bereitete ihm eine Triumphfahrt nach Ägypten. Dort in Alexandria weihte er ihm einen Doppeltempel, sowohl für Ägypter als auch für Griechen. Konnte sein Name doch den Ägyptern als Osir(is)-Apis ihren heiligsten Gott bedeuten. Der griechische Künstler aber hatte ihm die edelste Menschengestalt gegeben, wie eben der Grieche seine Götter schaute. Vereint wurde er im Tempel mit der Göttin Isis, der Gemahlin des Osiris, und dem Horusknaben, Harpokrates, „das Kind Horus" genannt. Beide wurden ebenfalls ganz als Menschen dargestellt, nur einige Abzeichen deuteten noch die Abstammung von ägyptischen Tiergöttern an. Im Kult dieser Dreiheit, hoffte der König, sollten sich seine griechischen und ägyptischen Untertanen zusammenfinden, die sich sonst in allen Ideen so fremd gegenüberstanden. Nicht eine rassische Verschmelzung, sondern eine geistige Annäherung und Versöhnung im gemeinsamen Kulte sollte den gefährlichen Zwiespalt seines Reiches überwinden, in dem eine schmale makedonische und griechische Oberschicht die auf ihre alte Kultur stolzen Ägypter beherrschte.[3]

Das Unterfangen gelang zur Hälfte. Der Unterweltsgott von Sinope und der Totenherrscher Osiris standen sich nahe genug. Weniger den Ägyptern, die schon genug Götter hatten und keinen neuen brauchten, als den Griechen, die an ihren überlieferten Göttern irre geworden waren, gaben die neuen Götter Namen für ihre Sehnsucht. Wie die heutigen Europäer danach streben, die Weisheit Indiens und Chinas in sich aufzunehmen, und dabei doch wieder ihre europäischen Gedanken hineinlegen, so suchte der griechische Forschergeist, die religiösen Geheimnisse Ägyptens zu ergründen. Und da gab der neue Kult die Gelegenheit, um viele philosophische Lehren daran zu knüpfen. Isis, die barmherzige Gottesmutter, die sich aller Gläubigen annimmt, brachte einen warmen Gemütston in die Religion, der im alten Griechentum gefehlt hatte. Denn der griechische Mann war von früher Jugend an der weiblichen Sorge entrissen, und er kannte darum auch die Götterkönigin nur als die eifersüchtige Hüterin der Heiligkeit der Ehe, nicht als die zärtliche Mutter. In Harpokrates, dem Götterkinde, das die Ägypter fingerlutschend abgebildet hatten, sahen die Griechen einen Gott des Schweigens. — Vor allem schien Sarapis selbst der Gott, nach dem die Philosophen so lange gesucht hatten. Die ägyptische Geheimlehre sagte ja, daß alle Götter in Wahrheit nur einer seien. Osiris, der die Unsterblichkeit gewährte, Weltherrscher und Totengott zugleich, war in Sarapis als Gatte der Himmelskönigin Isis zugleich der Zeus der Griechen, der große Himmelsgott. „Es ist nur ein Gott, Zeus Sarapis"[4] so erscholl das Glaubensbekenntnis der neuen Religion. Die Griechen konnten darin die Lehre ihrer größten Philosophen wiederfinden, die von Xenophanes an den einzigen Gott im Gegensatz zur Vielgötterei der Menge verkündet hatten und jetzt in der Stoa wieder von neuem verkündeten.

Überall, wo griechische Gebiete von Ägypten und seinen Herrschern abhängig waren, entstanden pomphafte Sarapis-Tempel. Ihre Inschriften priesen die „frohe Botschaft" von den Krafterweisungen des Gottes. Es werden da Wunder der verschiedensten Art in bunter Folge aneinandergereiht.

Denn die Wunder waren es, von denen die Menge hören wollte. Den wundertätigen Gott wollte sie anbeten. Aus den bezeugten Wundern sollte sich das größte Wunder beglaubigen, die den Griechen so schwer faßbare Unsterblichkeit, die der Gott seinen Gläubigen verlieh[7]. Der Kult wurde mit dem betäubenden, aufregenden Lärm der ägyptischen Musikinstrumente begleitet, etwa in der Art heutiger, afrikanischer Tanzmusik, und die Priester erschienen dabei in wunderlichen Trachten, zum Beispiel einer als hundeköpfiger Gott Anubis verkleidet. Der Sarapis-Dienst war also fremdartig barbarisch genug, um die Neugierde gerade der geistig Schwächeren zu beschäftigen. Und ausdrücklich wird berichtet, daß er auch Gelegenheit zu wüsten Ausschweifungen bot[8], was ihn einer verlotternden Großstadtbevölkerung noch anziehender machte.

Trotzdem hat sich Sarapis nicht als einziger Gott durchgesetzt, sondern sein Kult blieb einer neben vielen anderen. Obwohl der religiöse Grundgedanke eigentlich die Verehrung anderer Götter ausschloß, verwehrte ihm die ererbte Toleranz der Griechen den vollen Sieg. Es haftete dieser Religion eben von ihrer Entstehung her ein fataler politischer Zug an. Man konnte bei vielen Verehrern nicht unterscheiden, ob sie dem Gotte huldigten oder nur ihre Loyalität gegenüber dem ägyptischen König zum Ausdruck bringen wollten. Das war dem Wachstum dieser Religion hinderlich. Denn mit der Stoßkraft der Wahrheit wirkt nur ein Glaube, der keine Nebenrücksichten kennt. Recht ein Bild dieser inneren Hohlheit sind die Sarapis-Tempel — etwa der von Ephesus, der mit seinem protzigen Stil in übertrieben kolossalem Maßstab der Figuren so plump gegen die schlichte Andacht der rein griechischen Tempel absticht.

Daher verblaßte der Sarapis-Glaube wieder, sobald das Ptolemäerreich seine Großmachtstellung verlor. Aber die Göttin Isis, die große Zauberin, war inzwischen zu einer Allgöttin geworden. Sie war den Griechen Hekate und Selene — die Göttin der mondlosen Hexennächte und des Mondes, darum auch Artemis, die ja mit dem Monde verglichen wurde. Als Gattin des Osiris war sie Demeter, die Korngöttin, als Göttin der Liebeslieder Aphrodite und neben Zeus-Sarapis auch Hera; so war sie Schutzherrin aller Seiten des weiblichen Lebens. Außerdem wurde sie auch noch als Beschützerin der Seefahrt angerufen. So wurde ihr Verehrerkreis immer umfassender.

Einem weiteren asiatischen Kult, der schon in Athen vor Alexander Eingang gefunden hatte, begegnen wir ebenfalls in Alexandria wieder. Theokrit besingt in einer seiner Idyllen[9] die Feier des Adonis. Adonis, das ist das phönikische Wort Adonai, mein Herr, also dem Namen nach eine ganz allgemeine Bezeichnung. Gemeint ist der sumerische Tammuz. Es ist ursprünglich die Kindheit selbst[10], die in diesem Gotte verkörpert ist. Ein schöner Knabe, der Liebling der Liebesgöttin, wird er doch von einem unerbittlichen Schicksal vorzeitig dahingerafft. In der Form, wie die Phöniker die Sage an die Griechen weitergaben, wurde er auf der Jagd von einem Eber verwundet, so daß er verbluten mußte. So ist sein Fest eine Totenfeier, die mit orientalischem Jammer begangen wurde. Man muß einmal eine Orientalin die Totenklage brüllen gehört haben, sonst versteht man das nicht ganz. Es klingt ungefähr wie das Heulen einer Sirene, die vor Sturm warnt, und wird begleitet mit Rumpfbeugen, die die Leidenschaftlichkeit des Schmerzes vermehren. Aber das eigentliche religiöse Geheimnis des Kultes war nicht der Tod des Adonis, sondern sein Wiederaufleben. In der griechischen Form des Kultes war es Sitte, daß die Frauen in kleine, tragbare Blumenkästen ein schnell keimendes Kraut säten. Wenn es aufgekeimt war, wurden die Kästen ins Wasser gesetzt und schwimmen gelassen — nicht um dadurch den Tod des

Adonis anzuzeigen[11]; sondern für die Vegetation in der südlichen Hitze ist das Wasser noch mehr als bei uns das belebende Element. Man hat den Adonis für eine Vegetationsgottheit gehalten, für die Verkörperung des in der Sommerglut rasch dahinwelkenden Frühlings. Das mag schon die hellenistische Deutung sein. Aber es ist natürlich umgekehrt: die Vegetation ist ein Bild des Gottes, nicht der Gott ein Bild der Vegetion. Daß diese im Wasser frisch wurde, sollte ein Bild seines Wiederauflebens sein. Daß der Gott starb und wieder auflebte, das sollte den Gläubigen die Hoffnung geben, daß auch sie selbst nach dem Tode zu neuem Leben erwachen würden.

Aber in Alexandria, der halborientalischen Großstadt, mag der Adoniskult so etwas gewesen sein, wie moderne Naturschwärmerei. War doch der Glaube an die alten griechischen Götter gänzlich erschüttert. Ein Literat Euhemeros hat damals einen Roman geschrieben, wie er auf einer fernen Insel die Inschriften gefunden habe, die von der irdischen Herrschaft des Zeus berichteten. Da war die ganze Götterfabel vom Olymp zur Skandalchronik eines irdischen Herrscherhofes umgedichtet. Ein typisches Erzeugnis kolonialer Halbbildung! Aber es hat ungeheure Wirkung getan. Es war eines der ersten Werke, die ins Lateinische übersetzt wurden. Die Römer waren ja nicht anspruchsvoll in ihrer geistigen Nahrung. Die wirkliche griechische Weisheit war ihnen damals noch zu hoch. Aber solch ein plattes Machwerk war gerade nach ihrem Geschmack.

Ich kann das Gelehrtentreiben in Alexandria hier nicht schildern. Man würde ihm unrecht tun, wenn man es nach diesem Skibenten beurteilen würde. Die Alexandriner haben die Grundlagen der wissenschaftlichen Methoden erarbeitet, in der Mathematik und Physik sowohl, wie in der Philologie. Aber eben derjenigen Wissenschaft, die die kleinsten Beobachtungen summiert und die sich selbst damit begnügt, nicht derjenigen Wissenschaft, die den großen Linien des Daseins nachgeht. Beiderlei Wissenschaft muß immer sein, wenn Großes durch sie vollbracht werden soll. Im dritten Jahrhundert, der eigentlichen Blütezeit des Kolonialgriechentums, hat es an den großen Fragestellungen gemangelt.

Weit mächtiger als Sarapis und Adonis hat die astrologische Geistesbewegung die Menschen erfaßt. Auch sie ging in neuer Form von Ägypten aus, nur etwa hundert Jahre später als Sarapis[12]. Die politischen Verhältnisse waren inzwischen noch furchtbarer geworden. Die hellenistischen Staaten, die sich lange das Gleichgewicht gehalten hatten, brachen unter den Stößen des Römerreiches zusammen. An die Stelle trat zunächst eine allgemeine Verwirrung, die darum nicht besser war, weil die Römer ihr den schönen Namen „Freiheit" gaben. Tatsächlich herrschten die römischen Wucherer und Sklavenhändler.

Im alten Griechenland hatte der Hellene als freier Mann in seiner Heimatstadt die Politik mitbestimmt. Die Verhältnisse waren so eng und leicht überblickbar, daß er auch mit Durchschnittsbegabung die Zusammenhänge durchschauen und den Erfolg gemeinsamen Handelns voraussehen konnte. Damals wuchs die Philosophie auf, die auch die Weltzusammenhänge vernünftig zu deuten suchte. Jetzt aber war niemand sicher davor, ob er nicht durch Gewalt oder durch Schulden, die seiner Stadt von raubsüchtigen Statthaltern aufgezwungen wurden, plötzlich aus wohlhabender Lebensstellung herausgerissen wurde. Er haftete für unbezahlte Schulden seiner Stadt nicht nur mit dem Vermögen; wenn dies nicht ausreichte, konnte er mit seiner Familie auf den Sklavenmarkt geschleppt und auf Nimmerwiedersehen von ihr getrennt werden. Vielleicht wurde er in ein fremdes Land verkauft, vielleicht in die Fabriken Campaniens oder in einen Sklavenzwinger für Ackerknechte; seine Töchter, wenn sie hübsch waren, in die römischen Lasterhöhlen. Gleiches Schicksal drohte jedem, der in die Hand der Seeräuber fiel. Der Sklavenmarkt in Delos war darauf eingerichtet, daß Zehntausende von Menschen an einem Tage ihren Besitzer wechseln und verladen werden konnten.[13]

Ebenso plötzlich und ohne eigenes Zutun konnte ein solcher Sklave durch die Gunst seines Herrn zum wohlhabenden Geschäftsmann aufsteigen, aber auch z.B. wenn ein Mitsklave seinen Herrn erschlug, auf die Folter gespannt werden[14]. Denn so grauenhaft roh war der römische Brauch mit den Sklaven umzugehen. — Kurz, das Schicksal hatte seine sittliche Unterlage verloren.

So war es kein Wunder, daß sich die Menschen mehr als je zuvor als Spielzeug eines sinnlosen Schicksals fühlten. Das war die Seelenstimmung, die der Astrologie jene beherrschende Macht über die Gemüter einräumte, die sie bis in unser Jahrhundert nie ganz verloren und seit dem Beginn der Weltkriege von neuem in groteskem Maß gewonnen hat. Die Sterndeutung hat ihre Wurzeln in Babylonien. Dort verehrte man in den Gestirnen die großen Götter und glaubte, in den Bewegungen der Planeten die Schrift der Götter zu lesen, in der sie ihren Willen kund taten. Ursprünglich beschränkten sich die babylonischen Priester darauf, aus Finsternissen die Schicksale des Landes und des Herrschers abzuleiten. Sie schrieben auf, was nach der Finsternis an auffallenden Ereignissen eintrat, um danach in künftigen Fällen zu weissagen, und widrige Schicksale durch entsprechende Opfer abzuwenden. Seit Anfang des zweiten Jahrtausends v. Chr. scheinen auf den Siegelbildern auch die Geburtssterne des siegelführenden Mannes angedeutet zu sein — ein

Zeichen, daß man begann, den Sternenstand der Geburtsstunde als Vorbedeutung für das ganze Leben anzusehen. Aber die keilschriftlichen Berechnungen des Sternenstandes sind damals noch sehr ungenau. Z.B. wird die Nacht nur in drei Wachen untergeteilt. Die Deutung war, wie noch heute, weitgehend der Phantasie überlassen.

Seit alters war diese Lehre nach Ägypten gedrungen. Sie hatte dabei ihren religiösen Sinn eingebüßt: denn für die Ägypter waren die meisten Gestirne keine hohen Gottheiten. Die Planetengötter (außer Sonne und Mond) waren in Ägypten unbekannt. So war gerade hier der Boden, um aus der Sterndeutung eine reine Rechenkunst zu machen. Das geschah unter dem Eindruck der griechischen Wissenschaft, die den Erdumfang maß und die Entfernung von Sonne und Mond zu messen und zu berechnen suchte. Warum sollte sich das sinnlose Schicksal nicht auch vorausberechnen lassen? Nechepso und Petosiris werden als die Urheber der Sterndeutung genannt, wahrscheinlich aber haben unbekannte Männer des 2. Jahrhunderts sich ihrer Namen bedient, um ihre Lehren in ehrwürdigeres Alter zu datieren[16]. (Daneben lebten auch die babylonischen Schulen der Sterndeutung weiter, die jetzt zu wissenschaftlich genauen Messungen der Planetenbewegungen fortgeschritten waren. Der Priester Berossos eröffnete die erste uns bekannte Schule der Astrologie auf griechischem Boden [um 280 v. Chr.]).

Die Sterne der Geburtsstunde, so dichteten die Astrologen, entscheiden über das Schicksal des Menschen. Die Fortschritte der Sternkunde gestatteten jetzt, den Stand der Sterne für jede Stunde genau auszurechnen. Den zwölf Monaten entsprechend teilten die Astrologen die jährliche Sonnenbahn in die zwölf Sternbilder des „Tierkreises", die teils nach babylonischen, teils nach ägyptischen Überlieferungen benannt wurden. Z.B. hatte der „Widder" in Babylonien den Namen „Landarbeiter" geführt; was wir Andromeda nennen, war sein Pflug, und das Viereck des Pegasus das Landstück, das er bearbeitete. Den uns geläufigen Namen bekam er erst in Ägypten. Dagegen waren Stier, Skorpion, Schütze, Wassermann schon mehr als zweitausend Jahre früher in Babylonien gängige Bezeichnungen. Wie die Ekliptik, so wurde auch der Himmel der Geburtsstunde in zwölf „Häuser" geteilt. Je nachdem die Planeten nun zueinander standen, wurde ihre Stellung als günstig oder als ungünstig angesehen. Standen die „Häuser", in denen sie sich befanden, im Winkel von 120° zueinander, so war die Stellung günstig; noch mehr, wenn sie in gleichem Haus beisammen waren; rechter Winkel oder genau entgegengesetzte Richtung dagegen galten als unheilvoll. Sonne, Mond und die fünf sichtbaren Wandelsterne wurden als die sieben Planeten zusammengefaßt. Jedem wurde eine Grundkraft der menschlichen Seele zugeordnet: der Venus die Liebe, dem Mars der Zorn, dem Saturn die Trägheit usw.

Aus der Philosophie des Aristoteles, aus dessen Schule auch der Begründer der wissenschaftlichen Forschungsinstitute in Alexandria hervorgegangen war, drang die Lehre ins allgemeine Wissen, daß die Gestirne in acht Himmelskugeln übereinander angeordnet seien, der Mond in der untersten, die Fixsterne in der obersten; den höchsten Gott suchte diese Philosophie noch über dem Fixsternhimmel, dem er den immerwährenden Antrieb zur Bewegung gebe. Das war ein großer Fortschritt der Naturansicht; denn die babylonischen Astronomen hatten noch gemeint, die Planeten seien oberhalb des Fixsternhimmels und also den Göttern besonders nahe. Die Reihenfolge der Planeten bestimmten die Griechen nach den Umlaufzeiten. Das wurde von der neuen Astrologie übernommen und in dieser Reihenfolge jede Stunde einem Planeten zugeordnet, jeder Tag demjenigen, dem die erste Stunde gehört. So kam jeweils nach sieben Tagen derselbe Planet wieder als Herrscher des Tages an die Reihe. Auf diese Weise wurde die Woche auch außerhalb Judäas geläufig und ihre Wochentage so benannt, wie sie noch heute ihre Namen tragen[17].

Ein mathematisches System übt schon durch sein Bestehen und seine Regelmäßigkeit einen suggestiven Zauber auf alle diejenigen aus, die es nicht vollkommen durchschauen. Dazu waren ja die Grundkräfte, die den Planeten zugeordnet wurden, zu jeder Zeit in jedem Menschen wirksam. Kein Augenblick des Lebens, in dem nicht Liebe und Feindschaft, Beharren und Laune usw. ihre Wirkung tun! Daher läßt sich auch jedes Geschehen so auslegen, als ob es durch diese Grundkräfte bedingt sei; und da man auch die sieben Planeten jederzeit irgendwo am Himmel findet, so kann man stets das Geschehen entsprechend auf ihr Zusammenwirken beziehen. Alle vergangenen Ereignisse, die der Astrologe kennt, lassen sich folglich aus den Stellungen der Sterne ableiten, mag das Horoskop sein, wie es will. Nie kann die Ausdeutung ganz versagen.

Die Astrologen des Altertums waren also nicht einfach Schwindler, sie glaubten wahrscheinlich fest an ihre Kunst, so gut wie die heutigen. Und sie fanden genauso Anhänger unter Ungebildeten und Übergebildeten, wie heutzutage. Denn die Astrologie befriedigte zugleich ein religiöses Bedürfnis. In jenen grauenvollen Schicksalswechseln, die alle Welt bedrohten, quälten sich die Seelen mit ähnlicher Angst, wie heute durch die Existenz der Atombombe. Da war es eine Entlastung, wenn das sinnlose Schicksal in der Astrologie wenigstens als Folge einer mathematisch geregelten Notwendigkeit (griech. Heimarmene, Fügung) erschien. So ließ es sich zwar nicht abwenden, aber doch vorausberechnen. Unglück war keine Schuld, es war die Fügung der Gestirne. Diesem Glauben tat es keinen Eintrag, daß die Voraussagen oft nicht eintrafen. Viel öfter treffen sie bei den Sternengläubigen schon deswegen ein, weil die Voraussage

ihre Handlungen mitbestimmt. Wer kann sich denn einer solchen Einflüsterung gegenüber ganz unabhängig halten?

Der Siegeszug der Astrologie ging unaufhaltsam durch die griechisch
sprechenden Länder, er erreichte bald auch Rom. Er machte vor dem
Caesarenthron nicht halt. Von Kaiser Tiberius wissen wir, daß er sich mit
Eifer der Sternforschung hingab, und manche unerklärlichen Plötzlich-
keiten, durch die seine Regierung in üblem Andenken blieb, mögen in
Gestirnberechnungen ihre letzte Ursache gehabt haben.

War nun auch die Astrologie eine Art Religionsersatz, so wurde sie doch
selbst alsbald in neue Religionssysteme verarbeitet. Zunächst fügte die
Isis-Religion als Schluß der Litanei, in der die Göttin ihre Macht pries,
die Sätze ein: „Ich besiege den Schicksalszwang. Mir gehorcht der
Schicksalszwang." Das war der Vorzug, der diese Göttin allen griechisch-
römischen Göttern überordnete. Denn die olympischen Götter waren in
den Sagen dem Schicksal untertan. So war es nicht nur die Fratze des
fremdartigen Kultes, sondern ein dringendes Anliegen der Seelen, was
dem Isiskult werbende Kraft verlieh.

Ebenso finden wir die Astrologie verarbeitet durch die Anhänger des
persischen Gottes Mithra, griechisch Mithras.[18]Das Perservolk hatte der
plötzliche Zusammenbruch seiner Weltherrschaft dem Schicksalsglauben
besonders zugänglich gemacht. Das unterlegene Volk konnte im Sieg der
Landesfeinde, der Griechen, nur einen Aufstieg der finstern Mächte, ein
Zurückweichen des Lichtgottes erblicken. Aber bisher hatten doch alle,
die mit Zarathustra auf Ahuramazda vertrauten, an die Übergewalt des
Lichtes über die Finsternis geglaubt. Wie sollten sie sich damit abfinden,
daß ihr Volk, die Verehrer des lichten Gottes, so ganz entrechtet und
geknechtet wurde?

Darauf antwortete die neue Geheimlehre: Ahura-Mazda und Ahriman,
die Zarathustra die Zwillinge genannt hatte, sind nicht die höchsten Mächte
— eben weil sie zwei waren, mußte doch einer über ihnen stehen: Zerwan,
der Gott der unbegrenzten Zeit, der beide erzeugt hat und jenseits des
Streits der beiden innerhalb der Zeit waltenden Mächte von Licht und
Finsternis, unberührt in ewiger Ruhe verharrte; der eben darum als Herr
über beide bald dem einen, bald dem andern eine Periode der Herrschaft
zuwies[19]. Als vorübergehende Fügung durch diesen unbegreiflichen Gott
mußte man die Niederlage, den Untergang des Perserreiches hinnehmen.
— Es ist nicht notwendig und nicht wahrscheinlich, daß dieser
Gott der unbegrenzten Zeit aus der griechischen Philosophie übernommen sei: indische Lehren bieten sich als Iran benachbarte und volksver-
bundene Quelle an.

Der Glaube an diesen unbegreiflichen Gott, der die Zeit und ihren Ablauf regiere, erhielt dann eine neue Farbe dadurch, daß er die astrologischen Lehren des Hellenismus in sich aufnahm. Das aus den Sternen zu errechnende unabwendbare Schicksal war es, das den Mächten des Lichtes und der Finsternis abwechselnd die Oberhand gewährte. Planeten und Tierkreiszeichen waren die Kräfte, durch die Zerwan wirkte. Sein Bild erhielt den Tierkreis als Gürtel und Abzeichen, daneben einen Schlüssel, über dessen Bedeutung uns ein Ritualtext[20] belehrt: Zerwan schließt den Seelen die Tore der Planetenhimmel auf, so daß sie in das Reich der ewigen, unveränderlichen Fixsterne aufsteigen können. Auf diese Weise mochte sich der Gläubige mit der irdischen Not und Bedrückung[21] für die Gegenwart abfinden. Für die Zukunft blieb die Verheißung, daß zuletzt die Finsternis vergehen werde, weil sie das Licht nicht ertragen kann. Das hieß nicht, daß politisch der Sieg des iranischen Volkes die zeitweilige Knechtung wettmachen würde, denn mit dem letzten Gericht über die Mächte der Finsternis würde zugleich die ganze Welt in Feuer vergehen. Aber ein Erlöser, ein „Saoschyant", der ein Gott sei und doch als Mensch geboren werde, um den großen Umschwung der Dinge einzuleiten, war trotzdem die heimliche Hoffnung aller derer, die an den Sieg des Lichtes glaubten und ihn herbeisehnten.

Diesen Saoschyant, den Erlöser der Endzeit, setzte jetzt die Geheimlehre dem volkstümlichen Gotte Mithra gleich. Mithra, das bedeutete Freund oder Vermittler[20]. Und einen Mittler hatten die Menschen nötig, die an jenen Gott der unbegrenzten Zeit, an den unerreichbar jenseitigen, glaubten. Mithra, der schon im Anfang der Zeiten, ehe es Menschen gab, der Sonne ihre tägliche Bahn zugewiesen hatte, und durch seine Taten das Getreide und die Heilkräuter hatte hervorbringen helfen, er wird am Ende der Zeiten als der Weltenrichter erscheinen und das bringen, was wir alle im irdischen Weltlauf so sehr vermissen: Gerechtigkeit.

Seinen Gläubigen gab Mithra noch mehr:[21] in den geheimen Weihen seines Kultes erlebten sie, daß sie befreit wurden „aus der niederdrückenden unerbittlichen Not"[22] und emporgeführt zum Reiche des unveränderlichen Gottes der Ewigkeit.[23] Ursprünglich mag die Befreiung aus dem Kreislauf der Geburten gemeint gewesen sein, der im indischen Glauben und entsprechend wahrscheinlich auch im iranischen Gebiet[24] die Seelen so sehr bedrückte. Mit dem Erstarken des astrologischen Schicksalsglaubens an die unabänderliche Vorherbestimmung aber wurde die Verheißung umgebogen: schon jetzt auf Erden wird der Eingeweihte durch Mithra frei vom Zwang der Gestirne.

Mithra ist das Vorbild des gehorsamen Soldaten. Er tut, was die Weisung des Gottes ihm befiehlt, auch wo es ihm widerstrebt. So schlachtet er auf

Befehl, den ihm der Sonnengott durch einen Raben zutragen läßt, den Urstier, den er doch erst gezähmt hatte. Aber aus dem Blut des Opfers wachsen die segenbringenden Pflanzen, Getreide und Heilkräuter hervor. Das zeigte das große Hauptbild in allen Gebäuden des Mithra-Dienstes. Am Bilde sollte den Gläubigen das Weltgeheimnis kund werden: daß Blut und Opfer des Heiligsten (denn das Rind war den Iraniern heilig) gerade notwendig sei, um heilsame Dinge zum Gedeihen zu bringen[25]. Der Gott tötet, um lebendig zu machen: das war die Geheimlehre, die den Anhänger des Mithra über die Angst des Lebens hinaushob. Sie konnte nur noch überboten werden, wenn eine neue Lehre den Gott selbst nicht als den Opferer, sondern als das Opfer verkündete. Aber schon in der Form des Mithrasdienstes war der Glaube tröstlich genug. Er mahnte zum soldatischen Gehorsam nach dem Vorbilde des Gottes[26] — Gehorsam gegen das religiöse Gebot, aber auch gegen die irdische Obrigkeit.

In sieben Grade[27] waren die Gläubigen geordnet. Was diese Grade bedeuteten, ist nicht überliefert, aber wir können es erraten. Der unterste Grad hieß: die Raben. Offenbar hatten die Angehörigen dieses Grades, wie der Rabe in der Sage, als Boten und Helfer zu dienen — etwa den Ministranten in der katholischen Kirche vergleichbar. Ihm waren wie bei Jugendweihen primitiver Völker Proben der Standhaftigkeit auferlegt. Es folgte der Grad der „Verhüllten"[28] — wahrscheinlich (denn mehr als Vermutungen läßt unsere düftige Überlieferung nicht zu) einer Zeit der Unterweisung im Glauben entsprechend. Denn zum Schluß wurde dem Verhüllten der Schleier weggenommen und er leistete den „Fahneneid", lateinisch Sacramentum, durch den er zum „Soldaten" des Gottes wurde: das war der dritte Grad. Es wurde ihm auf Schwertesspitze ein Kranz auf den Kopf gesetzt, den er abschütteln mußte mit den Worten: Mithras ist mein Kranz.[29] Darauf erhielt er ein Zeichen auf die Stirn wie die indischen Brahmanen.[30] Er hatte nun die Pflichten des Dienstes übernommen. Zu diesen gehörte die Keuschheit. Nicht als ob der Mithrasdienst die Ehe verworfen hätte. Das wäre dem zarathustrischen Glauben geradezu entgegen gewesen, der die Ehe forderte und als göttlichen Segen pries. Aber sittliche Zucht verlangte Mithra im Gegensatz zur Üppigkeit des griechischen und syrischen geselligen Lebens.

Der Gott der unbegrenzten Zeit wurde dargestellt mit einem Löwenhaupte. Wenn der nächste Grad über dem „Soldaten" „Löwe" hieß, so bedeutete das wohl, daß die Eingeweihten nunmehr die Angleichung an diesen ewigen Gott und damit das Ziel der mystischen Einigung erreichten. Es scheint, daß erst die Geweihten dieses Grades Zutritt zu den Heiligtümern hatten, in denen sie die Götter im Bilde schauten. Zur Einweihung in diesen Grad wurde dem Mysten Honig auf die Hände und die Zunge gestrichen, um ihn von allen etwa begangenen schlechten Taten und Reden zu reinigen.[31]

Und doch war dies nicht der höchste Grad. Sondern wer sich als „Löwe" bewährt hatte, der erhielt eine weitere Weihe, bei der ihm wiederum Honig auf die Lippen gestrichen wurde. Das war bei Neugeborenen üblich und sollte vielleicht eine „Wiedergeburt" versinnbilden.[32] Der Myste bekam dadurch den Charakter des „Persers". Das deutet in eine Zeit, in der die Perser als die Herrschernation noch in allgemeiner Erinnerung waren, aber doch nicht mehr durch eine politische Macht gedeckt waren. Die Geweihten, die diesen Grad erreichten, sollten sich als die Angehörigen des heimlichen Herrschervolkes empfinden. Vielleicht dürfen wir verstehen: als das auserwählte Volk des ewigen Gottes und seines Mittlers Mithra. Diesem Volke sich zuzählen zu lassen wäre freilich in den griechischen Reichen ursprünglich eine Tat des Aufruhrs gewesen.[33] Aber im Mithrasdienst hatte sie ihren politischen Sinn eingebüßt, mindestens zu jener Zeit, in der die erhaltenen Denkmäler entstanden und die Nachrichten aufgezeichnet worden sind. Die schroffe Ablehnung des Griechentums, die schon im Namen dieses Grades und im gesamten Geist des Geheimkultes lag, bewirkte allerdings, daß der Kult in Griechenland fast keine Anhänger fand, wohl aber bei den römischen Soldaten im Barbarenland.

Der sechste Grad führte den Namen „Sonnenläufer". Mit dem Lauf der Sonne war der Mithra der Sage zuletzt zum Himmel und zum Bereich des höchsten Gottes aufgestiegen. Daß die Angehörigen dieses Grades bei ihrer Weihe die Himmelfahrt über die Planetenhimmel empor sinnbildlich miterlebten,[34] würden wir auch ohne bestimmte Zeugnisse vermuten. Wir haben aber sogar einen (umstrittenen) Text, der diese Himmelsreise beschreibt. Nach der Anweisung des Helios Mithras, sagt die Einleitung, soll der Myste zur Unsterblichkeit geführt werden.

Der Text beginnt mit einem Gebet an den „Ursprung meines Ursprungs", das die vier Elemente aufzählt, aus denen der Körper gemischt sei, und den Gott für jedes Element als den Ursprung anredet, der den Betenden mit unsterblicher Hand geformt habe. Er bittet um Beistand, daß er mit seinen sterblichen Augen die unsterblichen Ursprünge erblicken dürfte. Eingestreut sind Stimm- und Sanglaute, die aber vielleicht nachträglicher Zusatz sind. Dann folgt die Anleitung zu einer Atemübung, durch die der Myste das Gefühl erhalten soll, sich mitten schwebend im Luftraum zu befinden.

Da sieht er Götter, die ihn drohend anblicken und auf ihn losgehen. Er aber ruft „Schweigen, Schweigen, Schweigen, Symbol meines Gottes, schütze mich", und das Wort begütigt die ungenannten Götter, so daß sie von ihm ablassen und ihre gewohnte Bahn ziehen. Wir verstehen: es sind die Planetengötter, die auf diese Weise abgewehrt werden. Der Myste bezeichnet sich daraufhin selbst als wandernder Stern unter Sternen, und es öffnet sich mit Krachen vor ihm der Himmelskreis.[35]

Das nächste Gebet wendet sich an den doppelleibigen Gott, der in mancherlei Variationen als der Feuersprühende angeredet wird, und dem Mysten daraufhin den Weg ins Lichtreich aufschließt. Der Doppelleibige darf als der Gott mit dem Löwenhaupte, der Gott der unendlichen Zeit, verstanden werden. Wenn nun der Myste die Augen wieder öffnet, so sieht er sieben weiß gekleidete Jungfrauen, die als die himmlischen Schicksalsgöttinnen bezeichnet werden[36]. Er hat jeder einzeln seinen Gruß zu sprechen. Weiter erscheinen die sieben Gestirngötter, die die Weltachse drehen, und schließlich der geheimnisvolle Lichtgott, der in seiner Hand das Gestirn des großen Wagens hält — es wird zugleich als Stierschenkel umschrieben. An diesen wird am Schluß ein Dankgebet gerichtet, zugleich mit der Bitte des Mysten, der Gott möge immer in seiner Seele bleiben. Das Wort erinnert an das Johannes-Evangelium, es will die mystische Gott-Einung umschreiben. Diese also ist mit dem Himmelsflug des Mysten gemeint.

Ein erhabener Text, wenn er nicht immer wieder mit unverständlichen Zauberworten durchsetzt wäre. Das mag daran liegen, daß er als Zaubertext mißbraucht uns überliefert ist. Wahrscheinlich hat der Zauberer auch die Namen der hohen Götter ausgelassen, die als Mächte des Lichtreichs dem Zauber feindlich waren.

Als letzten Grad über dem Sonnenläufer gab es nur noch: „die Väter" (patres). Es ist der Titel, den die Leiter des Gottesdienstes führten, und der von ihnen auch auf die katholischen Priester übergegangen ist. Eine Art von Priesterweihe also wird man für den Eintritt in diesen Grad vermuten dürfen. Wir hören auch, daß es einen Vater der Väter gab, der nur einmal vermählt sein durfte. Daraus eben geht hervor, daß die Mithras-Verehrer die Ehe nicht verwarfen. Doch gab es in ihren Reihen auch schon Männer, die ein mönchisches Leben führten, und Jungfrauen gleicher Bestimmung. Denn der Mithrasdienst hatte schon die neue Weltanschauung in sich aufgenommen, für die der Leib selbst ein Bestandteil der Finsternis war. Wie leicht konnten seine Anhänger da schließen, daß jede Zeugung Dienst an der Finsternis und darum widergöttlich sei.

Über den Kult des Mithras haben uns die Kirchenväter nur fratzenhafte Äußerlichkeiten überliefert. Mit allerlei Verkleidungen kamen die Verehrer zusammen. Mit künstlichen Beleuchtungseffekten in den Höhlen oder dunklen Hallen wurden die heiligen Bilder überraschend vorgeführt, und bei den Weihen wurden die Zauberformeln mitgeteilt, durch die man sich nach dem Tode die Pforten der Planetenhimmel aufschließen könne. Der mitgeteilte Text zeigt, daß damit eine Gott-Einung angestrebt war. Aber die Art, wie sie geschauspielert wurde, war dem echten mystischen Erlebnis hinderlich. Die Religionsübung ähnelte zu sehr einfältigen Zaubertricken. Einen schöpferischen Antrieb konnte sie deshalb nicht auslösen. Das weist sich klar an der sterilen Eintönigkeit aus, mit der die Mithras-Heiligtümer immer nach demselben Klischee die gleichen Heils- bilder wiederholen.

Wohl wurden den Kandidaten der Weihen vorher allerlei Prüfungen auferlegt, wie sie auch in den Geheimbünden der primitiven Völker die Vorbedingung der Weihen zu sein pflegen. Wohl mußten sich die niederen Grade zu Dienst und militärischem Gehorsam verpflichten. Auch war die Weihe auf die Männer beschränkt und der ganze Kult nahm eine herbe, dem Genusse feindliche Richtung. Aber seine Kraft scheint sich doch eben darin erschöpft zu haben, den astrologischen Druck dadurch zu mildern, daß den Gläubigen ein Ausweg aus der Sklaverei des Sternenzwangs versprochen wurde.

Wir sehen freilich die Lehren und religiösen Antriebe, die im Mithrasdienst Gestalt gefunden hatten, nur undeutlich. Zu wenig davon ist durch den Filter der christlichen Überlieferung bis zu uns durchgesickert. Der Mithrasglauben scheint in Kleinasien seine geschichtlich wirksame Gestalt bekommen zu haben. Sicher bezeugt ist seine Verbindung mit dem astrologischen Wahn mindestens seit Mitte des 1. Jahrhunderts v. Chr.[37] Vielleicht trug der Mithrasglaube schon den Freiheitswillen jenes Königs Mithridates (auf den Münzen Mithradates, „der von Mithra gesendete"), der das Reich von Pontos im Gegensatz zu den Nachfolgern Alexanders begründete (um 300 v. Chr.). Mindestens dürfen wir diesen Glauben jenem gleichnamigen König zuschreiben, der den Kampf mit dem Römerreich wagte und bis nach Griechenland vortrug (um 86 v. Chr.). Mithrasglauben scheint auch den seltsamen Seeräuberstaat beseelt zu haben, der das Mittelmeer jahrzehntelang durch Seeraub unsicher und der römischen Herrschaft streitig machte. Mit gefangenen Seeräubern wurde die Mithrasreligion nach Rom verpflanzt, blieb aber dort lange Zeit auf kleine Kreise der Unterschicht beschränkt und wurde erst in der Auseinandersetzung mit dem Christentum stark. Sie erfaßte dann besonders die römischen Heere. Während die Christen sich nach Möglichkeit dem Waffendienste entzogen, lehrte der soldatische Glaube an Mithras, daß wenn man Blut vergießen müsse, dennoch Segen daraus entspringe. In Deutschland scheinen auch die freien Germanen von dem persischen Glauben erfaßt worden zu sein. Sie glichen seinen Planeten-Gewalten germanische Götternamen an: davon zeugen noch heute die Namen unserer Wochentage.[38]

Aber geschichtlich war der Mithrasdienst in Kleinasien wie in Deutschland nur ein Wegbereiter des Christentums[39], das ähnliche Gedanken mit größerer sittlicher Einkehr und Klarheit verband. Er hat in beiden Gebieten den Boden gelockert, so daß der christliche Glaube dort mit unerwarteter Geschwindigkeit keimen und wachsen konnte.

Anmerkungen

1   Diese These hat namentlich Lehmann-Haupt vertreten. Ähnlich vorher schon Droysen „Die Epigonen", S. 48. Es liegt aber näher, das Zeugnis für einen Sarapis in Babylon bei Alexander-Schriftstellern als anachronistische Rückspiegelung des ägyptischen Kultes anzusehen.
2   Nicht der geringste Grund besteht, diesen Traum als nachträgliche Priestermache oder als Vorspiegelung des Königs aufzufassen. Eher scheint er mir ein Zeugnis dafür, daß Ptolemaios vom Gott von Sinope gelegentlich gehört hatte. Bryaxis war ja kein unbekannter Künstler. Der Osiris-Apis des Sarapeions von Memphis ist natürlich viel älter. Sein Name wurde der Statue erst in Ägypten zugelegt, wie ausdrücklich überliefert ist. (Plut. de Iside 28 = 362 A).
3   Doch hatte der Sarapistempel in Alexandria getrennte Räume für die griechischen und die ägyptischen Verehrer.
4   Belege dafür: O. Weinreich, Neue Urkunden zur Sarapis-Religion, 1919 S. 24 ff. Noch häufiger ist Zeus-Heliosmegas Sarapis (Roeder RE IA 2 Sp. 2420.) Als ägyptischer Gott ist Sarapis natürlich auch Re = Sonne: bei Apuleius „Sonne der Mitternacht".
5   Neueste Behandlung der Isis: J. Bergman „Ich bin Isis", Acta Univ. Upsaliensis, Hist. Relig. 3, 1968 zeigt die ägyptischen Bezüge. Euangelion heißt in manchen Inschriften die Ankündigung des Regierungsantritts eines neuen Herrschers. Die viel älteren Belege, wo das Wort „Botenlohn" oder „Opfer für gute Nachricht" bedeutet, beleuchten den christlichen Sprachgebrauch nicht. (Siehe TW s.v.). Das zugehörige Verbum ist auch in der LXX häufig.
6   Man sieht, es ist den Griechen gerade in ihrem wissenschaftlichen Zeitalter nicht leicht gefallen, sich die Unsterblichkeit zu denken. Dem ägyptischen Osiriskult dagegen war diese Lehre seit je eigen.
7   Vgl. F. Cumont „Die orientalischen Religionen im römischen Heidentum" 4.A.1959, S. 74; IG XI 4, 1299.
8   Strabo 801: „ungebunden mit höchster Unziemlichkeit tanzend".
9   Theokrit XV. Doch ist Adonis schon in einem Fragment der Sappho genannt.
10   Vgl. meine Geistesgeschichte der Frühzeit II 1 § 12 und Anm.
11   Wie Frazer gröblich mißverstanden hat.
12   Die Astrologie geht bekanntlich auf babylonische Ursprünge zurück. Aber die Verfassernamen der Bücher: Nechepso und Petosiris zeigen, obwohl sie fingiert sind, den ägyptischen Ursprung der maßgebenden Werke an. Das gleiche tut der Inhalt, der das hellenistische (alexandrinische) Himmelsbild voraussetzt.
13   Strabo 668.
14   Tacitus ann. XIV 42.
15   H. Frankfort „Cylinder Seals" 1939, S. 156 läßt es in der Schwebe, ob die Einführungsszenen so zu deuten sind. Jedenfalls erscheinen auf ihnen im Geleit des Meergottes Ea die Gestalten der drei ihm zugeordneten Tierkreisbilder des Südhimmels: der Ziegenfisch, der Mann mit der Amphora (Wassermann) und die Seejungfrau (bab. für Fische).
16   So datiert Boll die Schriften wegen der historischen Beispiele, auf die sie Bezug nehmen. Den Zusammenhang der Astrologie mit den politischen Umwälzungen betont auch R. Bultmann „Das Urchristentum in seinem religionsgeschichtlichen Zusammenhang"
17   Die Götter der Wochentage sind in ihrer Reihenfolge aufgezählt in einem Graphito aus Pompeji (Drexler bei Roscher Myth. Lex. I 2, 2033), und in umgekehrter Reihenfolge in einem Mithraeum in Ostia. Siehe Anm. 38.

18 Zu Mithras vgl. die ausführlichen Werke von F. Cumont „Die Mysterien des Mithras"[4] 1923; „Textes et Monuments figures relatifs aux mysterès de Mithra 1899 u. 1896." und von F. Saxl „Mithras, typengeschichtliche Untersuchungen" 1931. Dazu jetzt R. Merkelbach, Eranos-Jahrbuch 34, 1965, S. 219 ff und M. J. Vermaseren „Mithras, Geschichte eines Kultes" 1965. Ein Mithraeum ist aus Ägypten schon um die Mitte des 3. Jahrhunderts v. Chr. in den Papyri bezeugt (J. S. Smyly, Greek Papyri from Gurob 1921, Nr. 22, vgl. U. Wilcken, Arch. f. Papyrusforschung VII 1924, S. 71 f). Aber das bezeugt nicht notwendig, daß schon damals die ausgebildeten Mysterien des Mithras dort gefeiert wurden, die wir später kennen. Das Kultbild des Mithras, das überall schematisch kopiert wird, gehört seinem Stil nach in die Nachbarschaft der pergamenischen Plastik oder des Laokoon, also wohl ins 2. Jahrhundert v. Chr. Die Verbindung mit der Astrologie ist im Horoskop des Antiochos von Kommagene, also um 79 v. Chr. erstmals bezeugt.
19 Zerwan wird zuerst vom Aristoteles-Schüler Eudemos von Rhodos erwähnt (Damaskios bei C. Clemen, „Fontes historiae religionis Persicae" 1920, S. 95). Ein Grund das Zeugnis für spätere Fälschung oder Rückdatierung zu halten, besteht nicht. Das führt uns also in die Zeit kurz nach Alexander. Den Begriff der Ewigkeit, wie ihn die eleatische und die platonische Philosophie versteht, darf man in den Namen allerdings nicht hineintragen.
20 Der Gottesname ist schon urindogermanisch (kelt. Midir). Thieme JAOS 80, 1960, S. 301 ff geht von der Bedeutung „Vertrag" aus; ich möchte diese für ganz nachträgliche Abstraktion halten. Zuerst war der „Mittler" (griech. Mesites!) als Beschützer der Verträge. Der persönliche Gott ist früher als der abstrakte Begriff.
21 A. Dieterichs, Eine Mithras-Liturgie[2] 1910, S. 2 ff (Entnommen dem 1888 von Wessely veröffentlichten Pariser Zauberpapyrus, Denkschriften der Wiener Akademie Band 36, 1888).
22 Ebenda als stehender Ausdruck. NB. Die Planeten und die Heimarmene werden in der Liturgie nicht bei Namen genannt — so wenig, wie in der katholischen Messe der Teufel. Es sind die „auf den Adepten losgehenden Götter". Mit dieser Erkenntnis werden die Einwände hinfällig, die gegen die Zuweisung der Liturgie zum Mithraskult erhoben worden sind. Die angeblichen Geheimnamen, mit denen diese Götter beschwichtigt werden, sind Zutaten dessen, der den Text zu Zaubergebrauch überarbeitet hat.
23 In der genannten Liturgie ist nicht Zerwan der höchste Gott, und auch nicht Helios-Mithras, der noch über Zerwan eingereiht ist (und der von dem „Planeten" Sonne unterschieden ist). Der Höchste ist jener Ungenannte, dessen Symbolon (Kennwort) „Schweigen" ist, — der spätere „Bythos" der valentinianischen Gnosis — ein hochreligiöser Gedanke, der bestimmt nicht von einem bloßen Zauberer stammt.
24 Bei Platon wird die Seelenwanderungslehre dem Pamphyler Er (= Arier), Sohn des Armenios, d.h. des Armeniers, in den Mund gelegt (Staat X 614 b.) Pythagoras soll sie von einem iranischen Lehrmeister haben. Beides weist darauf hin, daß die Griechen die Lehre in Iran kennengelernt haben, — mögen auch beide Notizen ungeschichtlich sein vgl. oben IB Anm.
25 Ich kann es nicht für richtig halten, dieses Stieropfer des Mithras (mit W. Hinz) als dasjenige aufzufassen, gegen das sich Zarathustra in den Gathas wendet. Mithra ist im Veda ein Asura, kein Deva, und daher von Zarathustra nicht ausdrücklich verfehmt worden. Und überdies ist das Stieropfer des Mithras nur mythisch und wurde im Kult nicht wiederholt. Die kultische Mahlzeit bestand nur aus Wasser und Brot, wie Justinus martyr (1. Apol. 66, Ende) ausdrücklich bezeugt.
26 Der Gedanke berührt sich mit der Baghavadgita. Das ist gewiß nicht gegenseitige Abhängigkeit, sondern stammt aus dem gemeinsamen Gedankenschatz der indoiranischen Völker.
27 Die Siebenzahl ist vielleicht erst bei der Eingliederung der Astrologie zustande gekommen. Aber die Reihenfolge der Planeten, die den Weihegraden zugeordnet sind, ist nicht diejenige der griechischen Astrologie. Sondern den drei obersten Graden sind Mond, Sonne, Saturn zugeordnet. Vgl. Vermaseren a.a.O.
28 Der Name des zweiten Grades ist inschriftlich und handschriftlich in zweifacher Form überliefert. In Dura lautet er Nymphios; v. Beek in Pisciculi, (Festschrift für F. J. Dölger) Christentum und Antike, Erg. Band 1, 1939, S. 41 ff. weist den Namen „cryphios" nach. Ich halte beides für Übersetzungen des gleichen einheimischen Wortes für „Verhüllte". Den Kommentar dazu gibt die Nachricht, daß bei der Weihe zum folgenden Grad eine Entschleierung stattfand. Also sind die Verhüllten ein Vorbereitungsgrad, und nicht mit dem „Brautgemach" gewisser gnostischer Kulte zu verknüpfen. — Ps. Augustin spricht von dehonestari durch Nachahmen von Tierlauten; von stuprum ist im Zusammenhang mit dem Mithrasdienst nie die Rede.
29 Tertullian de corona militari 15.
30 Tertullian de praescriptione 40. Als Tataurierung oder Brandmal darf man sich die Markierung der Stirne nicht ausdeuten. Denn an der Anm. 29 angezeigten Stelle ist nicht dies Mal, sondern die Ablehnung jedes Kranzes das Kennzeichen des Mithras-Dieners.

31   Porphyrios de anthro nympharum 5.

32   Vgl. H. Usener, Rhein. Mus. LVII, 1902, S. 177 ff.

33   Die Heimat der Mysterien ist viel eher in den Gebieten von Armenien oder Pontos zu suchen, die den Makedonen nie untertan waren. Und zwar, wenn die Liturgie des Pariser Papyrus als Zeugnis gelten kann, in einem Gebiet der mutterrechtlichen Maskenbundkultur — vgl. über diese meine Geistesgeschichte der Frühzeit I § 100 ff — (etwa den Gutäern), da der Adepte stets mit dem Namen der Mutter ohne Nennung des Vaters bezeichnet wird. (Ebenso allerdings auch in dem wenig später folgenden Teil des Zauberpapyrus Z 1458 bis Z 1593.)

34   Ich möchte vermuten, daß dieser Grad erst nachträglich hinzugekommen ist, eben im Zusammenhang mit der Ausbreitung der Astrologie, gegen deren Druck er das Gegenmittel ist.

35   Der Diskos ist im Zusammenhang der Liturgie nicht die Sonne, sondern das Himmelsrund bzw. eine runde Öffnung in der Zwischenwand des Mithraeums, die mit unvermeidlichem Geräusch geöffnet wird, so daß der Myste das Bild des Zerwan dahinter erblicken kann.

36   Diese sieben himmlischen Schicksalgöttinnen sind das Gegenbild im Lichtreich zu den sieben Planeten, die als Unheilsmächte dem Reich des Ahriman zugehören.

37   Durch das Grabmal des Antiochos von Kommagene.

38   Da die Namen unserer Wochentage die Reihenfolge der Planeten nach der Länge der Umlaufzeiten voraussetzten, die die griechische Wissenschaft erarbeitet hat — der Tag heißt nach dem Planeten, dem seine erste Stunde untersteht, und jede der 24 Stunden gehörte einem neuen Planeten — und die germanischen Götternamen enthalten, so müssen sie einem vorchristlichen Kult mit astrologischem Einschlag entstammen. Da kommt als Vermittler nur der Mithrasdienst in Betracht. Die Reihenfolge der Namen zeigt, daß der Mithraskult die Astrologie nicht direkt aus Babylonien, sondern auf dem Umweg über den Hellenismus in sich aufgenommen hat.

39   Der päpstliche Stuhl ist mit Mithrasabzeichen geschmückt. Das deutet darauf hin, daß im 2. Jahrhundert in Rom eine Mithrasgemeinde geschlossen zum Christentum übergetreten sein muß und ihre bisherigen Geräte weitergebraucht hat.

5. Eindringen des Dualismus ins Judentum

Die judäische Überlieferung setzt irgendwann im 3. Jahrhundert v. Chr. die große Synagoge an. Das soll eine Zusammenkunft der maßgebenden Priester und Lehrer des Volkes gewesen sein, die grundlegende Entscheidungen getroffen habe. Aber man sucht vergeblich nach Angaben, worin denn ihre Wirksamkeit bestanden habe. Nur ein Werk wird ihr zugeschrieben, das auch wirklich in dieser Zeit durchgeführt worden ist, ohne daß wir näheres darüber erfahren, nämlich die endgültige Zusammenstellung der alttestamentlichen Schriften. Das Gesetz war zwar schon seit Ezra festgelegt; aber die prophetischen Schriften müssen einmal redigiert und geordnet worden sein. Dabei wurde der zweite Jesaia dem ersten angehängt (ich vermute, er trug denselben Namen). Der Einsatz der dritten Schrift im Jesaia-Buche ist sogar noch durch eine besondere Initiale bis heute markiert[1]. Dem Jeremia wurden die Klagelieder aus Babel zugeteilt (obwohl er nie in Babel gewesen war). Die Überreste der anderen Propheten (außer dem umfangreichen Buch des Ezekiel) wurden in dem einen Buch der „12 Propheten" zusammengefaßt. Wie es scheint, wurde dabei eine chronologische Abfolge angestrebt, ist aber namentlich bei den ersten drei Propheten nicht erreicht worden. Das große im Exil zusammengestellte Geschichtswerk wurde als Bericht über die „älteren Propheten" diesen „Jüngeren Propheten", die selbst geschrieben hatten, vorangestellt. Als Anhang fügte man zur Sammlung einige weitere Schriften, die im Gottesdienst gebraucht wurden: die Philosophen Hiob und Qohelet, das Buch der Sprüche, das Gesangbuch des Gottesdienstes (Psalter), das neben uraltem Gut auch viele erst kürzlich entstandene Lieder aufnahm[2], und die Hochzeitslieder (Hohes Lied). So entstand der Kanon der Bibel, wie wir ihn noch in unserem Alten Testament vor uns haben. Nur die Bücher Daniel und Esther sind noch später hinzugekommen, dazu die sogenannte Chronik. Doch blieb die Zugehörigkeit von einigen der letztgenannten Schriften bis ins 2. Jahrhundert n. Chr. umstritten[3]. So sehr diese Sammeltätigkeit gemeint war, das Erbe der Vergangenheit zu bewahren, so hat doch gerade sie bewirkt, daß alle nicht in die Liste aufgenommenen Werke alter Zeit der Vergessenheit anheimfielen.
Man nennt es polarisiertes Licht, wenn die Strahlen nicht nach allen Seiten, sondern nur in einer bestimmten Ebene schwingen. So möchte ich auch von polarisiertem Volkstum sprechen, wenn ein Volk sich nur in einer einzigen Richtung – und ihrem Gegensatz – entwickeln kann und alle anderen Seiten vernachlässigt. Ein solches polarisiertes Volkstum waren die Spartaner seit der sogenannten lykurgischen Gesetzgebung:

nur Soldaten, nichts sonst. Einen Ansatz zu ähnlicher Polarisierung enthält das Spaniertum der Gegenreform: Kloster oder Weltlust, es gibt für den Spanier kein drittes.

Durch die Gesetzgebungen des Josia und des Ezra sind die Judäer ein solches polarisiertes Volk geworden. Nur eine Form des Lebens erschien als gottgefällig: Gerechtigkeit im Sinne der Einhaltung des Gesetzes. Die Arbeit galt für diese Gottesauffassung nichts, wenn sie nicht Gelegenheit bot, gerecht zu sein. Diese Gelegenheit hat nicht der Bauer, nicht der Handwerker, aber bei jedem Vertrage der Kaufmann. Alles wirtschaftliche Streben mußte sich also auf den Handel richten. Und da die volkstümliche Ansicht war, daß Gott den Gerechten belohne und den Sündigen durch Armut strafe, so war das Streben des judäischen Kaufmanns (wie des britischen Puritaners) darauf gerichtet, sich durch reichen Erwerb seine eigene Gottgefälligkeit zu beweisen.

Alle Tätigkeit, die nicht dem Erwerb diente, war ebenso einseitig religiös gerichtet. Keine Kunst, keine Wissenschaft war möglich, sondern nur religiöse Dichtung und Gesetzeskunde. Die Israeliten der Königszeit hatten auch eine hochstehende Geschichtsschreibung entwickelt; fortan war auch diese nur in der Form der Legende möglich: was Gott mit seinem auserwählten Volke tue, wie er den Abfall strafe und den Gerechten zum Siege führe: nach diesem Denkschema wurden alle Schicksale zurechtgebogen[4]. Die Überlieferungen wurden gesammelt, soweit sie sich auf die Religion und den Tempel bezogen; alles andere ging verloren.

Diesem Lebenshorizont entsprechend war es fast nur ein Problem, mit dem sich die judäischen Denker auseinandersetzen mußten. Wenn Jahweh wollte, daß seine Gesetze eingehalten würden, wie kam es dann, daß so oft ein gesetzestreuer Mann in Armut und Krankheit und allgemeiner Verachtung dahinlebte; während ein anderer, der sich um die Gesetze nicht kümmerte, sondern nur folgerichtig dem eigenen Vorteil nachging, zu Reichtum und Ehren kam? Diese Frage hatte der Dichter des Hiob aufgeworfen[5]. Beantworten konnte er sie nicht; denn der Hinweis auf des Schöpfers erstaunliche Werke, mit dem der Frager zur Ruhe gewiesen wird, ist keine Antwort. Die Rahmenerzählung, in die die Gespräche des Hiob eingefaßt sind, erklärt freilich: der Gerechte muß leiden, damit Gott erprobe, ob er auch im Unglück treu gegen die Gebote bleibe. Da entringt sich Hiob das ungeheure Wort, das größte des alten Testaments: „Jahweh hat's gegeben, Jahweh hat's genommen; der Name Jahwehs sei gepriesen". Aber sogenannte Freunde unterstellen, daß Hiob für geheime Sünden büßen müsse, und als er sie leugnet, verweisen sie ihm seinen Hochmut, bis er Jahweh selbst zum Zeugen aufruft, daß Jahweh ihm unrecht tue. Da läßt der Dichter Jahweh antworten: wer bist du,

74

Mensch, daß du dich erfrechst, mit Gott zu rechten? Hiob sieht ein, daß er jetzt unrecht getan habe. Nachdem er so die Prüfung bestanden hat, vergilt Jahweh ihm das doppelte von dem, was er verloren hatte. Aber dieser Trost verfing nicht lange. In der Wirklichkeit erlebte oft genug der Bedrückte den Umschwung des Glückes nicht, auf den er hoffen sollte.

An dieser Stelle konnte in das wohlverwahrte judäische Volkstum der Zweifel der griechischen Sophistik eindringen. Durch die Berührung mit den Griechen erwachten die Fragen: ist die ganze heilige Lehre vielleicht nur ein eitler Wahn? Gibt es überhaupt einen Gott? Wo ist Gott? Epikuräer nennt der Talmud[6] diese Zweifler und weist uns damit auf die Herkunft der frivolen Gedanken. Wer die epikuräische Lehre annahm, der fühlte sich geborgen in dem beruhigenden Gefühl: es gibt keinen Gott. Was kümmern mich also die mosaischen Gebote?

Aber auch diejenige griechische Philosophie, die den Gottesgedanken bejahte, mußte in Judäa den Zweifel anfachen. Was die Griechen an ihren eigenen Göttern tadelten, das allzumenschliche der Sagen, das ließ sich mit gleichem Recht auch gegen die Legenden des Alten Testaments einwenden. Der Gott der griechischen Philosophen war unveränderlich, jenseits von Raum und Zeit. Wie konnte er zürnen oder eifersüchtig sein?

Diese Art der Kritik kann in Judäa nicht unbekannt geblieben sein. War doch Gerasa im Ostjordanlande (?) ein Hauptsitz der kynischen Schule, die sich besonders den hergebrachten Götterglauben zum Ziel ihrer Angriffe nahm. Wir hören es in den Psalmen, wie viele Judäer gänzlich an ihrem angestammten Gotte irre wurden. Befreit vom ängstlichen Sündergefühl und vom peinlichen Haften am Buchstaben der Gesetze, gaben sie sich dann umso eifriger der wirtschaftlichen Gewinnsucht hin. Ihre Rücksichtslosigkeit richtete sich nicht nur gegen Ägypter und Griechen, denen gegenüber das Gesetz sie nicht verbot (und die es selbst nicht anders trieben), sondern auch gegen die wirtschaftlich Schwachen im eigenen Lande. Die frommen Judäer hatten genug zu klagen über die Fallstricke der bösen Leute[8], mit denen diese die Gerechten um Hab und Gut brachten.

Da hat denn etwa zu Beginn der hellenistischen Zeit[9] ein judäischer Denker gefolgert: es ist alles vergeblich. Es geht dem Weisen wie dem Narren. Wie der Weise stirbt, so der Narr, und die künftigen Tage vergessen alles. Was hat der Mensch von aller Arbeit und Mühe? Der Mensch kann doch nicht erraten, was Gott tun wird. Darum nichts besseres ist, als fröhlich sein und sich gütlich tun im Leben. Wie der Mensch nackt von seiner Mutter Leib gekommen ist, so fährt er wieder hin. Sei nicht allzu gerecht und allzu weise, daß du dich nicht verderbest; sei nicht allzu gottlos, daß du nicht stirbst zur Urzeit. Es sind Gerechte, denen geht es, als hätten sie Werke der Gottlosen, und Gottlose, denen es geht, als hätten sie Werke der Gerechten. Wie es dem Meineidigen geht, so geht es auch dem, der den Eid fürchtet. Alles liegt an Zeit und Glück. So freue dich deiner Jugend und tu, was dein Herz gelüstet. — Dies Werk ist, mit einigen frommen Redensarten verbrämt, sogar ins alte Testament gekommen.

Diese Auflösung des Glaubens hätte wohl langsam das ganze Volk ergreifen und in seinem Gefüge zerstören können. Daß dies nicht geschehen ist, war zunächst die Wirkung Alexanders. Indem Judäa unter die Herrschaft der Griechen oder vielmehr der von griechischer Kultur nur halb erfaßten Makedonen geriet, mußte sich das Volk der Judäer gegen den Druck der neuen Herren behaupten und also seine Überlieferungen hervorkehren. Waren doch die Griechen ausgesprochene „Heiden", viel mehr als die Perser, die nur einen Gott und seine Engel verehrten. Der gemeinsame Gegensatz verband nun Perser und Judäer, und wir dürfen wohl annehmen, daß die im Lande ansässigen Familien aus iranischem Geschlecht sich dem Judentum angeschlossen haben, weil sie in ihm einen geistigen Rückhalt gegen die Eroberer fanden. Daraus erklärt sich, daß gerade nach dem Untergang des Perserreiches die Religion Judäas von iranischen Anschauungen grundsätzlich umgewandelt worden ist.[10]

Da wurde der Glaube an den Teufel geboren. Die Schlange der Paradieses-Erzählung war ein Tier, und der Anklägerengel des Hiob gehört zum Hofstaat Jahwehs. Nun aber wurden nach dem Bilde des persischen Ahriman diese und andere Andeutungen zur Gestalt des Widersachers Gottes zusammengefügt. Der älteste Beleg dafür steht im sogenannten Buch der Chronik (I 21,1). Ein Prophet hatte vom Sturz des Morgensternes gesungen (der nach einer Sage der Südsee von Gott bestraft ist, so daß er nicht auf die Höhe des Himmels hinaufsteigen kann)[11]. Auch diese Sage wurde auf den Widersacher bezogen: Luzifer (d.h. der Lichtbringer), der schönste der Engel (Stern) habe sich gegen Gott empört und sei deshalb in ewige Finsternis gestürzt worden; und zahlreiche Engel, die mit ihm gemeinsame Sache gemacht hatten, mit ihm[12]. Sie bilden nun den Höllenstaat der Dämonen. Krankheiten, besonders nervöse Leiden, galten als Besessenheit durch solche Dämonen. So ähnlich hatten schon die Babylonier geglaubt.

Aber Ahura-Mazda, der Gott des Lichtes, ist aller Finsternis überlegen: wo das Licht hinscheint, da muß die Finsternis weichen. Als die Judäer ihren Jahweh dem persischen Gotte anglichen, da fühlten sie sich als die Auserwählten dieses Gottes imstande, die Dämonen mit seiner Hilfe zu bezwingen. So begann die Praxis der judäischen Ärzte, die mit machtvollen Formeln die Dämonen auszutreiben und dadurch die Kranken zu heilen suchten. Auch sie knüpften an altbabylonische (und ägyptische) Zauberpraktiken an; aber das Selbstbewußtsein der Judäer übte eine viel stärkere Suggestion, als die dortigen Zauberer aufgebracht hatten.[13]

Ahura-Mazda hatte in der persischen Lehre seinen Hofstaat. Als oberste Helfer standen ihm die „unsterblichen Heiligen" zur Seite. Diese wurden in den mosaischen Glauben als die Erzengel übersetzt und erhielten nun semitische Namen: Rafael, Gabriel, Uriel[14] usw. Unter diesen Mächten verehrten die Iranier auch das „Wort Gottes" als eine eigene, persönliche Macht. Und wie sollte der Gedanke in Judäa nicht zünden: durch das Wort (memra) hatte doch Gott die Welt geschaffen. Es konnte keine größere Engelsmacht geben. So wird es zur himmlischen Person. Davon ist die erste Spur schon beim zweiten Jesaias. Wenn es dann in der Thora hieß: Gott schuf den Menschen nach seinem Bilde, so war das, was hier sprach, wieder das Wort Gottes. Also mußte dieses höhere Wesen von Menschengestalt sein. Wort hieß griechisch Logos, und der Logos (aber in der Bedeutung von Weltgesetz) war den griechischen Philosophen seit Heraklit und besonders denen der Stoa die kosmische Macht schlechthin. So begegneten sich hier wurzelverschiedene Anschauungen in der gleichen Vokabel. Ost und West waren sich einig im sprachlichen Ausdruck ihrer — in Wahrheit ganz zwiegerichteten Gefühle.[15]

Im Liede, das Zarathustra zur Hochzeit seiner Tochter verfaßt zu haben scheint, hat er das uralte Bild von der Vermählung des Himmels und der Erde erneuert. Der Vohu-Mano, also eben der Logos, die göttliche Vernunft, halte Hochzeit mit der Demut Armaiti. Der Name der alten Erdgöttin der Veden klang darin mit[16], erhielt aber durch andere Betonung einen neuen Sinn. Vielleicht war mit Armaiti der Gemeindegeist gemeint. Daß dieser ganz von der göttlichen Vernunft liebend durchdrungen werde, das war dann das Anliegen jenes Hochzeitsliedes.

Auch diesen Gedanken treffen wir auf dem Boden Judäas wieder. Die Liebeslieder, die zur Hochzeit gesungen wurden und darum als Hohes Lied in die Sammlung der Kultschriften aufgenommen worden sind, wurden allegorisch umgedeutet, als sei darin vom Werben des göttlichen Logos um die Gemeinschaft der Gläubigen die Rede. Die „Auserwählte" ist das auserwählte Volk. Das Christentum hat die altiranische Vorstellung und damit diese Ausdeutung der Liebeslieder übernommen.

Ein anderer der iranischen Gottesbegleiter „Spenta Mainyu" wurde ins Aramäische mit „Heiliger Geist" oder heiliger Atem übersetzt (aramäisch ruch, griechisch Pneuma kann beides heißen). Er wurde zugleich als die Weisheit Gottes umschrieben. So finden wir diese Weisheit als ein persönliches Wesen neben Jahwe als Beisitzerin in seinen Gerichten.[17] Das semitische Wort für Geist ist weiblich. So spann sich der Mythos weiter:

dieser Geist ist die Mutter des Alls. Mit ihr habe Gott die Welt „erzeugt". Aber diese Sage mußte in griechisch sprechenden Judäerkreisen verkümmern, weil Geist hier nicht weiblich klang. Trotzdem hielten diese die Vorstellung fest, daß der Geist ein göttliches Wesen neben Jahweh sei und von Jahweh auf die Erde gesendet werde.

So lockerten die iranischen Vorstellungen den starren mosaischen Glauben an den einzigen Gott. Sie gaben Jahweh Gehilfen, die zwar keine eigenen Opfer erhalten sollten, aber doch die einsame Einzigkeit Gottes milderten.

Der persische Glaube lehrte die Vergeltung nach dem Tode. Das war für die Judäer geradezu die Auflösung jenes Zweifels, der ihren Glauben am empfindlichsten beeinträchtigt hatte. Wenn es ein Dasein nach dem Tode gab, so brauchte man nicht irre zu werden an Jahwehs Gerechtigkeit, auch wenn das irdische Leben ihr noch so sehr zu widersprechen schien. Nach dem Tode werde Jahweh den Gerechten belohnen, den Übertreter seiner Gesetze aber in die Finsternis der Hölle hinabsenden.

Aber der stoffgebundene Sinn der Judäer nahm Anstoß an der geistigen Vorstellung. Um Lohn oder Strafe im Jenseits zu spüren, war es nötig, daß der Mensch als leibliches Wesen wieder auferstehe. Ezechiel hatte ja in einem Gleichnis ein solches Wieder-Lebendigwerden der Toten ausgemalt; das wurde nun als eine Weissagung auf den „jüngsten Tag" ausgelegt. Da würden alle Gräber sich öffnen und die Toten herausgeben, aber nur, damit Jahweh über sie Gericht halte und die einen in das Paradies zu sich rufe, die andern für ewig verdamme. Zarathustra hatte gelehrt, dies Gericht sei eine Feuerprobe, bei der alle Finsternis ausgeglüht werde; und so malen es auch die Dankpsalmen der judäischen Gemeinde von Qumran aus. Diese Vorstellung wurde nun ein Anlaß, die Strafe für die Sünder gerade im Bild von einem Höllenfeuer zu umschreiben.[18]

Doch ist die Lehre von der Auferstehung nicht von allen Judäern gläubig hingenommen worden. Im Gegenteil, sie wurde jahrhundertelang einer der Streitgegenstände der Sekten und blieb es bis in die Zeit des Paulus hinein. Sie machte ja Jahweh noch mehr zum Schrecken als schon die Lehre der Propheten. Wie konnte man sich denn vertrauensvoll an einen Gott wenden, der auch die kleine Übertretung seiner Gesetze so unerbittlich strafte? Jetzt erst recht mußte der Gläubige zittern vor Tod und Ewigkeit.

Die persische Sage wußte von einem Urmenschen Gayomard, der am Anfang der Zeit von Ahuramazda ausgesandt worden sei, die Finsternis zu bekämpfen. Er wurde in dieser Sage gerade durch seinen Tod der Stammvater der Menschen überhaupt. War es doch nach Zarathustra die Aufgabe des Menschen, den Kampf für das Licht zu führen, unbekümmert um den Tod, der den echten Kämpfer nur empor ins Lichtreich führe. Wer in Platons Weise dachte, der erkannte wohl in diesem Urmenschen die „Idee" Mensch (die uns bei Poimandres begegnen wird). Es mußte ja auch vom Menschen ein vollkommenes Urbild geben, nach dessen Bilde alle Menschen auf Erden geformt seien. Das mußte das schönste aller Wesen sein. Dieser Gedanke flammte in judäischem Kreise empor. Die Thora sagte, Gott schuf den Menschen nach seinem Bilde. Also war dieser Urmensch selbst ein göttliches Wesen. Oder er war der Adam, wie ihn Gott geschaffen hatte, vor dem Falle. So erzählen judäische Fabeln von Adam[19], der den ganzen Weltraum erfüllt habe und von leuchtendem Angesicht war. Gott habe den Engeln befohlen, ihn anzubeten — er war also nicht nur gottgleich, sondern selbst göttlich.

Aber Adam war in Sünde verfallen, er konnte der eigentliche Idealmensch nicht sein. Höher als er stand jedenfalls derjenige, der am Ende der Zeiten die Unschuld des Paradieses wiederherstellen sollte. So hatte es Jesaias erschaut, und seine Weissagungen waren längst in das allgemeine Bewußtsein der Judäer eingegangen. Ein Messias aus dem Samen Davids, also ein König von Judäa, sollte doch kommen. Je weniger die winzige Nation eine Aussicht hatte, jemals wieder eine politische Rolle zu spielen, desto eifriger berauschte sie sich an diesem Wunschtraum. Der ingrimmige Haß der Ohnmacht lieh dem Ideal die Farben: der „Goel", der Rächer, sollte er sein. Mit der eisernen Rute, also mit dem Schwerte, sollte der Messias die Heiden „weiden", das heißt als Herrscher unter ihnen wüten[20]. Das war nicht nur bildlich gemeint: wir sehen es an dem furchtbaren Gemetzel, das die Judäer unter den Griechen anrichteten, sobald sie zu irgendeinem Zeitpunkt die Macht dazu hatten[21]. Das messianische Reich aber wurde ausgemalt als ein Schlaraffenland, wo der Boden nicht mehr der Arbeit bedürfe, sondern die Rebe tausend Trauben und die Traube tausend Beeren trage[22]. Ein Ideal der Arbeitsscheu! Darüber darf die Vergeistigung nicht hinwegtäuschen, die der messianischen Hoffnung im Christentum zuteil geworden ist.

Dieser Messias nun schien den Judäern das Urbild des Menschen im platonischen Sinne. Demgemäß wurde von ihm erzählt, er sei vor aller Zeit und Schöpfung schon bei Gott gewesen und weile verborgen bei ihm in den Himmeln („zur Rechten Gottes"), bis die Zeit komme, wo er auf die Erde herabsteigen solle. Auch er ist ein Lichtwesen, dessen Antlitz hell glänzt wie die Sonne; ja er ist der erstgeborene Sohn Gottes.[23]

Und damit wurde es dann möglich, jene geistige Enge des hergebrachten Messias-Begriffes zu überwinden. Das tut eine namenlose Schrift „meines (d.h. Jahwehs) Boten". Der Titel ist als Prophetennamen Maleachi mißverstanden worden. In dieser Schrift zuerst ist das Erwachen eines neuen

Weltgefühles zu spüren. Zwar geht sie davon aus, daß Jahweh Israel liebe und Edom hasse; der Bund der Väter mit Gott und das Gesetz, das Moses für ganz Israel gegeben habe, sind als wohlbekannte Dinge erwähnt. Aber der Bund wird verengert als Auftrag an die Priester gefaßt, die berufen seien, das Recht zu weisen, also Vermittler zwischen Gott und seinem Volke sind.

Und darum wendet sich der Ungenannte gegen solche Priester, die ein schadhaftes Opfertier als gut erklären und damit den Altar Jahwehs entweihen, und die das Recht nach Ansehn der Person beugen. Außerdem hat er auch mit Lehrern zu tun, die behaupten, Gott habe auch am Bösen Freude; es sei unnütz seine Gebote zu halten.

Gegen diese Aushöhlung der Gerechtigkeit droht er mit dem Gerichte, das als großes Feuer kommen werde; da wird alles echte Metall ausgeschmolzen und die Bösewichter werden zu Asche verzehrt werden. Ganz so hatte sich Zarathustra ausgedrückt. Vorher soll der Prophet Elias wiederkommen und die rechte gesetzliche Ordnung wieder herstellen. Auch das hat iranische Parallele. Aber ein neues kündet das Wort: von Aufgang der Sonne bis zum Niedergang wird man Jahwehs Herrlichkeit preisen und ihm Rauchopfer bringen. Da ist auf der Spur des zweiten Jesaia der enge Gesichtskreis Judäas gesprengt, doppelt auffallend in einer Schrift, die sonst so an Überkommenem haftet.

Das Buch unterscheidet sich auch stilistisch von allen andern Schriften des Alten Testaments. Nicht mehr wird geradewegs das Gebot Jahwehs verkündet, wie bei den alten Propheten. Sondern auf den Ruf „Jahweh wird mißachtet", folgt der Einwurf: wie denn? So ist das ganze Buch eine Art Dialog. Aber nicht in platonischer Weise: die Gegenreden bleiben unpersönlich. Maleachi nimmt damit den Stil des Talmud vorweg, das Denken im Zickzackgange. Das ist ein Zeichen, daß sich die geistige Struktur verändert hat. In der Seele des Schreibenden selbst streiten sich zwei Auffassungen. Es ist der Mischling, der sich zum Worte meldet (und zwar gemischt aus zwei geistig hoch, aber gegensätzlich entwickelten Rassen).

Weiter gehört der Prophet Joel in die Zeit dieser Religionsmengungen. Er zuerst hat den „Heiligen Geist" als Sonderkraft der Gottheit in die Literatur Judäas eingeführt. Am Ende der Zeiten, so läßt er Jahweh sprechen, werde ich meinen Geist über das ganze Volk ausgießen, so daß alle Jünglinge und Jungfrauen anfangen zu weissagen und Gott zu künden.

Aber die neue Gottesschau wird am deutlichsten im 73. Psalm. Auch er beginnt mit dem Staunen darüber, daß es dem Missetäter so wohl ergehe und der Gerechte darniedergetreten werde; und der Dichter will glauben, daß am Ende doch der Bösewicht fallen und der Gerechte triumphieren werde. Aber das sind die Allgemeinstimmungen, über die er sich hinaushebt in dem kühnen Worte an Gott: wenn ich dich nur habe, frage ich nicht nach Himmel und Erde[24]. Damit klingt auf einmal eine andere Gottesschau auf. Wer so singt, dem ist Gott nicht mehr der Herrscher nur dieser Welt; es kündet sich die Ahnung dessen an, was dann Jesus laut verkündet hat: das Gottesreich, das nicht von dieser Welt ist und doch über alle Schätze dieser Erde hinaus weit wertvoller ist.

Vor solchem Gotterleben trat dann notwendig der alte gehässige Gegensatz gegen die „Heiden" zurück. Schon das Buch Hiob verlegt seinen Schauplatz in die Fremde hinaus; der vorbildliche Gerechte, der geschildert wird, ist kein Israelit. In der Erzählung von Ruth wird dem König David selbst eine Ahnfrau aus dem früher so verfehmten Moab zugeschrieben. So fremdartig uns auch diese Erzählung ist, so daß die meisten deutschen Leser gar nicht merken, wie dirnenhaft sich die Heldin benimmt, so ist doch der Sinn ein Vorstoß gegen die allzuengen Rassegesetze des Ezra.

In anderer Weise zeigt sich der mildere Sinn in der Legende von Jonas, dem Propheten, der vor dem Auftrag davonläuft, den er verkünden soll. Ein altes Märchen, das ursprünglich in Polynesien daheim scheint und wahrscheinlich nur ein Bild für die Nachtwanderung der Sonne (oder des Neumondes?) sein sollte[25], ist auf ihn übertragen. Ein Wallfisch verschluckt ihn und speit ihn nach drei Tagen wieder aus, nachdem Jonas seine Flucht bereut hat. Dieser verkündet nun der Stadt Ninive den drohenden Untergang um ihrer Sünde willen; da tun König und Volk der Stadt Buße — nach orientalischer Manier ziehen sie Trauerkleider an und fasten, um den drohenden Gott zu versöhnen. Und der angesagte Untergang unterbleibt. Jonas rechtet darauf mit Jahweh, der ihn zum Lügenpropheten mache; dieser aber erwidert: soll ich denn nicht barmherzig sein?

Die Schrift gehört also schon in die Zeit, in der die Erwartung des nahen Weltendes die Gemüter der Judäer so sehr beschäftigte, daß sie fragten, warum denn das so oft angekündete Strafgericht Jahwehs über die Heiden noch immer nicht eintreffe. Damit sind wir an der Schwelle der neuen Zeitepoche.

Anmerkungen

1   Jes. 56,10. Umsomehr muß ich darauf bestehen, daß diese Schriften schon als in sich abgeschlossene Werke vorlagen.
2   Strack-Billerbeck, Kommentar zum Neuen Testament aus Talmud und Midrasch, 1922 ff (Neudruck 1959/60), IV, S. 422 ff. Über die große Synagoge, die den Kanon festgestellt habe, ebenda S. 425.

3   Ebenda S. 423 ff.

4   So schon in der „Chronik".

5   Die Zeit des Hiob wird heute wohl meist zu früh angesetzt. Mir scheint, er setzt schon das Abflauen des engen Nationalismus voraus, der im Gesetz des Ezra und der Praxis des Nehemia über die Mischehen gewaltet hat. — Wie man in einem Werk, das so eindeutig den Stempel einer bestimmten philosophisch grübelnden Persönlichkeit trägt, und um ein einziges Problem kreist, literarische Schichten sondern will, ist mir unverständlich.

6   Streck-Billerbeck a.a.O. IV, S. 1053; J. Lewy „Chaldäisches Wörterbuch über die Targumim" s.v.

7   Es gab zwei Orte des Namens, und es ist umstritten, welcher der Sitz der Philosophenschule war.

8   Z.B. Psalm 28,3; 21,16; 35,7 usw.

9   Der Qohelet scheint mir die skeptische Philosophie der Griechen abzuspiegeln, also ins 3. Jahrhundert zu gehören. Er ist andererseits als anerkannte Heilige Schrift auch in der LXX übersetzt, und damit jedenfalls älter als die Makkabäerzeit.

10   Daß die judäische Religion seit dem 3. Jahrhundert von iranischen Anschauungen durchsetzt und umgeprägt wurde, ist längst erkannt. Nach der Art, wie das geschah, hat man nicht gefragt. Auch meine hier gegebene Erklärung ist nur Hypothese. Immerhin lassen die Rassenstatistiken erkennen, daß unter den Juden in allen Stämmen, also aus sehr alter Zeit ca. 6 % blonde Menschen sind. Weder die hethitische noch die churritische Beimischung war stark genug, um das zu bewirken. So muß man wohl einen iranischen Einstrom annehmen. Aber ein Übertritt vom herrschenden Volk zur Religion eines unterworfenen Völkchens ohne Macht ist in der Antike kaum denkbar. Wohl aber war solcher Übertritt nach dem Zusammenbruch des Perserreichs motiviert.

11   Hambruch, Südsee-Märchen, S. 184.

12   Meines Wissens zum ersten Mal ausführlich geschildert wird der Höllensturz im Buch Henoch, hier aber erst kurz vor der Sintflut, im Anschluß an Gen. 6,2 ff. — Da der Teufel nach der neuen Auffassung schon im Paradies auftrat, mußte sein Aufruhr dann vor die Erschaffung des Menschen verlegt werden. Dies aber kann ich vor Origenes nicht nachweisen.

13   Zeugnisse für judäische Zauberärzte (neben Luk. 11,19) sind zusammengestellt von Billerbeck a.a.O., IV, S. 534 ff. (Z.B. Josephus Ant. Jud. 8,2,5.) Auch der häufige Gebrauch des Namens Jao und anderer hebräischer Gottesnamen in den Zauberpapyri weist auf den Anteil der Judäer an der Zauberpraxis (z.B. Pariser Pap. ed. C. Wessely 1484 f; 1538 f u.a.).

14   Das Geheimnis der Engelnamen bei den Essenern: Josephus Bell. Jud. II 142. Niedergeschrieben sind die Namen in Henoch. c. 20.

15   Bei Philo wirbeln beide Bedeutungen durcheinander.

16   Nach Hertel, a.a.O., S. 86 f hat Zarathustra das Wort durch andere Betonung mit etymologisch neuem Sinn erfüllt.

17   Doch weist D. Nielsen, ZDMG 92, 1938, S. 504 ff auf eine südarabische Göttin Ḥwkm = Weisheit hin, die für die Personifikation der Hokma, Spr. 8,22 ff das Vorbild sein mag.

18   Doch gibt es Höllenfeuer schon in altägyptischen Texten.

19   W. Staerk „Die Erlösererwartungen . . ." 1938. Anders ist die Rolle des Adam in der Gnosis; siehe L. Schottroff „Der Glaubende und die feindliche Welt" (1970), S. 9 ff. Aber Pap Berolinensis ed. Till S. 54 ist die geschilderte Adams-Vorstellung benützt.

20   Den sichersten Beleg gibt die „Kriegsrolle" von Qumran.

21   Cass. Dio LXVIII 32.

22   Baruch syr. Apok. 29,5

23   All das klingt mindestens bei Henoch schon an (um 100 v. Chr.).

24   Ich behalte Luthers schwungvolle Übersetzung bei, obwohl sie nicht ganz genau ist.

25   Vgl. L. Frobenius, „Das Zeitalter des Sonnengottes" 1905

III. Wegbereiter

1. Judäische Sekten

König Antiochos Epiphanes von Syrien hatte eine doppelte Niederlage zu bewältigen. Die eine hatten die Römer seinem Vater zugefügt, als sie ihn militärisch niederrangen und sein Reich um ein Drittel schmälerten. Für das Gefüge des Reiches noch zerrüttender war die Demütigung, die sie ihm selbst diplomatisch versetzten, als er während des römischen Ringens mit Makedonien in Ägypten eingedrungen war. Sobald die Römer den Makedonenkönig niedergeworfen hatten, befahlen sie dem Antiochos, sich aus Ägypten zurückzuziehen. Der Gesandte tat es in der brutalen Weise kund, daß er um den König am Gestade, wo er ihn traf, im Meersand einen Kreis zog und seine Entscheidung heischte, ehe er aus dem Kreise trete. Antiochos fügte sich dem Gebot.[1]

Eine Regierung, deren Schwäche so offenkundig wird, bedarf erhöhten Kraftaufwands, um Gehorsam im eigenen Land zu finden. Antiochos suchte den Verlust an Ansehn dadurch auszugleichen, daß er die griechische Kultur desto eifriger pflegte. Syrien sollte der Mittelpunkt des griechischen Geisteslebens werden. Antiochia wurde wie das griechische Mutterland mit Kunstwerken geschmückt. An Wettspielen und Festen im griechischen Stil fehlte es nicht. Besonders die Bäder der Hauptstadt wurden glänzend ausgebaut. Man betrachte die Ausgrabungen!

Aber der einheitlichen griechischen Gesittung, die der König erreichen wollte, widerstrebte das jüdische Volk mit seinem religiösen Selbstbewußtsein. Antiochos glaubte, den Widerstand brechen zu können. Die „Vernünftigsten" der Judäer schienen ja bereit, sich der griechischen Kultur einzufügen. War es denn nicht nur ein Unterschied im Wort, ob man den Himmelsgott Zeus oder Jahweh nannte? Um die Einheit des Glaubens herzustellen, befahl der König, daß dem Zeus im Tempel von Jerusalem ein Standbild errichtet werde, ebenso in Samaria auf dem Berge Garizim.

Er hatte nicht geahnt, welche Entrüstung er damit hervorrief. Moses hatte verboten, von dem Gotte ein Bild zu machen. Was der König forderte, war also eine Sünde wider das erste Gottesgebot. Darum weckte es den Stolz der Judäer auf ihre überlegene Gotteserkenntnis. Wie? Diese Griechen, denen es so wenig ernst mit ihrer Religion war, daß sie ruhig ihren König unter die Götter einreihten, diese Spötter und Genießer wollten den Judäern Lehren über den Glauben geben?

Hohl wie ihr Glaube mußte den Judäern die ganze hellenistische Gesittung vorkommen. Diese genau abgezirkelten rechteckig gekreuzten

Straßen, die Götter aus Marmor und aus Elfenbein, die Nacktkultur auf den Sportplätzen und in den Bädern, die Geselligkeit mit phrasendrechselnden Sophisten und käuflichen Hetären, die geschminkte Damenwelt und die griechischen Sklavenhalter, die sich so hoch erhaben über die Barbaren dünkten — all das würde sich in Schein auflösen, wenn Jahweh sich offenbare. (So ähnlich hat Dostojewski in Petersburg empfunden, diese Stadt wäre eine Fata Morgana, die sich plötzlich in Nichts verflüchtigen könne.)

So wird in den Schriften seit dieser Zeit die Endkatastrophe der bestehenden Welt nicht mehr als ein Ereignis unbestimmter Zukunft geweissagt, sondern sie steht unmittelbar bevor. Die Anmaßung des Syrerkönigs konnte nur der Anlaß sein, durch den Jahweh seinen Sieg einleiten wollte. Da wurde gar zum Zeichen der Loyalität gefordert, sie sollten Schweinefleisch essen, und wer sich widersetzte, wurde als Aufrührer gegen den königlichen Befehl bestraft. Wenn auch die Legende übertriebene Farben aufträgt, es war, als ob die übereifrigen Hellenisten unter den Judäern vorsätzlich den Aufstand hätten herausfordern wollen. Der blieb denn auch nicht aus (167 v. Chr.). Syrische Heere rückten darauf ins Land. Die griechischen Kommandanten warteten den Sabbat ab, an dem die Judäer sich nicht verteidigten, um die Widersetzlichen niederzumachen.

In diesem Zeitpunkt ist das Buch Daniel geschrieben oder mindestens überarbeitet worden.[2] Es ist die erste in einer großen Reihe von Schriften, die das nahe Weltende ankünden und in Bildern des Grausens ausmalen. Das Buch wird einem Propheten der Zeit des babylonischen Exils in den Mund gelegt; aber von dieser Zeit weiß der Verfasser so wenig, daß er Dareios den „Meder" zum Vorgänger des Persers Kyros macht. Sondern alles, was Daniel sagt, zielt auf die Zeit des Epiphanes. Vier Monarchien werden angekündigt, die aufeinander folgen sollten (gemeint sind die babylonische, die medische, die persische und die griechische); die letzte wird versinnbildet in den eisernen Schenkeln eines Kolosses (als das eiserne Zeitalter), aber dessen Füße sind mit Ton vermischt: von eiserner Festigkeit ist das Reich nicht, sondern plötzlich kommt ein Stein, den Koloß zu zermalmen. Oder in anderem Bilde sind die vier Monarchien vier Raubtiere, die vierte das gräulichste von allen. Es herrscht, bis der „Alte" die Stühle des Gerichtes aufstellt und die Herrschaft der Heiligen (also der treuen Judäer) aufrichtet. Diese wird im Gegensatz durch die Gestalt eines „Menschensohnes" (d.h. eines Mannes) versinnbildet.

Daniel gibt genaue Zahlen, wie lange die Verfolgung währen wird und die Entweihung des Tempels. An diesen Zahlen haben die Ausleger bis zum heutigen Tage herumgegrübelt. Denn die Verfolgungszeit ging zwar wirklich vorüber, das Weltende aber trat damit nicht ein. Sondern ein Priester aus dem Geschlecht der Hasmonäer erschlug den Judäer, der das „Götzenopfer" darbrachte und den griechischen Boten, der es forderte. Dann floh er mit andern unbeugsamen Judäern in die Wüste. Er gab die Losung: im Kampf für Jahweh darf man auch am Sabbat fechten. Sein Sohn Judas, der Makkabäer (d.h. der Hammer) genannt, trat als Führer in dem Befreiungskampf an die Spitze. Und wann ist je ein fanatischer Haufe von einer bloßen Söldnertruppe überwunden worden? Zwar militärisch gingen Erfolge und Rückschläge hin und her, und es dauerte Jahre, bis Judas Makkabäus die Hälfte von Jerusalem mit dem Tempel befreite. Der Tempel wurde neu geweiht. Die Erinnerung daran feierten die Judäer seitdem um Mittwinter als Fest mit Lichterglanz. Denn die Gläubigen fühlten ihren Sieg als einen Sieg des Lichtes. Darin schwingt persischer Glaube mit, und so liegt es nahe, zu vermuten, daß sie das Fest nach dem Muster einer iranischen Sonnwendfeier gestaltet haben.[3]

Noch war der Kampf damit nicht entschieden. Makkabäus wurde im Tempel belagert; schon wurde die Hungersnot der Eingeschlossenen unerträglich, da starb Epiphanes, und der Vormund seines Nachfolgers gestattete den Jahweh-Kult wieder ohne hellenistische Beimischung.

Der Großteil der Judäer scheint sich mit der wiedererrungenen Duldung ihres Glaubens zufrieden gegeben zu haben. Makkabäus aber wollte mehr, er kämpfte weiter um die volle politische Unabhängigkeit seines Volkes. Und nach seinem Soldatentode führten seine Brüder den Freischarenkrieg weiter. Wieder mit manchen Wechselfällen. Sie gewannen jedoch die römische Macht zum Bündnis, und damit war der Untergang des Syrerreiches besiegelt. Gegenkönige erhoben sich in Syrien, die auf den heimlichen Beistand Roms rechneten. Schließlich erlitt ein König des geschwächten Reiches eine Niederlage durch die Parther und geriet selbst in Gefangenschaft. Sein Bruder, der ihm folgte, zwang den Hasmonäer-Enkel Hyrkanos noch einmal zur Unterwerfung und betrat Jerusalem, fand aber im Jahr darauf ebenfalls im Partherkrieg den Untergang. Daraufhin befreite Hyrkanos Judäa vom syrischen Joch. Er drang weit nach Norden vor, zerstörte den Tempel der Samaritaner, und nahm auch Galiläa und Teile von Transjordanien den Syrern ab. Wer sich nicht beschneiden ließ, der wurde niedergemacht, das Land von Judäa aus neu besiedelt. Gemessen an den Räumen, die von Rom beherrscht wurden, waren diese Erfolge gering; aber den Judäern der Zeit kamen sie so gewaltig vor, daß die Partei der Saddukäer[4] Hyrkanos als den gottverheißenen Messias begrüßte, obwohl er nicht aus dem Hause Davids stammte. Tatsächlich, er hatte als erster seit Nabukudrossor (Nebukadnezar) die Fremdherrschaft gebrochen, Judäa wieder zu einem souveränen Staat gemacht.

Aber gegen den angeblichen Messias Hyrkanos und seine Partei bildete sich eine dreifache Gegnerschaft. Alle drei sind der neuen Geistesrichtung entsprungen, die das unmittelbar bevorstehende Weltende erwartete, und sind damit auf das stärkste von den persischen Anschauungen bestimmt, die den Glauben umgestalteten. Es sind dies die Leute von Qumran (meiner Ansicht nach die Essener), dann von ihnen sich abspaltend die Pharisäer und zugleich mit diesen die namenlosen Apokalyptiker, die im Buch Henoch und ähnlichen Schriften zu uns sprechen.

Über Ursprung und Gedankenwelt der Essener können wir dank der Funde unseres Jahrhunderts, der sogenannten Damaskusschrift und der Schriftrollen von Qumran, jetzt klar sehen und sind nicht mehr auf die gefärbten Berichte aus dem Altertum allein angewiesen. Damit können wir in die Umwelt des entstehenden Christentums einen neuen Blick tun.[5]

390 Jahre lang würde der Zorn Gottes dauern, hatte Ezekiel geschrieben. Nun waren seit der Zerstörung Jerusalems durch Nabukudrossor bis zum siegreichen Aufstand der Makkabäer 420 Jahre verstrichen, also etwas mehr als Ezekiel gesagt hatte; aber wer konnte das nachrechnen? Eine Jahreszählung nach einer Ära gab es ja erst seit 312 v. Chr. die Befreiung des Volkes durch die Makkabäer schien den Judäern eine genaue Erfüllung der Weissagung. Das Schicksal des Volkes hatte sich gewandt, endlich hatte der Gott seinem Volke verziehen. Wie schon der zweite Jesaia gejubelt hatte: Jahweh erweise sich als Gott dadurch, daß seine Weissagungen eintreffen, so bestätigte nunmehr zum zweiten Male die Erfüllung eines Prophetenwortes die Wahrheit der alten Sehersprüche.

Zwanzig Jahre nach dieser Schicksalswende, also um 146 v. Chr. trat ein Mann hervor, den seine Anhänger den Lehrer der Gerechtigkeit nannten. Vermutlich ist es derselbe, der bei anderen Schriftstellern Jakob der Essener heißt. Von diesem wird uns berichtet, er habe die Gabe besessen, die Zukunft vorauszusagen, und habe sie auch seinen Schülern mitgeteilt. Wie das zu verstehen ist, zeigen uns die Schriftrollen von Qumran. Der Lehrer der Gerechtigkeit ist selbst kein Prophet, sondern er hat die Gabe, aus den heiligen Schriften „die wunderbaren Geheimnisse Gottes" herauszulesen, die den übrigen Menschen verborgen seien. Die Methode ist dieselbe, die alle Winkelsekten seitdem befolgen. Es kümmert diese Ausleger gar nicht, was die Propheten in ihrer Zeit aus ihren Zeitumständen heraus angestrebt und ausgesagt haben, sondern allen Worten wird eine geheimnisvolle Zukunftsbedeutung untergelegt. Wenn Habakuk die Chaldäer, die Feinde Judäas zu seiner Zeit, beschrieb — so sagt der essenische Kommentar dazu: das bedeutet die Kittim, d.h. die Griechen und Römer, denn diese sind das letzte Volk der Geschichte (das letzte vor dem Gottessiege, ist gemeint).

Auf solche Weise las der Lehrer der Gerechtigkeit oder seine Jünger aus den Schriften heraus: das Gericht Gottes steht nahe bevor. Der Teil des judäischen Volkes, der „gerecht" ist, das soll heißen, die Gebote der Thora erfüllt, wird beauftragt werden, im Dienste Gottes in den Kampf zu ziehen und sein Urteil zu vollziehen, nämlich die Heidenvölker auszurotten und mit ihnen zugleich die Gesetzesverächter in Israel selbst. So werden in einer der Rollen genaue Anweisungen über die Taktik gegeben, mit der die „Söhne des Lichtes" die „Söhne der Finsternis" bezwingen sollen. Alles wird dafür festgelegt, selbst die einzelnen Trompetensignale.[6]

Aber um für diesen Kampf gerüstet zu sein, müssen die Jünger ein heiliges Leben führen, das heißt ein Leben genau nach den Gesetzesvorschriften. Darum schreibt die essenische Ordensregel vor, daß jede Gruppe von zehn Mann abwechselnd Tag und Nacht die heiligen Schriften lesen solle, und immer muß ein Priester oder sonst ein erfahrener Mann dabei sein, der zweifelhafte Stellen des Textes sogleich erklären kann. Die Essener haben zwar nicht (wie nachher die Pharisäer) aus den Texten neue Gesetze herausgeklügelt, aber sie bestanden auf genauem Einhalten aller Gebote.

Nun war in der Thora ausdrücklich vorgeschrieben, daß die Priesterwürde im Hause Aaron erblich sein solle, und so hatte auch David den Zadoq als Abkömmling dieses Hauses zum Hohenpriester eingesetzt. Seit dem Makkabäeraufstand aber amtierten die Hasmonäer als Hohenpriester. Der Lehrer der Gerechtigkeit rügte dies: darin gehe Israel wiederum in die Irre. Der Hohenpriester Jonathan zog ihn dafür vor Gericht, und da ihn ein Teil seiner Freunde oder Verwandten[7] im Stich ließ, wurde er verbannt. Er ging in die Gegend von Damaskus[8] und sammelte dort seine Anhänger zum „neuen Bunde". Der „böse Priester", wie Jonathan in den essenischen Schriften heißt, starb kurz darauf, von einem syrischen Prätendenten verräterisch gefangen, eines elenden Todes. Vermutlich konnte daraufhin der Lehrer der Gerechtigkeit zurückkehren. Seine Gemeinde, die angeblich auf mehrere Tausend anwuchs[9], siedelte sich in der Abgeschiedenheit am Gebirgsrand westlich des toten Meeres an und errichtete in Qumran ihren Zentralsitz, in dem die Mahlzeiten der ganzen anwesenden Gemeinde gemeinsam eingenommen, die Gemeindeversammlungen abgehalten, und in einem eigenen Schreibraum die biblischen Schriften und die eigenen Auslegungen dazu vervielfältigt wurden. Die Gemeinde selbst lebte als ein Mönchsorden unter den Palmen der Umgebung in Zelten. Frauen waren nach den Berichten des Altertums hier am Hauptsitz jedenfalls ausgeschlossen — andere, in den Städten Judäas verstreut lebende Anhänger der Sekte scheinen auch verheiratet gewesen zu sein.[10] Der Orden war eine vollkommene Lebensgemeinschaft unter Leitung der ihm beigetretenen Priester, zu denen schon der Lehrer der Gerechtigkeit selbst gehört hat. Wer eintrat, der mußte seinen ganzen Besitz an die Gemeinde abtreten und nur von Lohnarbeit leben, und auch von seinem Lohne mußte er eine kleine Quote an die Gemeinde abführen.[11] Allerdings scheint die Gemeinde selbst viele Hände für sich in Tätigkeit gesetzt zu haben. Die Ernährung war nicht nur streng koscher, sondern ganz vegetarisch.[12]

Genaue Gesetze regelten die Teilnahme jedes Mitglieds an den gemeinsamen Angelegenheiten. Denn die Priester hatten nur die Leitung, aber die Gesamtheit der Vollmitglieder bestimmte. Da waren Regeln getroffen, in welcher Reihenfolge jeder zu Worte kommen sollte, und niemand durfte dem andern in die Rede fallen. Wer sich gegen diese oder andere Anordnungen verging, der erhielt strenge Strafen, je nach der Schwere des Vergehens, die von einigen Tagen Ausschluß von den gemeinsamen Mahlzeiten und Kürzung der Rationen bis zu dauerndem Verstoßen aus der Gemeinde gehen konnten — und dieses bedeutete in der Regel den Hungertod. Denn mit einem Ausgeschiedenen durfte kein Essener auch nur sprechen, wenn er nicht die gleiche Strafe erleiden sollte.

Die Ordensregeln erzogen zu Anstand: es war verboten auszuspucken, und eine Schaufel, um seinen Unrat sogleich zu vergraben, sollte jeder Essener bei sich führen. Wie bei den späteren Mönchsorden waren bestimmte Gebetszeiten vorgeschrieben, vom frühen Morgen vor Sonnenaufgang an begleiteten sie den Tageslauf bis in die Nacht hinein (was durch eine irrige Übersetzung eines ungenau überlieferten Ausdrucks früher als Sonnenverehrung mißverstanden worden ist)[13]. Von solcher ist keine Rede: als strenge Judäer richten die Essener alle Gebetsergüsse an den einen Gott, dessen berufenste Werkzeuge sie sein wollen. Wenn auch ihre Dankpsalmen, die zumeist im Namen des Lehrers der Gerechtigkeit selber sprechen, in ihren Ausdrücken sehr von der biblischen Sprache abhängig sind und viele Formeln sich eintönig wiederholen, so spürt man doch das echte religiöse Anliegen darin.

Wie gesagt, die Essener nannten sich die Söhne des Lichtes. Sie lehrten, daß dem Menschen ein lichter und ein finsterer Geist beigesellt sei und jeder ihm nach seiner Natur gute und böse Taten eingebe. Die gegenwärtige Welt sei das Reich Belials, aber sie wird in Feuer untergehen, das selbst die Fundamente der Berge schmelzen wird.[14] Das alles sind aus Persien entliehene Ausdrucksweisen, manchmal mit wörtlichen Anklängen an die Lieder Zarathustras.

Der Eintretende mußte schwören, alle Söhne des Lichtes zu lieben und alle Söhne der Finsternis zu hassen. Von der Feindesliebe, die Jesus gepredigt hat, trennt die Essener ein Abgrund von Unversöhnlichkeit. Dagegen nehmen sie sonst manche späteren christlichen Gedanken vorweg. Der Lehrer der Gerechtigkeit folgerte aus Gottes alleinigem Schöpfertum, daß auch die Worte, die der Mensch sagt, ihm schon von der Geburt her vorherbestimmt und angeschaffen seien. Alles Schicksal ist streng vorher zugemessen. Aber eben auch das ist schon vorherbestimmt, daß Gott denen, die sich auf den rechten Weg (den Weg der Gemeinde) begeben haben, ihre Verfehlungen verzeiht. So wird die Zugehörigkeit zur Gemeinde selbst das Zeichen, ob jemand auserwählt sei. Nur daß die Gemeindemitglieder zugleich gegenseitig verpflichtet sind, auf einander aufzupassen, damit keiner die Gebote übertrete.

Die antiken Berichterstatter heben die Friedfertigkeit der Essener hervor. Sie hat durch die neu entdeckten Schriftrollen eine eigentümliche Beleuchtung erfahren. Der Essener soll sich nicht rächen, soll geduldig gegen Anfeindungen sein — aber nur, weil er die Rache auf jene Endabrechnung hinausschieben soll, zu der der Orden seine Glieder erziehen will. Die Friedfertigkeit ist also eine Maske, hinter der sich eine unversöhnliche Feindseligkeit versteckt.

Ehe man die Schriftrollen kannte, hat man oft daran gedacht, ob das Christentum oder mindestens Johannes der Täufer nicht aus dem essenischen Kreise hervorgegangen sei. Diesen Gedanken wird man jetzt aufgeben müssen.[15] Der einzige Bezug auf das Christentum, den ich in den Qumran-Schriften gefunden habe, ist ein Satz in der Rolle vom Krieg der Söhne des Lichtes gegen die Söhne der Finsternis.[16] Darin wird auch denen Kampf ohne Gnade angesagt, die den Feinden Gottes mit Liebe entgelten wollen. Der Satz ist nach dem Bau des Abschnitts als nachträglicher Zusatz zu erkennen; er zeigt, wie die Stellung der Essener zum frühen Christentum in Wahrheit war.

Aber wahrscheinlich ist es kaum zu Berührungen zwischen beiden Gemeinschaften gekommen. Das Wirken des Lehrers der Gerechtigkeit hatte der essenischen Gemeinde zuerst einen starken Anschwung gegeben. Um 100 v. Chr. haben sie ihr Gemeinschaftshaus erbaut, und in den letzten Jahrzehnten der selbständigen Hasmonäerherrschaft scheint ihre schriftstellerische Tätigkeit ihren Höhepunkt zu haben. Aber die Siedlung wurde 31 v. Chr. durch ein Erdbeben zerstört. Erst nach dem Tod des Herodes, der die Essener, meine ich, beim Wiederaufbau von Jericho eingesetzt hatte,[17] konnte die Gemeinde von Qumran wieder errichtet werden. Sie scheint aber dann weder neue Dichtungen noch Schriften mehr hervorgebracht zu haben, sondern sich mit Abschriften der Bibel und der älteren Werke begnügt zu haben. Erst beim judäischen Aufstand von 66 n. Chr. wurden die Essener aktiv, und wir begreifen, daß sich einige von ihnen unter den ungestümen Vorkämpfern der Freiheit befanden.[18] Darum hat eine römische Abteilung auch die Siedlung von Qumran heimgesucht und so gründlich mit diesem Hauptsitz geistigen Widerstandes aufgeräumt, daß die Essener nie wieder in die Gegend gekommen sind, um ihre versteckten Schriften abzuholen. Wenn einzelne aus der Gemeinschaft diese Tage überlebt haben, so werden sie sich an andere judäische Gruppen angeschlossen haben. Eine geistige Nachwirkung haben sie nur dadurch ausgeübt, daß die idealisierende Beschreibung ihrer Gemeinschaft in vielgelesenen alten Schriftstellern späteren Idealisten den Wunsch eingeben konnte, es ihnen gleich zu tun.

Die inbrünstige Hoffnung auf das Weltende war nicht auf die Essener beschränkt. Auch aus den ungelehrten Volkskreisen klingt sie auf. Sie kommt uns besonders im Buche Henoch zu Ohren, das vielleicht noch unter Hyrkanos oder etwas später niedergeschrieben ist. Es ist das Werk eines unbedeutenden Geistes, verworren im Aufbau, verworren in seinen Gedanken.[19] Der Unbekannte, der sich die Maske eines vorsintflutlichen Heiligen Henoch vorbindet und von seiner angeblichen Himmelsreise erzählt, ist ein halbgebildeter Rechthaber. Er fühlt sich als sehr klug, indem er festlegt, das Jahr müsse 364 Tage haben, damit es mit dem Sonnenjahr übereinstimme. Offenbar hatte er vom 365tägigen Jahr der Ägypter gehört, das doch nicht ganz genau sei, und schloß voreilig, das richtige Jahr müsse sich eben durch die Zahl der Wochentage teilen lassen.

Der hellenischen Denkweise steht Henoch ganz ferne. Der Begriff des Naturgesetzes fällt nicht in seinen Horizont. Daß die Sterne genau zu der vorher berechenbaren Minute aufgehen, ist ihm ein Befehl Gottes, der durch Strafdrohung Gehorsam erzwingt. Henoch findet auf seiner Weltenreise ungehorsame Sterne, die im Höllenfeuer brennen, weil sie nicht zur rechten Zeit aufgegangen seien.

Die babylonische Flutsage der Thora paart Henoch mit einer nordischen Überlieferung, die ihm auf unbekanntem Wege zugekommen ist. Durch die Flut werden die „Riesen" vernichtet. Merkwürdig scheint das an die germanische Sage anzuklingen. Aber das sind nicht wie in der Edda die Frostgewalten der Eiszeit[20], deren Untergang in der Schmelzflut erst Raum für die Menschen schafft. Sondern es sind die Söhne der Engel aus der Begattung mit Menschentöchtern, von der eine Erzählung der Thora sprach. Diese Engel sind damit dem Gottesgebote untreu geworden und zu Teufeln geworden, die nun ihre Söhne alles Böse lehren: zum Beispiel die Künste, zu schmieden und Säfte zu brauen und damit Waffen, Gifte und Arzneien herzustellen. Die Riesen sind durch die Unterweisung der

Engel Kulturbringer, aber diese waffenstarrende Kultur sieht „Henoch" als teuflisch an. Er ist darin das judäische Gegenbild der Kyniker, die eben damals im Gewande griechischer Philosophie den Angriff gegen die verweichlichende Kultur vortrugen, und, wie schon erwähnt, dicht bei Palästina einen wichtigen Schulsitz hatten. Nur daß bei Henoch der pazifistische Ton stärker anklingt und außerdem nach judäischer Art alles ins Gewand religiöser Sage gekleidet ist.

Dieser verhaßten Kultur sagte Henoch den Untergang an. Er findet bei dem Uralten im Himmel (d.h. Gott) den „Menschensohn", der seit Anbeginn bei ihm wohnt und der mit seinen Geisterscharen bereitsteht, die ihm versprochene Herrschaft über die Erde anzutreten. Die künftige Welt ist schon bereit, und es werden in Rätsel gehüllte Angaben gemacht, wann sie kommen werde: natürlich so, daß der Wendepunkt zur tatsächlichen Zeit des Schrifstellers unmittelbar bevorsteht. Die wichtige neue Sicht ist dabei: der Menschensohn, bei Daniel nur ein Gleichnis des künftigen „Zeitalters der Humanität", ist bei Henoch der Messias selbst, und damit ist dieser das oberste Himmelswesen nächst Gott geworden. Er sitzt „zur Rechten Gottes" als sein Stellvertreter oder Vezier, und eben darum als Richter im kommenden Weltgericht. Diese Ausdrücke sind zur Zeit der Evangelien allen Judäern vertraut.

In einer anderen ähnlichen Schrift, die von der Himmelfahrt des Jesaias handelt, wird diese Aussage über den Messias wiederholt, und ihm gegenüber sitzt zur Linken Gottes der „heilige Geist". Denn auch dieser ist den Fabulierern dieser Literaturgattung nach persischer Weise zur himmlischen Person geworden. Es gab noch eine große Zahl weiterer Bücher mit angeblichen Enthüllungen über die jenseitige oder die künftige Welt, die die gleichen Motive immer wieder in eintöniger Weise breittreten.[21] Sie sind nur als Zeichen der Volksstimmung von Bedeutung, die derartige Produkte hervorrief. Die Feindseligkeit gegen das Bestehende, die sich an die geweissagte Wende der Dinge anklammerte und an den Bildern des Weltuntergangs berauschte, muß im lesenden Teil des judäischen Volkes allgemein gewesen sein.

Sie ist auch die Grundstimmung der großen Sekte, die sich um dieselbe Zeit neu bildete, der Pharisäer[22]. Sie lehrten, der Messias werde kommen, sobald das ganze Volk der Judäer auch nur einen Tag lang die Gesetze der Thora vollkommen beobachte.[23] Das war nicht etwa ersonnen, um das Volk zu nasführen — als ob es unter hunderttausenden von Menschen, wie sie das judäische Volk damals zählte, einen Tag ganz ohne Diebstahl oder freien Geschlechtsverkehr geben könne! Von den über 600 geringeren Geboten abgesehen, die die Thora enthielt und die nach der Lehre der Pharisäer ebenso wichtig waren. Nein, die Pharisäer waren

Idealisten genug, an die Durchführbarkeit dieser Idee zu glauben; sie mußten nur das Volk belehren, damit es die Gebote kenne. Sie zogen im Lande umher und gaben jeden Sabbat, wenn sich die Frommen in den Synagogen versammelten, Unterricht in der Kunde der Gesetze und ihrer Auslegung.

Für jeden Juristen ist das Gesetzbuch unantastbare Autorität. Das wiederholt sich überall. Er ist durch die Verhältnisse des Lebens aber oft gezwungen, die Gesetze durch Auslegung umzuformen und ihren Sinn bald zu erweitern, bald umzudeuten. Dann wird zwar der Buchstabe des Gesetzes gewahrt, aber eine neue Meinung künstlich untergelegt. Mit andern Worten, der Jurist hält sich an den Buchstaben, gleichviel, was mit ihm gemeint war.

Genauso taten die Pharisäer, mußten es tun, wenn sie zugleich dem Gesetze und dem Leben gerecht werden wollten. Das Gesetz trat auf mit dem Anspruch, von Jahweh gegeben zu sein. Für die Pharisäer wurde notwendige Voraussetzung ihrer Arbeit: es ist gotteingegeben bis zum letzten Buchstaben. Selbst offenbare Verschreibungen durften nicht verbessert werden, sie könnten einen juristischen Sinn haben. Die Schrift ist „vom heiligen Geist diktiert" — das war die Voraussetzung für ihre juristische Arbeit. Und diese juristische Behelfskonstruktion schleppen die Christen bis zum heutigen Tage weiter, trotzdem sie der Thora keine gesetzliche Kraft mehr zuerkennen. Außerdem beriefen sich die Pharisäer auf eine mündliche Überlieferung der Väter, die angeblich Moses bereits gegeben habe, also auf ein Gewohnheitsrecht.

Die Judäer wären nun freilich vor Langeweile aus den Synagogen weggelaufen, wenn die Pharisäer nur kniffliche Rechtsfragen behandelt, nicht auch gleichzeitig die Weissagungen der Propheten ausgelegt und an ihnen die Zukunftshoffnungen des Volkes aufgestachelt hätten. Dabei bedienten sie sich vielfach der allegorischen Methode, die die Griechen an ihren Sagen ausgebildet hatten. Nicht nur die Worte der Thora und der Propheten, die offen auf den künftigen Messias hinwiesen, wurden durch die Predigten der Pharisäer Allgemeingut der Bevölkerung; sondern zahlreiche Stellen, deren Zusammenhang einen ganz anderen Sinn ergibt, wurden durch allegorische Deutung in Weissagungen umgestaltet. Was die Psalmen zu Ehren altisraelitischer Könige sangen, das war nun alles messianisch zu verstehen.

Aber das Aufpeitschen der nationalistischen Hoffnungen war doch nur ein Mittel, um das Volk zur freiwilligen Einhaltung der Gesetze zu ermahnen und zu erziehen, deren Ergründung und Lehre der Lebenszweck der gelehrten Pharisäer war. Das Volk soll ein heiliges Volk sein, hieß es in der Thora. Zu solcher Heiligkeit anzuleiten, setzten sich die Pharisäer zur Aufgabe. Das war ihnen eine wichtigere Art der Vorbereitung auf das messianische Reich, als alle politische Zettelei des Tages.

Ein schriftgelehrter Pharisäer pflegte Schüler um sich zu sammeln, denen er die Kenntnis der Schrift im allgemeinen und dazu seine eigenen besonderen Auslegungen vortrug. Die Schüler mußten sich freilich in scheuer Unterordnung gegenüber dem Lehrer verhalten. „Rabbi", d.h. „Großer", redeten sie ihn an; das war sein Titel. Nie durften sie ungefragt sich an ihn wenden, sondern ehrfurchtsvoll hatten sie auf seine Belehrung zu warten und seine Aussprüche sich einzuprägen. Denn die Lehren der Rabbis durften nicht aufgeschrieben werden. Viele Generationen lang sind sie nur mündlich weitergegeben worden. Mindestens das Gedächtnis wurde dabei geschult, und das war natürlich bei den Judäern, die nur wenige Schriften hatten, überhaupt noch nicht so abgestumpft, wie bei den Zeitung lesenden Europäern.

Nach Juristenweise genügten den Pharisäern die mehr als sechshundert ausdrücklichen Satzungen noch nicht, die sie in der Thora zählten. Es schien ihnen ein Gesetzbuch nicht vollständig, das nicht für alle Fälle des Lebens eine Norm gab. Darum tiftelten sie noch ein vielfaches an Vorschriften aus den Gesetzen heraus. In der geschichtlich so vielschichtigen Gesetzessammlung gab es Bestimmungen, die in verschiedenem Wortlaut das gleiche anordneten. An ihnen grübelten die Pharisäer so lange herum, bis sie Unterschiede des Sinnes und der Anwendbarkeit herausgefunden hatten. Denn sie unterstellten, daß kein Wort im Gesetz unnötig stehe. Auch wenn ein Buchstabe dem Schreiber über oder unter die Zeile gerutscht war, gab das einen Anlaß zu besonderer juristischer Auslegung. Damit die Gesetze unter allen Umständen eingehalten würden, legten sie „einen Zaun darum", d.h. noch strengere Ausführungsbestimmungen. So wurde zum Beispiel aus der Bestimmung, man dürfe ein Böcklein nicht in der Milch seiner Mutter kochen, allmählich die Vorschrift herausgearbeitet, Milch müsse in eigenen Gefäßen aufbewahrt werden, die für nichts anderes verwendet werden dürfen. Kommt etwas anderes hinein, so soll das Gefäß zerbrochen werden[24]. Wer das strenge Gesetz hielt, war davor geschützt, aus Unachtsamkeit gegen das ursprüngliche Gebot zu verstoßen.

Aber diese ausgeklügelte Gesetzlichkeit stieß unvermeidlich mit den Notwendigkeiten des Lebens hart zusammen. Wie sollte namentlich die absolute Arbeitsruhe am Sabbat, die das Gesetz forderte, in einem landwirtschaftlichen Betrieb durchgeführt werden? Das Vieh braucht seine Pflege auch am Sabbat, und nicht alles läßt sich am Tage zuvor tun. Und durfte man die Pflege eines Kranken unterbrechen, wenn der Sabbat kam? Schon in den Schriften von Qumran taucht das Gebot auf, man dürfe ein

Stück Vieh, das am Sabbat in den Brunnen fällt, nicht herausholen. Aber welcher Bauer hielt sich an solche weltfremde Juristerei? Die Masse des Volkes konnte also die Vorschriften der Pharisäer gar nicht einhalten. Und darum füllten sich die Schüler der Pharisäer leicht mit hochmütiger Verachtung gegen die „Leute vom Lande", die das Gesetz läßlich nahmen und damit den Anbruch des Gottesreiches nach Meinung der Pharisäer verhinderten. Dennoch wurden die Rabbis nicht müde, auch diesen das Gesetz auszulegen. Um sich ihnen verständlich zu machen, bildeten sie die Kunst der Rede in Gleichnissen aus. Auch für sie gab es bald feste Traditionen. Wenn zum Beispiel der Schriftgelehrte von einem König sprach, so war immer Gott damit gemeint.

Die Pharisäer lehrten, daß der Mensch in der Todesstunde Gott schaue, der Gerechte zu seiner Seligkeit, der Böse zu seinem Entsetzen. Aber schon die Teilnahme an den drei großen Jahresfesten wurde (wenigstens im Rückblick, als der Tempel wieder zerstört lag) als ein Schauen der Schekhina, das heißt der Lichtfülle Jahwehs bezeichnet.

Die Unterweisung der Pharisäer war zu einem Teil moralisch: es war ihnen sehr ernst mit dem Streben nach einem reinen Herzen. Der böse Trieb wird als das Unreine am Menschen angesehen, rein und gut (oder judäisch gerecht) sind also gleichbedeutend. Nun wird aber dann der böse Trieb auch mit dem Geschlechtstrieb gleichgesetzt — wir haben ja gesehen, wie die Materie mit dem „Fleisch" und mit dem Begehren des Fleisches zur widergöttlichen Welt zusammenwuchs. — Nicht ein mönchisches Leben nach Art der Essener, aber ein keusches Leben strebten die Pharisäer an, und predigten es ihren Schülern. Darin sind sie Wegbereiter, nicht Gegner des Christentums. So priesen sie auch die Tugenden der Sanftmut (für seine Sanftmut wurde besonders Hillel berühmt, den Moderne zum Lehrer des Jesus gemacht haben), der Barmherzigkeit. Die von der Kirche gepriesenen sieben Werke der Barmherzigkeit finden sich in gleicher Weise in den rabbinischen Quellen. Auch das Wort: am Versöhnungstag werden nur diejenigen Sünden vergeben, wegen derer man sich mit dem benachteiligten Bruder versöhnt hat (ich habe nicht wörtlich übersetzt) zeigt den strengen sittlichen Geist dieser Gesetzlichkeit.

Nicht alle Schriftgelehrten waren Pharisäer. Sie waren eine Sondergruppe der Gelehrten. Als ihre kennzeichnende Lehre galt, daß sie eine Auferstehung der Toten verkündeten. Auch der Judäer, der starb, würde an der Herrlichkeit des messianischen Reiches und am Triumph über die verhaßten Heiden teilhaben, wenn er nur im Leben gerecht gewesen war. — Die Gerechtigkeit, die gemeint ist, ist die genaue Erfüllung der Gesetze. In diesem Sinne hieß der Führer der Essener Lehrer der Gerechtigkeit. Wir müssen immer diesen Sinn des Wortes „gerecht" uns vor Augen halten. Der gerechte Judäer ist z.B. derjenige, der seine Verpflichtungen genau einhält, aber auch auf der gleichen Einhaltung der Verträge beim andern besteht.[25]

Das gleiche ist gemeint, wenn die Judäer Gott als den Gerechten feiern. Sie meinen damit, daß er die Verträge einhalte, die er mit dem Volk Israel geschlossen habe, unabhängig davon, ob das Volk sie erfülle. Das heißt, er hält an den Versprechungen fest, dem Volke dermaleinst die Herrschaft über alle Nachbarn zu geben. Es ist also für unser Rechtsempfinden eine Ungerechtigkeit gegen die andern Völker, was die Judäer als seine Gerechtigkeit priesen. Wenn ein Christ von der Gerechtigkeit Gottes spricht, so denkt er bei dem Wort etwas ganz anderes.

War im Gesetzbuch festgelegt, daß die Judäer keine Ehegemeinschaft mit den Nachbarn haben sollten, so konnte doch ein Fremder, der sich im Lande niederließ und sich beschneiden ließ, in die Volksgemeinschaft aufgenommen werden. Das dehnten die Pharisäer[26] nun auch auf Fremde aus, die außerhalb des Landes sich dem judäischen Glauben zuwandten. Es scheint solche „Proselyten" unter den Griechen gar nicht wenige gegeben zu haben. Schien doch die mosaische Religion den einzigen Gott zu verkünden, den die griechischen Philosophen als höchste Erkenntnis lehrten. Mußten sich die suchenden Griechen nicht diesem Glauben zuwenden, der eine religiöse Form für ihre Erkenntnisse gab? Wer sich der judäischen Gemeinde anschloß, der hatte außer der Beschneidung auch noch ein Taufbad zu nehmen zum Zeichen, daß er künftig ein Reiner sein wollte im Sinne des Gesetzes.

Es war ein großer Fortschritt, daß die Pharisäer auch auf solche fremdstämmige Glaubensgenossen das Gebot der Thora ausdehnten: liebe deinen Bruder wie dich selbst.[27] Sie bahnten damit die Rechtsgleichheit der Judäer ohne Unterschied der Herkunft an. Nur die Priester und Leviten behielten einen Vorrang und mußten sich dafür besonders drückenden Reinheitsvorschriften beugen. Die Pharisäer scheinen sich der Werbung fremder Bekenner sogar mit besonderem Eifer angenommen zu haben.[28] Konnte es nicht dahin kommen, daß sich nach und nach auf diese Weise der Glanz Jahwehs allen Völker offenbaren werde, so daß sie sich freiwillig seinem Dienste zuwenden würden?

Aber weiter ging die Liebe der Pharisäer noch nicht. Poseidonios bemerkt tadelnd, daß die Judäer sich einen Gott nicht vorstellen könnten, der alle Völker und Menschen in gleicher Liebe umfasse. Ganz ebenso dachten sie auch nicht daran, die sozialen Gebote ihres Glaubens auf die Menschen im allgemeinen, z.B. auf die Samaritaner anzuwenden. Das eben unterscheidet sie von den Christen. Darin waren die Judäer nicht anders als die übrigen Völker ihrer Zeit; sie betrachteten die Heiden so wie der Grieche die Barbaren. Man bekommt den richtigen Maßstab, wenn man das Ver-

95

halten der Römer vergleicht. Diese ließen ihre Untertanen nach Willkür des Statthalters ausplündern und bei kleinsten Vergehen ausprügeln, bei Widersetzlichkeit ohne Rücksicht hinrichten. Sie betrachteten es aber als Bruch ihrer heiligsten Überlieferungen, wenn gegen den ruchlosesten Bürger, etwa einen Genossen in der hochverräterischen Verschwörung des Catilina, eine ähnliche Strafe verhängt wurde.[29] Gleiches Recht für alle Menschen, das gab es praktisch in vorchristlicher Zeit nicht; wie sollten die Judäer dazu kommen, darin anders zu denken als ihr Zeitalter?

Dagegen unterscheiden sich die Judäer und besonders die Pharisäer in einem andern Punkt von allem Hellenismus und allen umgebenden Völkern, nämlich in ihrer Angst vor dem Sexuellen. Wohl sind die Liebeslieder, welche in Judäa bei der Hochzeit gesungen wurden und im Hohen Lied der Bibel einverleibt wurden, von einer sehr unbekleideten Sinnlichkeit, die das ägyptische Vorbild dieser Lieder[30] weit übertrifft. Aber da handelt es sich eben um die Liebe derer, die zu Gatten füreinander bestimmt waren und durch diese Lieder auf die Brautnacht vorbereitet wurden. Gerade die abgründige Sinnlichkeit, die solche Lieder hervorbringen konnte, ließ das Begehren vor und außer der Ehe als besonders gefährlich empfinden.

Nun bestand überdies der Kult der syrischen Göttinnen mit seinen sexuellen Riten und öffentlichen Dirnen in dichter Nachbarschaft von Palästina weiter. Kaum gegen einen andern Kult hatten die Propheten mit zornigerem Eifer gepredigt. So hatte für den Judäer jeder geschlechtliche Umgang außerhalb der Ehe den Beigeschmack des verfluchtesten Götzendienstes.

Das hat sich um die Zeitenwende bis ins Hysterische gesteigert. Der Judäer sah in der sexuellen Begierde den Ursprung des Bösen überhaupt, nicht nur unter den Menschen (wie aus der Paradieserzählung jetzt herausgelesen wurde), sondern unter den himmlischen Mächten selbst. Im Buch Henoch wird das Begehren der Engel zu Menschentöchtern zum Drama erweitert, bei welchem diese von der Lust erfaßten Engel sich in Teufel verwandeln. Sonst sah man die Engel als Wesen ohne Geschlechtsleben an.

Aus solcher Sicht hat sich unter den Judäern eine Flucht vor dem Weibe entwickelt und auf das Christentum vererbt, die bis heute ihre unseligen Folgen hat. Schon der harmloseste Liebesgedanke erschien als sündig. Manche Rabbis bezeichneten nicht nur die Schenkel, sondern das Haar, die Stimme, die Augen des Weibes als unzüchtig schlechthin.[31] In ihrem Bestreben, jede Möglichkeit der Sünde auszuschalten, zogen sie jenen Haß gegen den Eros groß, der sich dann in der menschlichen Natur durch Fehlleistungen rächt und das Traumleben vergiftet. Das judäische Volk wurde für Neurosen überaus anfällig, die meist in Form von Besessenheit auftraten.

Es kann gar keinen größeren Gegensatz geben als diese Einstellung der Judäer zum Sexuellen und andererseits die Verherrlichung der Liebe in Platos Gastmahl als der Macht, die den Menschen stufenweise immer näher zu Gott emporführe.

Die Pharisäer kamen mit dem Herrscherhaus der Hasmonäer schon unter Hyrkanos in unversöhnlichen, immer weiter schwählenden politischen Gegensatz. Einer ihrer Führer forderte, daß Hyrkanos die Hohenpriester-würde niederlege und nur das Königtum behalte.[32] Unter Jannai, dem Sohn des Hyrkanos (104—76 v. Chr.) erlebten die Pharisäer eine grau-same Verfolgungszeit. Sie riefen sogar gegen den Blutherrscher einen griechischen König zu Hilfe; allerdings überwog dann doch, als er mit seinem Heer herangerückt kam, die nationale Empfindung, so daß sie bei der Abwehr wieder Jannai halfen. Dieser aber strafte nach dem Siege die Unzuverlässigen: 6000 soll er haben kreuzigen lassen.[33] Aber die Phari-säer hatten das Volk auf ihrer Seite. Auf dem Totenbett riet Jannai seiner Witwe, sich mit den Pharisäern zu verständigen.

Sie ist dem Rat gefolgt, und gab damit dem Lande ein Jahrzehnt inneren Friedens. Dann brach unter ihren Söhnen ein Bruderzwist aus, der Pom-peius mit dem römischen Heere, das in Syrien stand, willkommenen Anlaß zum Eingreifen bot. Pompeius belagerte Jerusalem, drang an ei-nem Festtag in die Stadt ein, und führte den aufsässigen jüngeren Präten-denten zum Triumph gefangen nach Rom. Auch den Tempel hat er betreten. Das judäische Lied sah den Tod des Pompeius, als er 15 Jahre später an der Küste Ägyptens erschlagen wurde und unbegraben blieb, als Gottes Strafe für die Entweihung des Tempels. an. Aber damit wurde das Geschehene nicht ausgeglichen. Judäa blieb seitdem ein Vasallenstaat Roms, der von dessen Machthabern seine Befehle empfing, wie die heu-tigen Hälften Deutschlands von Washington und Moskau. Dem letzten Hasmonäer blieb nur die Hohenpriesterwürde, während Rom ihm einen landfremden Edomiter Antipatros[34] als Vezier aufnötigte, der die Politik des Landes im Sinne Roms verwaltete.

Anmerkungen

1   Polybios 29,27 daraus Livius 35,12,3—7 u.a.
2   Ginsberg Vetus Testamentum IV 246 ff u.a. setzen die ersten Teile des Buches Daniel in die Diadochenzeit. Das hat viel für sich; vor allem würde es erklären, weshalb das Buch kanonisch wurde, im Gegensatz zu aller andern Literatur der Makkabäerzeit.
3   Ich kann diese allerdings nicht in den Quellen nachweisen.
4   Sie hießen nach einem Zadok, d.h. dem Gerechten. Die Schreibweise Sadduzäer ist etymolo-gisch eine Unform.

5 Nachdem die Rollen vom Toten Meer gefunden worden waren, entstand großer Streit über die Bedeutung der darin mehr vorausgesetzten als beschriebenen Ereignisse. Meine Auffassung, die ich schon in Forschungsergebnisse unserer Zeit IV 1959, S. 179 ff kurz dargelegt habe, ist folgende. Die Damaskusschrift spricht davon, daß der Zorn Jahwehs 390 Jahre gedauert habe und dann noch 20 Jahre lang Israel in die Irre ging. Das bedeutet, die neue Gemeinde, die das nicht irrende Israel sein will, muß zwanzig Jahre nach einem Ereignis gegründet sein, das als Aufhören des göttlichen Zornes empfunden wurde. Dies Ereignis können nur die Siege des Judas Makkabäus sein. Es sind zwar nach unserer Rechnung seit der Zerstörung von Jerusalem, die ausdrücklich in der Zeit des Zorns miteinbegriffen ist, bis dahin ca. 420 Jahre. (Die Deutung von Rabinowitz ist an den Haaren herbeigezogen.) Aber wir wissen aus Buch Daniel, wie ungenau die Überlieferungen über die Perserzeit waren; wir dürfen keine chronologische Genauigkeit erwarten. Siehe auch J. Hahn in Qumran Probleme hgg. v. H. Bardtke 1963, S. 167 ff.
Demnach fällt das erste Auftreten des Lehrers der Gerechtigkeit in die Jahre um 146 v. Chr. Nun sprechen die Dankpsalmen von den Anfechtungen durch die Gefolgschaft Belials, die er in seinen Anfängen zu erleiden hatte, aber auch daß er (nach vorübergehender Flucht) Tausenden zur Leuchte hat werden können. Diese Anfechtungen fallen also in dieselben Jahre um 145. Daraus ergibt sich mit Notwendigkeit, daß Jonathan, der Bruder des Makkabäus, der „böse Priester" der essenischen Schriften ist.
Und dazu stimmt, daß nur von ihm gesagt werden konnte, daß er die Reichtümer der Gewaltmenschen an sich nahm, die das Gesetz verachteten. Diese Gewaltmenschen sind Jason, Menelaos und Alkimos, kurz die Vertreter der hellenistischen Richtung. Im Gegensatz zu ihnen ist Jonathan zuerst „nach der Wahrheit benannt", d.h. das Haupt derer, die das Gesetz festhalten wollten. Und so stimmt auch das schreckliche Ende, das er genommen hat, zu den Andeutungen des Habakuk-Kommentars. (Die Trunksucht ist nur bildliche Redeweise, die der Habakuk-Text notwendig machte — sofern hier derselbe Priester gemeint ist.)
Natürlich hatte die Gemeinde auch weiterhin Anfechtungen durchzumachen. So halte ich den „Prediger der Lüge" für eine spätere Person, entweder für Hyrkanos oder wahrscheinlicher für den Begründer der Saddukäer-Sekte, die mit ihrer Devotion gegen Hyrkanos für die Essener recht als durch Lüge irre geführt erscheinen mußte.
Ich glaube, diese These ist diejenige, in die sich die überlieferten Andeutungen der Schriftrollen am genauesten einordnen, und darum habe ich sie meiner Darstellung zugrunde gelegt. Daß Josephus die Sekten gerade zu diesem Zeitpunkt zuerst erwähnt, bestätigt den Schluß.
Über die Abhängigkeit der Qumran-Leute von Zarathustra vgl. H. G. Kuhn, Z.f. Theologie und Kirche NF 22, 1952, S. 296 ff.
6 Der Ausdruck, den Burrows mit „auf die Trompete schreiben" übersetzt, muß bedeuten „mit der Trompete blasen".
7 Das „Haus Absalom" des Habakuk-Kommentars (Q 1 Hab V 9 f).
8 Damaskus ist Deckname für eine heidnische Fremde, wie in der Gnosis Ägypten. Es könnte sogar Qumran gemeint sein, wenn die Damaskusschrift kurz nach 89 v. Chr. geschrieben ist, als die Gegend von Qumran zum Nabatäerreich gehörte, wie auch Damaskus. (So auch Bardtke Die Handschriftenfunde vom Toten Meer Bd. II, 1958, S. 193.)
9 Die Zahlenangabe der Dankpsalmen stimmt mit der von Plinius und Josephus überein. Und es ist wahrscheinlich, daß die Sekte zwar anfangs einen großen Aufschwung genommen hat, danach aber stagnierte.
10 Der Hauptfriedhof von Qumran ist ein reiner Männerfriedhof; der kleinere abgetrennte Teil, der auch Frauen- und Kindergräber enthält, mag für auswärtige, auf Besuch nach Qumran gekommene Familien angelegt sein.
11 Zwischen dem Kommunismus des Vermögens, den die antiken Quellen bezeugen, und dem Privatbesitz am Tagelohn, den die Damaskusschrift voraussetzt, ist kein Widerspruch. Die Gelehrten, die daran Anstoß nehmen, haben sich die Realitäten des Lebens nicht klar gemacht.
12 Die wenigen sorgsam bestatteten Tierknochen mögen von verendetem Milchvieh herrühren. — Selbst das Passah-Opfer scheinen die Schriften von Qumran symbolisch wegzudeuten.
13 Josephus B. J. II 128 ist αυτο statt αυτον zu lesen: „das Göttliche", nicht „die Sonne" verehren die Essener bei jedem Sonnenaufgang, wie uns der Schlußpsalm des Handbuchs (Q 1 S X 1 ff) ausdrücklich bezeugt. Sonnenanbetung wäre für jeden Judäer gräuliches Heidentum. Der Hiatus ist bei Josephus kein Gegengrund gegen die sachlich geforderte Emendation. Allerdings hatte schon Porphyrios (de Abstinentia IV 12, Anfang) den verderbten Text vor sich.
14 Dankpsalmen (Q 1 Hodayot III 31).
15 Anders urteilen J. Lehmann, Jesus Report 1970 und M. Craveri Das Leben des Jesus von Nazareth (deutsch 1970) S. 75f. Alle die Vermutungen, daß Johannes etwa bei den Essenern aufge-

zogen worden sei, sind reine Phantasie. Das einzige, was beide verbindet, ist die Erwartung des nahen Gerichts — und die war allgemein verbreitet, — und die vegetarische Nahrung, die bei Johannes aber ganz anders zusammengesetzt ist, als bei den Leuten unter den Dattelpalmen (Plinius n.h. V 73) von Qumran. Des Johannes Taufe hat mit den täglichen Waschungen der Essener nur den Gebrauch des Wassers gemein, aber nicht die symbolische Bedeutung. Und der Ort, an den das Joh.-Evangelium I 28 die Taufe des Johannes verlegt, ist immerhin durch 40 km Gestrüpp und Wüste von Qumran getrennt. Der sogenannte Essäerbrief ist eine Fälschung (ca. 1800 n. Chr.)

16 Q 1 M III 6 nach der Übersetzung bei Burrows. H. Bardtke übersetzt: „Er nimmt die den Gotteshassern erwiesene Huld zurück".

17 Ausdrücklich sagt Josephus, daß er ihnen gewogen war: dieser von mir vermutete Arbeitseinsatz rettete sie über die Not nach dem Erdbeben.

18 Josephus B. J. II 567 berichtet speziell von einem essenischen General im Verzweiflungskrieg.

19 Das Werk ist uns in zwei sehr voneinander abweichenden Fassungen erhalten. Es ist also durch mehrere Bearbeitungen gegangen. Aber die Hauptteile tragen doch den Stempel einer ganz bestimmten Persönlichkeit. Widersprüche in den Gedanken eines unklaren, vielleicht sogar geisteskranken Kopfes darf man nicht auf verschiedene Verfasser aufspalten.

20 Vgl. meine Geistesgeschichte der Frühzeit, 1960 I, S. 67.

21 Z.B. die Testamente der 12 Patriarchen. NB. Die angeblichen christlichen Interpolationen in diesen sind eine willkürliche Annahme: alle Ausdrücke über den Messias darin lassen sich judäisch verstehen.

22 Pharisäer heißt die Abgesonderten. Sie tragen den Namen davon, daß sie sich von den Chassidim abgespalten haben. Sind sie identisch mit den „Kriegsleuten", die nach der Damaskusschrift B XX 14 und Q 1 Hab II 2 f, mit dem Mann der Lüge „zurückgekehrt" sind? Ich verstehe „Kriegsleute" als Selbstbezeichnung der Essener, und „zurückgekehrt" in die Gemeinschaft der anderen Judäer, ins Getriebe des Lebens, dem die Essener sich entzogen.

23 Ich schildere hauptsächlich nach den Zitaten bei Strack-Billerbeck.

24 Ich nehme das Beispiel aus dem heutigen Brauch der Juden, ohne damit über dessen Alter ein Urteil abgeben zu wollen. Er macht anschaulich, wie sinnvoll diese juristischen Ausweitungen der Gebote doch waren.

25 Shylock ist ein Zerrbild dieser „Gerechtigkeit"!

26 Denn ausdrücklich ihnen schreibt das Evangelium die Werbung der Proselyten zu.

27 Und zwar in sehr weitherziger Weise: man soll vor einem Proselyten oder seinem Nachkommen auch nichts abschätziges über die Heiden sagen, weil es seine Gefühle beleidigen könne.

28 Matth. 23,15.

29 Daß er darin gegen das ungeschriebene Gesetz Roms verstoßen hatte, brachte Cicero in die Verbannung.

30 Jetzt allgemein zugänglich durch S. Schott „Altägyptische Liebeslieder" 1950, Zürich.

31 Strack-Billerbeck I S. 299, vgl. Psalm Salomo IV 5 „Durch die Augen hält er mit jedem Weib sündige Verabredung".

32 Josephus Ant . Jud. XIII 291 f. Der Grund, der hier angegeben wird, daß die Mutter des Hyrkanos einmal in Gefangenschaft war, und als Gefangene vermutlich der geschlechtlichen Gier der Sieger preisgegeben, also nicht mehr rein genug, um einen Hohenpriester zu gebären, wird von Josephus als Verleumdung bezeichnet. Aber war nicht ein Feldherr, der in den Krieg zog wie Hyrkanos, notwendig durch Berührung mit Toten befleckt und darum zum Priester ungeeignet?

33 Man darf bei solchen orientalischen Gräuelnachrichten damals wie heute ruhig eine Null abstreichen, und wird damit der Wahrheit näher kommen.

34 Trotzdem er Proselyt war, ist er von den Judäern nie anerkannt worden.

2. Die Religionen im Zeitalter
der römischen Bürgerkriege

Nach der Mitte des 2. Jahrhunderts v. Chr. entdeckte der alexandrinische Astronom Hipparchos, daß sich der Frühlingspunkt, an dem die Sonne bei der Nachtgleiche steht, und von dem aus die Gradeinteilung der Ekliptik gerechnet wurde und auch heute noch gerechnet wird, nach rückwärts verschiebt.[1] Sogleich bemächtigte sich die Astrologie der neuen Entdeckung. Wenn der Frühlingspunkt aus dem Sternbild des Widders demnächst in das Sternbild der Fische übertrat, so mußte damit ein neues Weltzeitalter beginnen, ein neuer „Aion".[2] Waren die unerhörten politischen Erschütterungen, die man erlebte, vielleicht die Geburtswehen dieses neuen Zeitalters?

Für die Astrologen wurde mit diesem Gedanken das Zeichen des Tierkreises selbst ein „Aion", ein Zeitalter mit bestimmter Eigenrichtung. Und wer sich in den Formeln der Sterndeuterei wenigstens etwas zu denken suchte, dem war das Tierkreiszeichen die Schicksalsmacht selbst, die von ihm ausging: dort in den Sternen wohnten die Aionen, die schicksalbestimmenden, die sich der Reihe nach ablösten. Diese zwölf Aionen wurden zu Göttern einer neuen Mythendichtung.

Der Gedanke, daß ein neues Weltzeitalter anbreche, hat seine weltbewegende Wirkung in Palästina geübt, wo er durch die altisraelitischen Prophezeiungen vorbereitet war. Aber er war nicht auf die Welt Israels beschränkt. Er hätte auch in Iran zünden können, wo die Herrschaft der Parther um diese Zeit die Griechen verdrängte. Aber dort rechnete man, daß die tausend Jahre seit Zarathustra, die sein Zeitalter im Kampf zwischen Licht und Finsternis bilden sollten, noch nicht abgelaufen seien.[3] Dagegen sproßte bei den Griechen die Hoffnung auf einen Heiland, der sie aus der furchtbaren Not erretten würde. Zuerst trat in Kleinasien beim Aussterben der Könige von Pergamon (133) ein angeblicher Prinz auf, der den „Sonnenstaat" verwirklichen wollte — eine Utopie, schriftlich von einem Dichter niedergelegt, mit Zügen des platonischen Idealstaates. Aber wie immer, wenn solche Dichterträume verwirklicht werden, artete der Sonnenstaat in grauenvolle Pöbelherrschaft aus. Einen neuen Dionysos erwarteten die Griechen: den Befreiergott, den Gott der Freude, der sie nach all der Betrübnis und Bedrückung in eine bessere Zeit führen sollte. Immer wieder legten sich die Herrscher des ersten Jahrhunderts diesen Gottestitel bei — in Ägypten, in Syrien, und vorher schon vor allem der furchtbare Mithridates von Pontos, der die Befreiung von Rom damit vorwärts trieb, daß er alle Italiker, deren er in Kleinasien habhaft wurde, an einem Tage hinschlachten ließ. Wie ungeheuer muß

100

der Haß gegen Rom gewesen sein, daß solchem Blutbefehl gehorcht wurde! Natürlich endete dieser Blutherrscher, obwohl ihm der innere Zwist in Rom eine unverdiente Schonzeit gewährte, im Zusammenbruch seines Reiches durch Selbstmord. Alle feiner empfindenden Gemüter hatten sich ihm innerlich entfremdet: da hätte auch das machtvollste Reich nicht bestehen können.

Eine wirkliche Besserung der Verhältnisse kam nicht von solchen politischen Heilanden, sondern dadurch, daß die Philosophen der Stoa Einfluß auf die höheren Kreise Roms und ihre Jugenderziehung gewannen. Panaitios formte die römische Reichsidee, die dann noch von den germanischen Völkern übernommen bis in unsere Tage weitergewirkt hat. Er setzte das römische Reich dem Universalstaat gleich, den die Philosophen forderten. Die Stoiker wollten Weltbürger sein: hier war das Reich, das alle einzelnen Städte überspannte. Und darum müsse in diesem Weltstaate auch das moralische Weltgesetz herrschen. Die Zeitgenossen des Panaitios werden das als unverschämte Speichelleckerei vor den römischen Großen empfunden haben: zu schrill war der Gegensatz zwischen den idealen Forderungen und der qualvollen Wirklichkeit. Aber es war pädagogisch gemeint. Wenn je ein Mann gezeigt hat, daß man Menschen durch Ideale erziehen kann, so ist es Panaitios gewesen. Nur einzelne Römer öffneten ihm bei Lebzeiten die Ohren[4]; aber die nachfolgende Generation hat den Anspruch, den sie, sich selbst schmeichelnd, weitertrug, auch als Pflicht empfunden ihm nachzuleben. Ein großer Teil von ihr versuchte die Gerechtigkeit, die sie im Munde führte, und die stoische Tugend des Maßhaltens auch den Untertanen gegenüber zu bewähren.[5]

Das Werk des Panaitios hat der große Poseidonios weitergeführt. Er hat in den ersten Jahrzehnten des ersten Jahrhunderts v. Chr. die gesamte griechische Philosophie zusammengefaßt[6] und mit dem Ansehn, das ihm als dem größten Gelehrten seiner Zeit zufiel, die Staatsmänner Roms erzogen. Cicero, Pompeius, Caesar sind unter seinen Hörern gewesen. Für die Religionsgeschichte aber bedeutet er noch anderes: bei ihm nahm die Philosophie die Wendung zur Mystik.

Er stammte aus Apamea in Syrien, wo griechische und asiatische Art sich mischten Er selbst verband die altgriechisch-jonische Aufgeschlossenheit für alle Erscheinungen der Welt und den Wissensdrang der Jonier mit dem religiösen Ernst, den man wohl zu Unrecht als Zeichen semitischer Abkunft gedeutet hat. Ist doch sein religiöses Gefühl das allumfassende griechische, wie es schon ähnlich in den Chorgesängen des Aischylos erklungen ist. Eher könnte man des Poseidonios Freude an starken rhetorischen Effekten der Sprache als semitisch deuten, wenn nicht gerade dieser Zug der griechischen Redekunst so sehr anhaften würde. Die sprachliche Eigenwilligkeit des Poseidonios hat eine bedauerliche Folge gehabt. Während sie bei seinen Lebzeiten die Hörer aus aller Welt anlockte, verloren die Leser beim Wechsel der Stilmode, den die unübertreffliche Sachlichkeit von Caesars Schriften einleitete, den Geschmack an des Poseidonios Schreibart. So sind uns nur Bruchstücke und Zitate erhalten, vielfach ohne Namen. Aber ausgeschrieben haben ihn die nachfolgenden Geschlechter in hohem Maße. Trotz dem Verlust seiner Schriften ist also seine Denkarbeit nicht nutzlos verhallt.[7]

Er war Forscher in allen Wissensgebieten. So war er der erste, der Ebbe und Flut des Meeres durch die Anziehung des Mondes erklärt hat. Den Zusammenhang der Gezeiten mit dem Monde hatten die Schiffer natürlich längst erkannt, die wissenschaftliche Formel dafür aber hat Poseidonios gefunden.

Als Geschichtsschreiber hat er die Vorgänge seiner Zeit festgehalten — die lebendige Erinnerung an die Gracchen, an die Züge der Kimbern und an die Schrecken des ersten römischen Bürgerkrieges geht zu großem Teil auf ihn zurück. So verdanken wir ihm vor allem die ersten getreuen Schilderungen über das Wesen der Germanen und ihre Bräuche. Die Geschichtsauffassung, die aus seinem Werke leuchtete, war die des griechischen Weisen und Erziehers. Streng ablehnend urteilt er über all die Volksführer, die mit heißem Herzen, aber wirren Köpfen in bester Absicht doch nur Unruhen und Gewalttat heraufbeschworen hatten. Sondern das irdische Heil war nur zu erreichen durch die Selbsterziehung der herrschenden Aristokratie. An ihr hatte er keinen geringen Anteil und hat dadurch selbst an der Befriedung der Welt mitgewirkt.

Aber das eigentliche Ziel seiner Forschung war Gott, war die Philosophie, die unter seinen Händen das Suchen nach Gott wurde. Alle alten Systeme der Eleaten, der Pythagoräer, Heraklits nahm er in sich auf, wenn sie nur Wege zu Gott zu zeigen schienen; vor allem aber die Lehren des herrlichen Platon. Er selbst hielt sich zwar zur Schule der Stoa, aber er hat alles getan, um diese Schule aus einer philosophischen Sekte zu einem allumfassenden Sammelbecken aller Weisheit auszuweiten.

Das Hauptproblem der Zeit war dieses: Die Messungen der Astronomen hatten gezeigt, daß die Sonne und andere Gestirne, selbst der nächste Weltkörper, der Mond, in Entfernungen um die Erde kreisten, die alle bisherigen Denkkräfte überstiegen. Wie mußte der Himmel selbst in endlose Entfernung zurückweichen. Aber der Himmel, das war doch Zeus selbst, oder mindestens seine Wohnung. Wie sollte ein so unendlich entfernter Gott sich um die Erde und die Menschen auf ihr kümmern können? War da nicht die Meinung des Epikur berechtigt, daß die Götter in einem seligen Jenseits wohnten, unerreichbar für den Schmerz der Erde und die Gebete der Menschen?

Poseidonios hat selbst Messungen angestellt, die die Ferne der Gestirne bestätigten.[8] Aber mit der ganzen Gewalt seiner Leidenschaft hat er sich gegen die epikuräische Folgerung gewendet. Das All sei ein Kosmos, eine Ordnung, durch die Bande der Sympathie verbunden. Zeigte nicht der Einfluß des Mondes auf die Gezeiten, daß die Entfernungen des Himmels von den himmlischen Kräften mühelos überwunden wurden? Auch die Wirkung der Planeten auf das menschliche Schicksal ließ Poseidonios gelten, da sie als ein Beispiel der alldurchwaltenden Sympathie sich seiner Lehre gut einfügte. Aber über dem Schicksal stehe noch die Natur, und über der Natur der große Zeus mit seiner liebenden Fürsorge für alle Menschen ohne Unterschied der Völker. Auch die Planeten können nichts gegen seinen Willen verhängen; sie sind nur Vermittler seiner Kräfte. Ebenso wurden die untergeordneten Gottheiten, von denen der griechische Glaube wimmelte, zu vermittelnden Wesen zwischen Zeus und den Menschen. Sie näherten sich den Engeln des Israelitischen Weltbildes. An ihrer Spitze der Logos, das muß hier übersetzt werden: das Weltgesetz.

Platon hatte die menschliche Seele einem Gespann verglichen, dessen Lenker, die Vernunft, zwei ungleiche Rosse zu bändigen habe: den stürmischen Mut und das zur Trägheit neigende sinnliche Begehren.[9] Poseidonios übernahm diese Lehre, nur faßte er die beiden niederen Seelenteile als das Tierische im Menschen zusammen und stellte sie dem göttlichen Seelenteile entgegen. Da wurde vernünftig handeln soviel wie göttlich handeln und darum gut; den Begierden folgen aber ist tierisch und schon deswegen sündig. Wir sehen hier zwei fremde Begriffe in die griechische Philosophie eindringen: den Begriff des Tieres als eines minderwertigen Geschöpfes und den Begriff der Sünde. Denn für den alten Griechen gab es wohl den Begriff Hybris, welcher das Übermaß, die Selbstüberhebung jeder Art als gottlos kennzeichnete. Aber ihnen war es die größte Hybris, sich den Göttern gleichzustellen. Für Poseidonios und alle, die ihm gefolgt sind, ist der Affekt selbst schon sündig; er möchte wie ein orientalischer Mystiker frei von allem Begehren werden. Dies war zwar ein logisch notwendiger Schluß aus dem platonischen Seelengleichnis; aber enthielt eine seelische Umstimmung. Poseidonios ist der erste Mensch der griechischen Welt, bei dem wir es belegen können, daß ihm der Lebenswille selbst minderwertig erschien. Vorgänger hat er darin im indischen Lebenskreise; aber dort war es die Qualvorstellung der Wiedergeburt in Tiergestalt, die das Dasein entwertete. Bei Poseidonios hat sich die Vernunft als selbständige Kraft von den Lebensvorgängen abgelöst: damit ist eine Zwiespältigkeit in das Dasein gekommen. Sie mag sich am leichtesten als der Streit widersprechender Erbanlagen verstehen lassen. Man mißverstehe dies nicht als Werturteil. Im Gegenteil, bei Poseidonios scheint (wie bei Schopenhauer) eine ungewöhnlich klare Vernunft als Erbteil der Herrenvölker, und darum auch mit dem Anspruch, zu herrschen, zusammengekommen zu sein mit dem dumpfen, aber biologisch starken Lebenstriebe der ungeistigen Rasse der Unterschichten. Da mußte jenes zwiespältige, sinnenfeindliche Lebensgefühl entspringen, das Poseidonios mit der Weltfluchtbewegung der nachfolgenden Jahrhunderte gemeinsam hat.

Aus der Hochwertung der Vernunft und der Abwertung der Sinnlichkeit ergab sich notwendig, daß die reine Vernunfterkenntnis dem Poseidonios höher galt als die Wissenschaften der sinnlichen Erfahrung. Waren ihm doch selbst seine Erkenntnisse zunächst durch das reine Denken gekommen, auch wenn er sie nachträglich durch Messungen bestätigt hatte. Die innere Sicht ist das höhere Erkenntnisvermögen, besonders für die göttlichen Dinge, die man mit den Sinnen nicht wahrnehmen kann. Aus ihr stammen alle wahren Weisungen und Orakel für das Leben.

Dies ist in gewissem Sinne eine Rückkehr zu Sokrates, der seinem Daimonion folgte, und zu Platon, dem die Schau der höchsten Ideen der Sinn der Philosophie war. Aber praktisch ist es ein neues Ziel: nicht mehr die handfeste Tüchtigkeit fürs Leben wie bei Sokrates ist der Inhalt der Tugend, sondern allein die abgeklärte und alle irdischen Güter als nebensächlich wertende Weisheit des Mannes, der um der Suche nach Gott willen alles andere hinter sich läßt. Zwar hat Poseidonios sich nicht aus der Welt zurückgezogen; er hat als Staatsmann seiner Vaterstadt gedient und, wie erwähnt, noch weit über sie hinaus gewirkt. Aber leicht konnte die Lehre in Weltflucht umschlagen, wenn die Schüler sie folgerichtig weiterführten.

Der Einfluß des Poseidonios ist unermeßlich gewesen. Das Beste im römischen Schrifttum des Cicero und Vergil ist Nachhall seiner Lehren. In Kleinasien, in Ägypten begegnen wir sicheren Zeugnissen, und auch das Judentum ist seinen Gedanken nicht verschlossen geblieben. Es dankte ihm einen großen Teil seines neuen Auftriebes. Das ist am deutlichsten bei Philo von Alexandria zu belegen, der ganz in poseidonischem Fahrwasser gesegelt ist; aber noch ein größerer wird uns begegnen, der die Gedanken des Poseidonios aufgenommen und verarbeitet hat.

Betrachten wir zuerst den unmittelbaren Segen, den die Philosophie im römischen Weltreich gestiftet hat.

Seit dem zweiten Viertel des 1. Jahrhunderts v. Chr. kam ein neuer Zug der Verantwortung für die Untertanen in die römische Politik. Lucullus gab Schuldenerlaß, Pompeius Friedensordnung und Caesar die genaue gesetzliche Regelung der Einkünfte, die der Statthalter fordern dürfe.

Zuletzt schaffte Caesar die Schuldknechtschaft überhaupt ab. So atmeten die Provinzen auf, bis ein neuer Bürgerkrieg, der über sie hintobte alles wieder in Frage stellte. Da hat die kluge, ägyptische Kleopatra den Römer, der die östliche Welt beherrschte, den Antonius, als den neuen Dionysos begrüßt, dem sie selbst als neue Liebesgöttin entgegenfuhr. Beglücker ihrer Völker wollten sie sein. Auf der Gegenseite in Italien aber besang gleichzeitig Vergil ein neugeborenes Kind, das Aussicht hatte, der Erbe des Caesar zu werden, als den Bringer des neuen goldenen Zeitalters[10]. Da das Kind nicht mit Namen bezeichnet ist, hat die spätere Zeit das Gedicht als Weissagung auf Christ bezogen. Man liest jedenfalls heraus, wie auch die römische Welt sehnsüchtig nach dem Erlöser aus der Not der Bürgerkriege ausspähte. Darf man sich wundern, daß sie dem Augustus, der den Frieden wirklich brachte, Altäre errichtete und ihn als Göttersohn[11] und schließlich direkt als Gott[12] verehrt hat?

Aber eben dadurch, daß Augustus den Friedenstraum der Menschen annähernd erfüllte, kam es den Menschen zum Bewußtsein, daß dies nicht die Erlösung war, die ihrer Seele, ihrem lichten Teile, zugute komme. Die dualistische Weltansicht mußte dieses Reich entwerten, das doch nur die Außenwelt, die Welt der Finsternis ordnete und das Wesentliche, die Seele, unerlöst ließ.

Tatsächlich war das Reich, das Augustus aufrichtete, für jeden, der sittlich höhere Ansprüche stellte, voll ärgster Verworfenheit. Schon die Verfassung, die Augustus gab, war Lüge; sie sollte den Schein der Freiheit vortäuschen, während er selbst tatsächlich die ganze Macht in Händen behielt. So blieb auch die Religion der Vorfahren, die er wiederherstellen wollte, ein Scheingebilde. Mochten Dichter und Künstler sie mit ihrer Begeisterung zu beleben suchen, wie etwa Horaz in seinen Römeroden: das Schlußwort war doch, daß die Jugend der Gegenwart ein entnervtes Geschlecht sei, durch übermäßige, vorzeitige Wollust entkräftet, den Anstrengungen nicht mehr gewachsen, mit denen die Vorfahren das Reich aufgerichtet hatten.[13]

Vielleicht den besten Blick in die Verhältnisse gibt uns der begabteste und verdorbenste unter den Dichtern des augusteischen Hofes. Ovid ist der Dichter der Liebe, aber nur der fleischlichen Wollust. Er hat sich in all die heiklen Szenen der alten Mythologie hineingedacht und sie ins hellste Leben gerufen. Selbst wo er die Verwandlungen der Vorzeit schildert, von denen die Sagenwelt so voll war, lauert die sinnliche Gier im Hintergrunde; es ist nun einmal so, daß die lebhafte Vorstellung einer körperlichen Verwandlung den Menschen geschlechtlich erregt. Ganz abgesehen davon, daß diese Sagen auch reichlich Gelegenheit boten, schlüpfrige Motive einzufügen. Es war nicht ganz zu Unrecht, daß Augustus dem Dichter die Schuld gab, seine Enkelin sittlich verdorben zu haben.[14] Nur daß mit Ovid's Verbannung nach Tomi (Constanza am Schwarzen Meer) die römische Gesellschaft, für die er gedichtet hat, um keinen Hauch gebessert wurde.

Und doch klingen selbst in diesem allzumenschlichen Dichtwerk bisweilen spielerisch Töne an, die aus einer tieferen Gottesauffassung stammen. Gewiß nicht vom Dichter erfunden: sie sind ihm durch die Zeitluft zugeweht. Die Gottheit ist mild und vergibt gerne den Fehler, wenn er bereut wird, sagt er bei der Erzählung von Midas, dem törichten Könige.[15] Gleichviel aus welcher Philosophie oder Kultlehre er das hat,[16] es ist die Vorwegnahme eines christlichen Gedankens. So sehr war die christliche Grundstimmung schon in der griechisch-römischen Weltsicht vorbereitet. Die Frivolität und der höfische Schein waren eben doch nicht der einzige Lebensinhalt. Schon die griechischen Romane der gleichen Epoche sind geradezu entgegengesetzt eingestellt.[17] Sie zeichnen regelmäßig das Schicksal eines treuen Liebespaares, das, durch seltsamste Schicksale auseinandergerissen, sich dennoch keusch die Treue bewahrt[18]. Sie setzen sich unmittelbar in der christlichen Literatur fort. Die Widerstandskraft gegen geschlechtliche Versuchung ist das eigentliche Heldentum ihrer Figuren. Diese muß also in den mittleren Schichten, die diese Erzeugnisse lasen, ein allgemeines Ideal gewesen sein.

Anmerkungen

1   Daß diese Entdeckung von Kidenas (Kidinnu) gemacht wurde, wie P. Schnabel, „Berossos . . .“ 1923, S. 211 gefolgert hatte, hat aus keilschriftlichen Urkunden F. Kugler „Sternkunde und Sterndienst in Babel“ II 2, 1924, S. 583 ff widerlegt. Sie bleibt Entdeckung des griechischen Astronomen Hipparchos, dem bei der Anfertigung seines Sternkataloges (134–128 v. Chr.) auffiel, daß die Positionen gegenüber den von Timotheos anderthalb Jahrhunderte zuvor verzeichneten jeweils um 2° abwichen.
2   Genauso, wie wir heute vom neuen Zeitalter des Wassermanns fabeln. — Über die Bedeutungs-Entwicklung von Aion siehe Pistis Sophia.
3   Später wurde daher die seit Zarathustra verflossene Zeit weitaus zu kurz gerechnet, weil der Shaoshant ausblieb, der nach tausend Jahren fällig gewesen wäre.
4   Vor allem der jüngere Scipio Africanus und sein Kreis.
5   Siehe U. Kahrstedt, Geschichte des griechisch-römischen Altertums, S. 278, 280.
6   Vgl. über ihn besonders K. Reinhardt: Kosmos und Sympathie; derselbe: RE XXII 1 Sp. 558 ff s.v. Poseidonios.
7   Allerdings darf man nun auch nicht alles, was an Popularphilosophie stoischer Färbung aus den folgenden Jahrhunderten überliefert ist, unbesehen zur Rekonstruktion der poseidonischen Philosophie verwenden, wie eine Zeit lang üblich war.
8   K. Reinhardt RE a.a.O. Sp. 686 bezeichnet sie als Schätzungen, gibt aber zu, daß es die genauesten im Altertum gefundenen Abstandsangaben sind.
9   Es kennzeichnet die weltabgewandte Stellung der Philosophen zum Erwerbsleben, daß Platon diesem Begehren Trägheit zuschreibt.
10 Ich schließe mich der Auffassung an, daß die 4. Ekloge den jungen Marcellus meint, der noch nach seinem Tod in Aeneis VI einen wehmütigen Nachruf des Dichters erhält.
11 Er galt als Sohn des Apollon.

12 Angedeutet schon Horaz carm. I,2
13 carm. III,6.
14 Vgl. Dessau, Geschichte der römischen Kaiserzeit I S. 468 f, 533.
15 Metam. XI 134.
16 Meine Tochter macht mich darauf aufmerksam, daß Ovid die Clementia Caesaris als Vorbild für das Verhalten eines Gottes vorgeschwebt haben könne. Das ist sehr ansprechend.
17 E. Rohde, Der griechische Roman 2. A. 1900 bleibt die beste Zusammenfassung. Vgl. jetzt Merkelbach „Roman und Mysterium", der aber zu viel Isis herausliest.
18 Bei Longus und Achilleus Tatius erliegt der männliche Partner allerdings je ein einziges Mal der Verführung durch eine bejahrtere Frau.

In den Stürmen der Bürgerkriege bemächtigte sich auch der Römer und der aufgeklärten Griechen ein neuer Drang zur Religion. Und zwar suchten sie nicht nach den angestammten Mythen und Kulten; die hatte die Philosophie allerdings zu sehr entwertet. Sondern sie wandten sich geheimen mystischen Lehren oder exotischer Weisheit zu. Auch solche Kulte kamen wieder zu Ehren, die dem einzelnen persönliches Gedeihen versprachen, so vor allem der Heilgott Asklepios. Auf ihn gibt es in der fortgeschrittenen Kaiserzeit überschwengliche Lob- und Dankreden eines geheilten Redekünstlers Aristeides. Wir ersehen daraus, wie die Zeitgenossen gerade für den heilenden Gott die Herzen offen hatten: ein Grund, weshalb die Botschaft vom heilenden Jesus desto leichter die Seelen gewinnen konnte.

Ferner weckte ein Römer Nigidius Figulus die Lehren des Pythagoras wieder auf. Er gründete einen neupythagoräischen Bund, über den wir allerdings nur sehr dürftige Nachrichten haben. Wir hören, daß die Bündler die alten Geheimlehren über das Wesen der Zahl und den Glauben an die Seelenwanderung, wie sie Pythagoras dargetan hatte, wieder aufnahmen, vegetarisch lebten, um kein Blut eines verwandten Wesens zu genießen, und sich allerlei heimliche Weisheiten in die Ohren raunten. Das Geheimnis, mit dem sie sich umgaben, machte die Lehre umso anziehender.

Zusammenhängendere Kunde haben wir über die Lehren, die unter dem Namen des Hermes überliefert sind. Mit ihnen schließt die vorchristliche Religionsentwicklung im griechischen Sprachgebiet ab. Was später kam, war schon in der Auseinandersetzung mit dem Christentum begriffen. Mit Hermes ist hier nicht der griechische Gott gemeint, auch nicht der ägyptische Thouth, der sonst oft durch Hermes übersetzt wird, sondern ein Prophet, der nach orientalischer Weise einen Satznamen „Hermes ist der dreimalgrößte" geführt zu haben scheint.[1] In späteren Nachbildungen tritt dann allerdings Hermes-Thouth als Sprecher auf, der seinen Sohn Tat oder den alten ägyptischen Weisen Imhotep unterrichtet. Aber das ist Anlehnung an die Dialogform, die Platon in die Philosophie eingeführt hatte. Denn Philosophie wollen die Schriften des Hermes sein. Heute würde man sie eher Theosophie nennen.

Die älteste Schrift[2] dieser Sammlung heißt Poimandres.[3] Sie schildert zunächst sehr lebensgetreu eine Vision: die körperlichen Wahrnehmungen sind stillgestellt, wie bei einem, der übermüdet ist von zuviel Essen oder von Arbeit, heißt es ganz nüchtern.[4] Da sieht der Erzähler eine übergroße Gestalt, die sich als Poimandres vorstellt — griechische

Worte (Hirt der Männer) verstümmelt nach der Formenbildung der Traumsprache.[5] Er nennt sich die autonome Vernunft (man kann es nur mit dem Kant'schen Ausdruck sinngemäß wiedergeben), die dem Verfasser überall Geleiter sei. Dann zeigt er ihm den Ursprung der Welt: anfangs ist alles wunderbar schön und licht, dann bildet sich eine finstere Materie in dem Lichte, etwas Feuchtes, aus dem ein Rauch und chaotischer Ton ausgeht.[6] Aber aus dem Lichte dringt ein heiliger Logos auf diese Physis — wir mögen übersetzen „es ergeht ein ordnendes Wort auf die Urmasse", und es sondern sich die Elemente. Feuer und Luft steigen in die Höhe, während Erde und Wasser einstweilen noch gemischt am Boden verharren. Poimandres erklärt: jenes Licht bin ich, der Nus (die Vernunft), dein Gott; und der lichte Logos ist der Gottessohn.[7] Du hast die vorbildliche Idee gesehen, die vor allem unendlichen Anfang war.

Bis hierher sind die verschiedensten griechischen Philosophien angeklungen, der Nus des Anaxagoras, die vier Elemente, die platonischen Ideen: lauter Sätze der Wissenschaft, die volkstümlich geworden waren[8] und von dem Propheten durcheinandergewoben wurden. Dann aber beginnt wilde Mythologie. Der Gott Nus ist mannweiblich, denn er ist Leben und Licht, er gebiert den „weltenschaffenden Verstand", der als Gott des Feuers und des Atems die sieben Planeten schafft. Sie umschließen in sieben Kugelhüllen die wahrnehmbare Welt, und ihr Walten ist Heimarmene, Schicksalszwang. Wir kennen das aus dem astrologischen Weltbild und dem Mithrasdienst. Aus den schweren Elementen entkam der göttliche Logos in die reine Schöpfung. Und er vereinte sich mit dem weltenschaffenden Verstande, denn er war „eines Wesens mit ihm" (das ist das älteste Zeugnis für ein Wort, das später in der Kirchengeschichte verhängnisvoll gewesen ist). Beide zusammen lassen durch die Umläufe der Gestirne die Lebewesen entstehen: Wasser und Erde haben sich geschieden.

Da gebiert der Allvater Nus den „Menschen", der ihm gleich sei — nicht einen Menschen in unserem Sinne, sondern die Idee Mensch nach Platons Ausdrucksweise.[9] Er liebte ihn, da er ihm gleich war, und übergab ihm die ganze Schöpfung. Und der Mensch betrachtet die Welt des Schöpfers und möchte es ihm gleichtun. Er reißt die Sphären auf, die sein Bruder geschaffen hat, und die Planeten geben ihm liebeerfüllt jeder von seiner Kraft oder Natur ab. Wie er aber niedersteigt, da verliebt sich die „schwere Natur", wir würden sagen die Materie, in seine Schönheit und lächelt ihm liebevoll zu. Und er sieht im Wasser sein Spiegelbild und verliebt sich in dessen Schönheit, und so läßt er sich von der Materie liebend umschlingen und begattet sie. — Und darum ist der Mensch (nun nicht mehr die Idee, sondern jeder einzelne auf Erden) allein von allen

Wesen von doppelter Art: sterblich und dem Schicksalszwang unterworfen dem Leibe nach, unsterblich als wesenhafter Mensch. „Dies ist das große Geheimnis, das bisher verborgen war."

Poimandres fährt fort: die Materie gebar darauf sieben doppelgeschlechtige Menschen (so hatte sie Platon im Gastmahl geschildert). Aus dem Leben und Licht haben sie Seele und Verstand. Später nach Ablauf der Periode wurden die Doppelwesen nach Gottes Willen geteilt in männliche und weibliche — und hier zitiert der Poimandres das einzige Mal ein Bibelwort: mehret euch und erfüllt alles Geschaffene.

Diese Urgeschichtsfabel schließt: wer sich selbst erkennt, ist in die Überfülle des Guten gekommen; wer aber aus dem Irrtum des Liebestriebes seinen Leib liebt, der bleibt umherirrend in der Finsternis und leidet mit Bewußtsein den Tod. Der alte Weisheitsspruch von Delphi ist also hier einer ganz anderen Weltanschauung dienstbar gemacht.

Da stellt der Schauende die Frage: was ist die schwere Sünde der Unwissenden, daß sie der Unsterblichkeit verlustig gehen? Worauf der Gott antwortet: warum sind des Todes schuldig, die im Tode sind? Und jener erkennt: „weil die verhaßte Finsternis der Ursprung des Leibes ist."

Aus Licht und Leben besteht der Gott und Vater. Wenn du erkennst, daß auch du aus Licht und Leben bestehst, so wirst du „ins Leben eingehen". Denn dem, der ein gutes und heiliges Leben führt, steht der Nus zur Seite und verschließt als Torwächter den Eintritt böser Begierden. Vom Unverständigen aber weicht der Nus und überläßt ihn dem strafenden Dämon, der das Feuer der Begier in ihm schürt, damit seine Strafe desto heftiger sei. (Ist hier das Höllenfeuer der iranischen Lehre umgedeutet in den Brand der eigenen, nach dem Tode unstillbaren und desto maßloser wachsenden Begierden?)

Die Seele des guten Menschen läßt nach dem Tode die irdischen Seelenbestandteile der Erde zurück und steigt durch die Planetensphären, indem sie jedem Planeten die von ihm gewirkten Antriebe wiedergibt. So gelangt sie in die achte Sphäre (der Fixsterne) nur mehr mit ihrer eigenen „Dynamis", und von da ruft eine liebliche Stimme sie empor zur vollkommenen Gotteinung.

Nach dieser Vision wird der Schauende als Prophet ausgesendet, er ruft die Menschen, sich vom „finstern Licht" der Unwissenheit zu befreien, und denen, die auf ihn hören, „sät er das Wort" und nährt sie aus ambrosischem Wasser. Zuletzt wird der Vater in einem Gebete auf neun Weisen heilig gepriesen, „der von den Seinen erkannt werden will und erkannt wird". „Nimm Opfer des Wortes aus Seele und Herz, die sich nach dir ausstrecken. Laß den Bittenden deine Erkenntnis nicht verfehlen."

Ich habe die wichtigsten Stellen der Schrift wörtlich gegeben. Denn sie zeigt am deutlichsten, wieviel vom christlichen Sprachschatz, besonders des Johannes-Evangeliums, schon gemeingriechisch war; sie zeigt es gerade darum, weil die Gedankenführung dieses Propheten eine ganz andere ist. Poimandres ist eine Vorstufe der Gnosis, aber hat deren weltverachtende Züge noch nicht. Noch gilt die Vermehrung der Menschen als Gottes Wille und der Einfluß der Planeten nicht als durchaus schlecht. Und noch ist von keinem Erlöser die Rede, der das verlorene Licht dem Vater wiederbringen müsse. Auch sind asketische Folgerungen aus dem gepredigten Dualismus kaum angedeutet; man darf das heilige Leben, das Poimandres fordert, nicht als mönchisches Leben auslegen. Die Gnosis, die er gibt, besteht nicht aus Zauberworten, sondern aus Erkenntnis des eigenen Wesens; darin weit alle Gnosis der christlichen Zeit überragend. Man hat die Schrift aus Iran ableiten wollen;[10] mir scheint sie vielmehr echt hellenistisch. Die späteren iranischen Lehren der Mandäer und Manichäer, die ihr verwandt sind, sind Nachkommen, nicht Vorfahren dieser Hermetik.

In anderen Schriften der hermetischen Sammlung reden andere Propheten. Wir sehen da, wie volkstümlich einige Wendungen waren, die das Christentum aufgegriffen hat. Der eine spricht von der Wiedergeburt aus dem Samen des wahren Guten und dem Mutterschoß der Weisheit, andere knüpfen an das alte Wort des Simonides an, das Platon neu in Umlauf gesetzt hatte: niemand ist gut als Gott allein.

Auch einiges ägyptische ist eingemischt: wir hören die Mahnung, die Sonne morgens und abends zu grüßen, und einmal klingt die Geheimlehre von Hermopolis an: wie aus dem Urschlamm, der Feuchte, der Finsternis und dem Atem die Sonne gebildet worden sei. Aber die Hauptsache ist griechische Weisheit, aus den verschiedensten Systemen entliehen und zu einem neuen Gebilde, einer Erlösungslehre zusammengebraut, die nur darin rein griechisch ist, daß sie keines Erlösers bedarf, sondern alles durch die Lehre und Weisheit selbst wirkt.

Anmerkungen

1 Etwa Thouth 's'ea. Solche Satznamen, die Aussagen über einen Gott enthalten, sind in Ägypten die Regel.
2 Die Abfassungszeit läßt sich nur sehr ungefähr ermitteln. Der Titel scheint nachgeahmt im „Hirten" (Poimen) des Hermas (um 130 n. Chr.). So mit Recht Reitzenstein, Poimandres 1904 S. 11 u. 35. Benützt ist griechische Philosophie bis einschließlich Poseidonios; ein Anklang bei Philo dürfte dieser gemeinsamen Quelle zugehören. Mir scheint schon die Gnosis des Simon Magus von Poimandres abhängig zu sein; aber das ist Hypothese, und kann darum nicht als Unterbau für chronologische Folgerungen verwertet werden. — Die Frage nach der Abfassung der übrigen hermetischen Schriften ist grundsätzlich abzusondern. Diese scheinen als Corpus gesammelt um 200 n. Chr. vorzuliegen.

3 Die kritische Ausgabe von Scott ist nicht verwertbar, da sich der Herausgeber zu viel Willkür erlaubt hat. Brauchbar ist die Ausgabe von Nock und Festugière.

4 Diese Einleitung beglaubigt, daß es sich um eine wirklich erlebte, nicht um eine erdichtete Vision handelt.

5 Doch hat Aischylos die Form Poimandra für Hirtin

6 Wie jede Kosmogonie, ist auch dieser Anfang logisch nicht zu begründen; aber das darf man von einer Vision auch nicht erwarten.

7 Das klingt an Johannes an; aber es ist die Frage, ob hier Johannes von Poimandres abhängig ist oder Quellengemeinschaft, oder ob nur zufällige Ähnlichkeit der Ausdrucksweise vorliegt.

8, Sie könnten alle aus dem Timaios-Kommentar des Poseidonios stammen.

9 Der göttliche Anthropos ist in diesem System nicht mit dem Logos identisch, wie in der späteren christlichen Theologie. R. Reitzenstein, Studien zum antiken Synkretisismus (Vortr. Eibl. Warburg VII), S. 22 ff hält diesen Urmenschen für Nachbildung des iranischen Gayomard. Das ist möglich: dieser scheint ja schon dem Pythagoras und der Orphik bekannt.

10 So. R. Reitzenstein a.a.O.; wogegen schon Zielinski, Archiv f. Relwis. 1905 die griechischen Bestandteile betont hat. Was nicht übernommen, sondern eigene Neuprägung des „Hermes" ist, das hat noch kein Philologe herausgearbeitet.

4. Palästina um die Zeitwende

Während des letzten römischen Bürgerkrieges war die römische Herrschaft über Palästina eine Zeitlang in Frage gestellt. Die Judäer suchten
schon Anschluß an die Parther. Aber als Parteigänger Roms riß der
Edomiter Herodes, der Sohn des Antipatros, die Herrschaft an sich. Er
heiratete die Hasmonäerin Mariamne, um sich in den Augen der Judäer
zu legitimieren, mußte aber die letzten Hasmonäer beseitigen. Er warf
ihnen Verschwörung gegen seine Herrschaft vor. Das gleiche Schicksal
traf auch eine Reihe von seinen Söhnen, so daß Augustus mit einem
Wortspiel sagte,[1] er möchte lieber das Schwein als der Sohn des Herodes
sein (man verstehe: das Schwein schlachtet der Judäer nicht). Kein Wunder, daß ihn die christliche Legende auch gegen fremde Kinder wüten
läßt.

Trotzdem er sich dem mosaischen Gesetz fügte, galt Herodes den Judäern
immer als Fremdherrscher; war doch seine Mutter vom verhaßten
Stamme des Esau. Aber ganz unverkennbar wurde die Fremdherrschaft,
als nach dem Tode des großen Herodes derjenige seiner gleichnamigen
Söhne, der Judäa geerbt hatte, von den Römern entthront und verbannt
wurde. Augustus nahm nun die Regierung Judäas in eigene Hand (6
n. Chr.). Eine Volkszählung, die sein Statthalter Quirinus anordnete, ist
in dem Evangelium des Lukas erwähnt. Sie blieb in Erinnerung, weil die
Judäer sich einer Zählung nach den Erfahrungen, die ihr König David
gemacht hatte, abergläubisch zu widersetzen pflegten. Auf die Zählung
sagt die Bibel, war damals eine schwere Seuche gefolgt. Ein Judas aus
Galiläa rief jetzt zum Aufstand, der rasch eine große Menge begeisterte,
ebenso rasch von den Römern in furchtbarer Metzelei niedergeworfen
wurde. Der Rest seiner Anhänger, aramäisch Kirjoney „die Zügellosen"
genannt, griechisch Zeloten, Eiferer, blieb auf der Lauer, bei besserer
Gelegenheit zur Rache zu schreiten.

Aber wer konnte gegen das Gebot des Herrschers von Rom etwas ausrichten? Augustus hatte die Bürgerkriege beendet und den ganzen Erdkreis
von Spanien bis zum Euphrat bezwungen. Die einzige Macht, die neben
Rom noch in Betracht kam, die Parther, wurden durch geschickte Diplo-
matie dahin gebracht, den Frieden mit Rom nachzusuchen. Bei dieser
Weltlage war es widersinnig, einen Befreiungskampf zu versuchen.

Aber desto inbrünstiger klammerten sich die Judäer an die Verheißungen,
die sie aus ihrem Gesetz herauslasen. Dem Stammvater Jakob war die
Weissagung in den Mund gelegt: Das Szepter wird nicht von Juda weichen . . ., bis der Fürst kommt, dem die Heiden gehorchen werden. Das
wurde längst als Kunde über den Messias verstanden. Also muße jetzt, wo

offenkundig die eigene Regierung dem Volke genommen war, dessen Ankunft vor der Türe stehen. Was in der Thora stand, galt ja als von Gott selbst eingegeben. Daß die Weissagung ursprünglich den König David meinte, wer wußte es noch? Und außerdem, wenn eine aufregende Idee ein Volk erfaßt, wer ist da noch imstande, zu prüfen, was die Worte meinen, auf die sie sich beruft? Zumal die Judäer ja überhaupt nie kritisch dachten, sondern für ihre Leichtgläubigkeit bei den alten Völkern sprichwörtlich waren.[2] Den Makkabäern war der Aufstand gegen das Syrerreich gelungen, warum sollte es nicht einem Messias mit Gottes Hilfe möglich sein, das Römerreich über den Haufen zu werfen? Das war nüchtern gesehen natürlich Wahnsinn; aber immer wieder fanden sich unter den unwissenden Schichten Männer, die das Volk zu Aufständen hinrissen. Was wußte schon ein Bettler in Palästina von Rom und seiner weltumspannenden Macht?

Die Priesterschaft in Jerusalem gab sich solchen Träumen nicht hin. Die Saddukäer hatten den Makkabäer Hyrkanos für den Messias erklärt und hielten daran fest, daß durch dessen Siege die Weissagungen erfüllt seien. Das bedeutete dann freilich, daß dem Volke keine weitere Hoffnung bliebe. Die Fremdherrschaft, die durch den Bruderzwist im Hasmonäerhause herbeigerufen worden war, war nicht mehr rückgängig zu machen. Das war politisch richtig gesehen. Aber bei solcher Einstellung mußten dieser Richtung die Ideale abhanden kommen. Sie begnügten sich mit dem Rest von Macht, den Rom ihnen gelassen hatte, und dem Golde, das sich im Tempel von Jerusalem immer reicher aufstapelte. Hielten doch alle rechtgläubigen Judäer der ganzen Welt das Gebot, jährlich eine Kopfsteuer an den Tempel abzuführen; das ergab alle Jahre einige Millionen — weit mehr als für den Kultus gebraucht wurde. Die Priesterschaft konnte sich dabei ein Wohlleben gestatten, das zu allerhand Skandalen geführt hat.

Desto mehr wandte sich das Volk anderen Führern zu. Aber auch die Pharisäer, die die nationalen Ideale nährten, und über das Elend der Gegenwart durch die Hoffnung auf eine Auferstehung im messianischen Reiche trösteten, hatten nicht mehr die ursprüngliche Schwungkraft. Zwar stammt von Hillel, dem einen ihrer zwei Schulhäupter dieser Zeit, das Wort, das Jesus aufgenommen hat: Das ganze Gesetz auf eine kurze Formel gebracht lautet: Was du nicht willst, daß man dir tue, das tu auch keinem andern. Aber wenn man nun in die Arbeit dieser Männer hineinblickt, so sieht man die typischen juristischen Haarspaltereien. Sie stritten darum, ob es erlaubt sei, am Sabbat eine Hühnerleiter anzulegen, oder man nur eine solche, die sich verschoben hat, zurechtrücken dürfe, und um ähnlich wichtige Probleme.[3] Schammai, das andere Schulhaupt der Zeit setzte fest: dem Judäer ist nicht nur das Fleisch vom heidnischen Metzger verboten (das war klar, denn jede Schlachtung war bei den Griechen ein Opfer), sondern auch das Mehl, das Öl, der Wein von Heiden; Milch aus fremdem Stall war dem Judäer nur erlaubt, wenn er beim Melken zugesehen hatte.

So mußte das Volk sich auch von den Pharisäern enttäuscht abwenden, sobald eine bessere Lehre mit Begeisterung vorgetragen wurde. Besonders diejenigen Griechen, die sich dem mosaischen Glauben zugewandt hatten, weil sie vermeinten, hier einen philosophisch geläuterten Gottesdienst zu finden, mußten enttäuscht sein von der leeren Gesetzlichkeit. Es schien ja, als ob Gott seine Gesetze nur gegeben habe, um den Menschen, die ihm anhingen, zu zeigen, daß sie seinen Willen nicht erfüllen könnten.

In die zitternde Erwartung einer anderen Zukunft hinein scholl der Ruf eines neuen Propheten. Im 15. Jahr des Tiberius (Oktober 28 — September 29 n. Chr.) trat Johannes der Täufer auf, im alten Prophetengewande aus Kamelhaar und mit ledernem Gürtel, und mit betont einfacher Ernährung.[4] Er schleuderte allem Luxus das Verdammungsurteil der alten Propheten entgegen. Das Gericht Gottes stehe unmittelbar bevor: „die Axt ist schon an die Wurzel des Baumes gelegt". Aber er fügte aufrüttelnd hinzu: meint nicht, daß ihr dem allgemeinen Untergang entrinnen könnt, weil ihr Nachkommen Abrahams seid. Gott hat euch nicht not, er kann auch aus Steinen Kinder Abrahams erwecken. Jeder Baum wird umgehauen, der keine guten Früchte trägt — und wo sind diese Früchte bei den herrschenden Sekten? Er redet sie an als Schlangenbrut. Umkehr des Sinnes fordert er. Wenn dann das Volk erschüttert kam und fragte, was es tun solle, so wies er es auf die nächsten sozialen Pflichten des Tages: wer zwei Hemden hat, soll eines dem geben, der keines hat (so ärmlich waren die Verhältnisse!); wer Überfluß hat, soll dem geben, der Mangel hat. Der Zöllner solle nichts über den Tarif fordern, die Soldaten niemanden denunzieren oder foltern und sich mit ihren Rationen begnügen. Kurz er forderte Redlichkeit und Barmherzigkeit.

Johannes hatte sein Auftreten auch durch eine Flugschrift vorbereitet. Gleichzeitig mit dem Beginn seiner Predigt ist eine „Offenbarung" verbreitet worden,[5] die in der Form eines letzten Gesichtes des Moses die ganze israelitisch-judäische Geschichte durchlief und für das anbrechende Jahr das Auftreten des gottgesandten „Taxo" ankündete, der dem Messias vorangehen werde. Denn nicht der Messias wollte Johannes sein, sondern der Prüfer des Volkes, der es für seine große Sendung bereit mache. (Das Wort Taxo kann von hebräisch prüfen oder von griechisch ordnen abgeleitet sein.)

Zum Zeichen der Sinneswandlung, der Reinigung der Herzen, ließ Johannes die Büßer sich entkleiden und tauchte sie im fließenden Wasser des Jordans unter. So waren nach damals umlaufender Tradition die Israeliten von Moses vor der Gesetzgebung durch ein Taufbad geweiht und vorbereitet worden. Das lebendige Wasser sollte (sinnbildlich) allen Schmutz der Seelen abspülen und in den Pfuhl des Toten Meeres tragen. Auf den Namen dessen, der da kommen wird, soll Johannes getauft haben — der die Welt nicht mehr mit Wasser taufen wird, sondern mit Feuer verbrennen — bis auf den geringen Rest derer, die im Gericht bestehen. Und als dieser Rest, als diejenigen, denen vergeben sei, sollten sich die Getauften fühlen.

Wahrscheinlich hat Johannes auch das dualistische Weltbild übernommen, das die Essener vorgezeichnet hatten und das dann auf alle Religionen des Ostens übergegangen ist. Geist, Licht und Gerechtigkeit flossen zu dem einen Pol des Denkens zusammen; Materie, Finsternis und Sünde, besonders der sinnliche Trieb, zum Begriff des Bösen, des Teuflischen. Die Gemeinde der Anhänger, die sich um Johannes sammelte, besteht in Resten noch heute. Man nennt sie die Mandäer, selbst bezeichneten sie sich als Nazoräer.[6] Sind ihre heiligen Schriften auch viel später niedergeschrieben, so bewahren sie doch den ursprünglichen Taufgedanken. Vom Christentum sind sie ganz unberührt geblieben.

Diese Sekte, deren Reste heute im südlichen Babylonien leben, kennt den Bericht der Bibel über die Erschaffung der Menschen, mindestens die Namen derselben. Aber sie baut dazu das System der Astrologie ein. Die Planeten und ihr Zwang sind die Mächte, denen der Lichtmensch zu entkommen trachtet. Als das Sakrament ihrer Gemeinschaft üben sie die immer wiederholte Taufe „in lebendigem", d.h. fließendem Wasser, das dabei als Jordan bezeichnet wird. Die Weltentstehung ist ganz ähnlich wie bei Hermes geschildert, nur noch genauer ausgemalt. Von christlichem Überlieferungsgut ist nichts vorhanden, als der Name Jesus und seine Erzeugung durch „den Geist", der aber selbst zum finsteren Wesen abgewertet wird. Nur einen Spruch der Bergpredigt haben die Mandäer aufgenommen: wenn du Almosen gibst, soll deine linke Hand nicht wissen, was deine rechte tut.[7] Und so darf wenigstens die Frage gestellt werden, ob dieser Spruch und der ganze Abschnitt, in dem er steht, etwa ursprünglich von Johannes stammt. Wir lesen nämlich in der Bergpredigt: „Habt Acht auf eure Gerechtigkeit, daß ihr sie nicht vor den Menschen übt, um von ihnen gesehen zu werden. Sonst habt ihr keinen Lohn von eurem Vater in den Himmeln. Wenn du also Almosen gibst, so trompete nicht vor dir her, wie die Heuchler tun in den Synagogen und den Gassen, damit sie vor den Menschen gerühmt werden. Wahrlich ich sage euch, sie haben ihren Lohn damit. Wenn du Almosen gibst, so soll deine linke Hand nicht wissen, was deine rechte tut, damit deine Barmherzigkeit im Verborgenen sei. Und der Vater, der ins Verborgene blickt, wird dir vergelten.

Und wenn ihr betet, seid nicht wie die Heuchler, die es lieben in den Synagogen und an den Straßenecken stehend zu beten, damit sie sich den Menschen zeigen. Wahrlich ich sage euch: sie haben ihren Lohn damit. Wenn du betest, so geh in deine Kammer, verschließe die Türe und bete zu deinem Vater, dem Verborgenen; und dein Vater, der ins Verborgene blickt, wird dirs vergelten. Beim Beten sagt keine Litaneien, wie die Heiden. Denn sie glauben, daß sie wegen ihrer vielen Worte erhört werden. Gleicht ihnen nicht, denn euer Vater weiß, was ihr nötig habt, ehe ihr ihn gebeten habt.

Wenn ihr fastet, so schaut nicht trübselig wie die Heuchler; denn sie verziehen ihr Gesicht, damit ihr Fasten den Menschen sichtbar sei. Wahrlich, ich sage euch, sie haben ihren Lohn damit. Wenn du fastest, so salbe deinen Kopf und wasch dein Gesicht, daß du nicht den Menschen das Fasten zeigest, sondern deinem Vater, der im Verborgenen ist; und dein Vater, der ins Verborgene sieht, wird dir vergelten."

Dieses Stück, in das nur aus anderer Quelle das „Unser Vater" mit den zugehörigen Erläuterungen eingeschoben ist, unterscheidet sich von allen übrigen Teilen der Evangelien durch seine symmetrische Form. Es hebt sich dadurch als eine zusammenhängende Einlage ab. Von Jesus stammt es nicht: denn seine Jünger haben nicht gefastet und er ging zum Beten nicht in die Kammer, sondern auf die freie Bergeshöhe. Nirgends sonst ist in den Evangelien von einem verborgenen Gott die Rede, und nirgends so betont von einem Lohn im Himmel.

Aus allen diesen Gründen und weil es von den Mandäern benützt ist, möchte ich dieses Stück dem Täufer zuschreiben. Und damit erhält das Wort, das Jesus über ihn sagte, seinen greifbaren Inhalt: daß kein Prophet vor ihm größer war als Johannes. Den verborgenen Gott, den er doch „euren Vater" nannte, kündete Johannes; und da können wir aus dem Glauben der Mandäer ergänzen: dieser Gott wohnt jenseits der vergänglichen Welt, im unveränderlichen Fixsternhimmel oder jenseits von diesem. Es ist das Weltbild, das wir auch im Hellenismus bei Hermes gefunden haben und das sich von Johannes zu den Gnostikern fortsetzt.

Auf den Täufer bezog sich auch wahrscheinlich ursprünglich jener Hymnus, der mit christlichen Zusätzen versehen den Eingang des Johannes-Evangeliums bildet, und der etwa gelautet haben mag: „Im Anfang war das Wort (memra), und das Wort war auf Gott gerichtet, und ‚Gott' war das Wort (seine Aussage). So war der Beginn auf Gott zu. Alles entstand durch es, und ohne es entstand nichts. Was in ihm entstand, war Leben, und das Leben war das Licht der Menschen. Und das Licht scheint in der Finsternis, und die Finsternis hat es nicht befangen. Es wurde zu einem Menschen, einem gottgesandten, sein Name war Johannes. Er war das wahre Licht, das jeden Menschen erleuchtet, das in die Welt kam. Er war in der Welt und die Welt entstand durch ihn, und die Welt erkannte ihn nicht. Er kam in sein Eigen, und seine Eigenen (Geschöpfe) nahmen ihn nicht auf. Die ihn aber aufnahmen, denen gab er die Kraft, Kinder Gottes zu werden, denen, die an seinen Namen glaubten. Sie wurden es nicht durch Blut und fleischlichen Wunsch, nicht aus männlicher Begier, sondern aus Gott geboren. Das Wort wurde Leib und zeltete bei uns, und wir sahen seinen Glanz, den Glanz des von Gott allein Erzeugten, voll Anmut und Wahrheit, damit wir alle aus seiner Fülle nehmen sollten, und Gnade für Gnade. Denn niemand hat Gott gesehen; der eingeborene,, der im Schoße des Vaters, der hat ihn uns ausgedeutet."

So überschwänglich verherrlichten ihn seine Anhänger, und einen Nachhall jenes Jubels können wir noch in den Schriften der Mandäer erlauschen. Der Antrieb, den er gab, wirkte im Augenblick mächtig auf die Judäer; auf die Dauer zeigte es sich doch, daß er nicht genügte, die Welt zu verjüngen. Die Bewegung verkümmerte zu einer Sekte. Johannes war eben mit seinem „Umdenken" auf halbem Wege stehen geblieben.

An Bekennermut freilich hat es ihm nicht gefehlt. Er rügte öffentlich einen Sittenskandal im Hause des Königs von Galiläa, des jüngeren Herodes Antipas. Sei es aus diesem Anlaß oder überhaupt wegen der Unruhe, die er im Volk verbreitete, ließ der König ihn festsetzen und später hinrichten.[8] Da war aber schon eine andere Bewegung im Gange, die ihre Wellen noch viel weiter in die Zukunft gesendet hat.

Anmerkungen

1 Macrob. Sat. II 4,11.
2 „credat Judaeus Apella" Horaz. sat. I 5,100.
3 E. Schürer, Geschichte des jüdischen Volkes im Zeitalter Jesu Christi 3.A. 1901. Um die Entstehung des Christentums begreiflich zu machen, muß ich solche kontrastierende Züge hervorheben.
4 Die „Heuschrecken-Speise" (Akrides) sieht aus, wie eine Textverderbnis. R. Eissler „Jesus basileus . . ." II 1929, S. 30 vermutete Akrodryes, Obst; im Hebräer-Evangelium übersetzte Epiphanios Enkrides, Ölkuchen. Das ist offenbar ein alter Versuch, den Text zu verbessern. Aber eine Korrektur ist überflüssig. Denn Aboda Zarah 39b sind Heuschrecken eine Art Früchte, die man in Körben zu Markt bringt. Nun heißt im Englischen der Johannisbrotbaum „Heuschrecken-baum", und dieser Name scheint aus der Zeit der Kreuzzüge zu stammen, wo dieses Johannesbrot zuerst bekannt wurde (vgl. Oxford English Dictionnary 1933 Bd. VI s.v. Locust 4; wonach gr. akris für die Frucht gängige Bezeichnung ist). Der Name Heuschreckenbaum wird also auf Tradition aus Palästina zurückgehen, die die Kreuzfahrer mit dem Gewächs zusammen kennenlernten.

Nach Eißler a.a.O. ist der aramäische Ausdruck (Charubim) um einen Buchstaben von Heuschrecke (Chagabim) verschieden. Solche Früchte konnte sich Johannes am Jordan selbst sammeln, wo ja nicht Wüste, sondern nur Wildnis war. Ölkuchen aber würden gepflegte Ölpflanzungen voraussetzen, und eine sehr viel weniger asketische Lebensweise des Johannes erschließen lassen, als die Überlieferung dem Johannes sonst zuschreibt. Einwenden läßt sich, daß nach Strack-Billerbeck II S. 213 keration bei Lukas 15,16 als Johannisbrot zu deuten ist.

5   Die Assumptio Mosis ist so dicht vor dem Auftreten des Täufers geschrieben und der in ihr vorhergesagte Taxo ist ein so neuer Begriff der Eschatologie, daß der Schluß eigentlich nicht zu umgehen ist: der dies Schriftstück schrieb, betrachtete sich selbst als den Taxo, den er ankündete. Das ist aber zeitlich gesehen dann notwendig ein Mann, der in oder gleich nach dem Zeitpunkt der Abfassung hervortrat. Und wir wissen von keinem anderen solchen Manne, als eben von dem Täufer.

6   Die Mandäer sind eine Gemeinschaft, die sich mit Recht oder Unrecht auf den Täufer zurückführt. Lietzmann wollte sie zwar als Abspaltung aus der nestorianischen Kirche erweisen; aber erstens können die Ähnlichkeiten (Taufen in „lebendigem Wasser", das „Jordan" genannt wird, und einige sprachliche Wendungen) auch von einer Täufersekte, die im Geruch der Ursprünglichkeit stand, in die Nestorianische Kirche gekommen sein; zweitens gibt Lietzmann selbst zu, daß Mandäer schon früher (im 4. Jahrhundert) erwähnt sind. Sie erscheinen tatsächlich schon in der Jugend des Mani. Das Amulett bei Lidbarzki, Florilegium Melchior Vogüé, Paris 1909, S. 349 ff, auf das Furlani, Ägyptus 1955, S. 250 ff hinweist, belegt Anwesenheit von Mandäern in Babylonien schon für das 3. Jahrhundert. Es ist mindestens wahrscheinlich, daß sie sich auch damals auf den gleichen Urheber, Johannes den Täufer, berufen haben.

Die mandäischen Schriften allerdings, die wir haben, sind jedenfalls sekundär, und aus ihrer Übereinstimmung mit manichäischen Lehren hätte Reitzenstein kein iranisches Erlösungsmysterium konstruieren sollen. Denn auf diesen Namen hat nur der Mithraskult einen Anspruch. Und ganz allgemein ist es geschichtlich immer unvorsichtig, unbezeugte Zwischenglieder zu konstruieren. Mit Leidenschaft wendet sich Rudolph „Die Mandäer" 1959 = Beiträge zur Wissenschaft des Alten und Neuen Testaments ... gegen eine Ableitung der Mandäer von Johannes dem Täufer. Aber die westsemitische Herkunft der Sekte aus dem Jordangebiet arbeitet auch er heraus. Nun wird Ginza, S. 29 der Ausgabe von Lidbarzki dem Jesus als einem, der mit Zauberei und Blendwerk einhergehe, der Enos-Uthra (d.h. der Idealmensch im Himmel) entgegengesetzt, der zur Zeit des Pilatus in Menschengestalt nach Jerusalem gekommen sei. Gerade weil der Name Johannes nicht dabei fällt, scheint mir dies ein Zeugnis für den Ursprung der Sekte: wie sollte ein derartiger mystischer Vorgang in späterer Zeit mit seiner genauen Zeitangabe erfunden worden sein, wenn dies nicht als geschichtlicher Ursprung gemeint gewesen wäre? Damit erweist sich die Johannes-Tradition der Mandäer als ursprünglich, und nicht etwa erst vom Islam her suggeriert.

7   Dieser Satz steht bei Matthäus in einem Stück, das ich aus Stilgründen aus dem Evangelium als Sonderquelle habe ausscheiden müssen. Der Bau von Matth. 6, der aus allem sonst im Evangelium stehenden herausfällt, fiel mir schon als Kind auf, als ich zum ersten Mal die biblische Geschichte las. Ich wundere mich, daß ich in der Literatur keinen Hinweis darauf gefunden habe; doch das mag an mir liegen; denn es ist menschenunmöglich, alles durchzuarbeiten, was auch nur im Lauf eines Menschenalters über die Bibel geschrieben wird. Daß Jesus sich die Rede zu eigen gemacht haben wird, will ich nicht bestreiten!

Wenn nun in diesem Stücke außerdem — im Gegensatz zu allen übrigen Teilen der Evangelien — von einem verborgenen Gotte geredet wird wie bei den Mandäern, so verliert die Übereinstimmung den Charakter des Zufalls. Sondern der gemeinsame Ausgangspunkt der beiden Bewegungen, der einerseits zu Matth. 6, andererseits zu den Mandäern geführt hat, ist die Lehre vom verborgenen Gott. Diese also muß dem Täufer angehören. Er kommt damit in die Nähe der Gnosis, ohne daß ihm deren Sondereigentümlichkeiten zugeschrieben werden dürften; aber ausdrücklich wird ja Simon Magus in den Pseudo Clementinen als Schüler des Johannes bezeichnet. Die Annäherung ist also auch hier da, was man nach der Überlieferung erwarten muß. — Ob zu dem täuferischen Stück des Matthäus auch der Vers 6,7: (wenn ihr betet, so sollt ihr es nicht machen wie die Heiden, die Litaneien sagen usw.) dazugehört, läßt sich nicht entscheiden. Da er aber einer Sonderquelle des Matthäus entstammt und das sonstige Sondergut des Matthäus einen ganz anderen Charakter hat, habe ich ihn vermutungsweise dem täuferischen Schriftstück zugewiesen. — Was R. Reitzenstein „Die Vorgeschichte der christlichen Taufe" 1929 aus Ähnlichkeiten der christlichen und der mandäischen Rituale für die Taufe des Johannes erschließt (S. 152 ff), scheint mir nicht beweiskräftig: Rituale haben die Neigung, zu wachsen; die einfachere Form hat die größere Wahrscheinlichkeit für sich, am Anfang der Entwicklung zu stehen. Ein ganz seltsames Mißverständnis hat A. Schweitzer in die Lehre des Täufers hineingetragen. Der

„Kommende" ist natürlich der Messias und nicht der Elias. Denn abgesehen davon, daß die Eschatologie in jeder Form auf das Kommen des Messias zielt, Elias aber nur in einem Sonderzweig der Propheten erwähnt ist, so kündet man das Kommen des Königs an und nicht seines Dieners, wenn beide erwartet werden. Der Vergleich ist hier beweiskräftig. Denn der Messias ist als König gedacht.

8 Kurz nach dem Ende des Täufers sind große Teile seiner Anhängerschaft nach Harran ausgewandert, wie die mandäische Tradition angibt (Macuch Theol. L.Z. 82, 1957, Sp. 401 ff auf Grund der von M. Drower herausgegebenen Handschrift), unter Artabanos. (Und zwar dem III des Namens 12—38 n. Chr., da er ausdrücklich als Zeitgenosse des Jesus bezeichnet ist, und die Wanderung damit begründet wird, daß sie dem Machtbereich der Herrscher von Judäa entrinnen wollen — also die Herodes noch an der Regierung sind.) Die Zahlenangabe (60 000) ist natürlich orientalische Phantasie.

Zweiter Teil:

JESUS

1. Vorbemerkung

Die Schule Harnacks hat den Lehrsatz aufgestellt, daß sich ein Leben des Jesus in wissenschaftlich gesicherter Form nicht schreiben lasse. Nach genauer Durchforschung der Quellen bin ich zu der umgekehrten Auffassung gekommen. Die entscheidenden Erlebnisse und Schicksalswendungen dieses Lebens sind alle überliefert, vielfach mit seinen eigenen Worten. Man muß sich nur von dem Vorurteil frei machen, daß die Evangelisten Legende schreiben wollten zur Erbauung ihrer Gemeinden. Natürlich sahen sie die Ereignisse als überzeugte Christen. Eben darum konnten sie uns mehr von ihren Zusammenhängen mitteilen, als außenstehende Judäer vermocht hätten. Aber sie waren keine Schulhäupter, die ihre eigene Ansicht der Dinge vortragen wollten, sie wollten Zeugen sein, bzw. das Zeugnis der Apostel über die Dinge wiedergeben und festhalten, die diese erlebt hatten.

Dabei ist allerdings ein Unterschied. Lukas ist Historiker, der berichtet, was er aus schriftlichen und mündlichen Quellen erfahren hat. Es kommt vor, daß er aus einer unzuverlässigen Überlieferung etwas aufgenommen hat, es kommt auch vor, daß er durch den Anschein geschichtlicher Wahrscheinlichkeit verleitet etwas in seinen Quellen umgestaltet[1]. Markus gibt die Dinge so wieder, wie er sie als Dolmetsch des Petrus[2] gehört hat, also im wesentlichen die Erlebnisse des Petrus. Das ist nicht nur überliefert, sondern geht daraus hervor, daß er Dinge berichtet, die außer Petrus selbst niemand wissen konnte. Seine Glaubwürdigkeit hängt also ganz davon ab, wie hoch man die Wahrheitstreue des Petrus einschätzt. Da ist es nun von entscheidender Bedeutung, daß in diesem Bericht noch eine Selbstauffassung des Jesus durchscheint, die von derjenigen der Kirche, und zwar schon der Urgemeinde, wesentlich abweicht[3]. Das zeigt, daß sich nicht nur Markus, sondern auch Petrus bemüht hat, die Dinge so ungetrübt als möglich darzustellen. Sie waren eben unverbildete Menschen, die Selbsterlebtes noch nach Jahren getreu wiederzugeben im Stande waren, so wie manche unserer Bauern etwa die Vorfälle, die sie erlebt haben, noch nach Jahren mit allen einzelnen Worten, die dabei gefallen sind, unverfälscht nacherzählen können.

Auch unter den Evangelisten ist diese Fähigkeit durchaus nicht allgemein. Wir haben das Gegenbeispiel nicht nur im Johannes-Evangelium, das die (selbsterlebten oder gehörten?) Ereignisse um Jesus in einer sehr subjektiven Weise wiedergibt, wobei zwar Ort und Zeit sehr genau notiert sind, aber das innere Erleben des Jüngers alles in neues Licht setzt[4]. Wir haben auch im Matthäus-Evangelium, soweit es nicht die gleichen Quellen wie Lukas ausschreibt, eine Überlieferung, die Jesus vieles in den

Mund legt, was erst aus einer späteren Stufe der Gemeinde-Entwicklung stammen kann[5]. Deswegen habe ich bei der folgenden Darstellung von Leben, Wirken und Leiden des Jesus grundsätzlich von diesen getrübten Quellen abgesehen, und nur Markus und Lukas zugrundegelegt.

Dazu kommt noch eine dritte Quelle, das 1947 entdeckte und jetzt allgemein zugängliche Evangelium nach Thomas. Es zeichnet nur Aussprüche von Jesus auf. Es deckt sich etwa zur Hälfte mit Spruchgut der kirchlich anerkannten Evangelisten, weist aber dabei oft deutlich eine ursprünglichere Fassung der Worte auf. Daher habe ich mit größter Vorsicht auch etliche Aussprüche daraus mitverwendet, die dem Sinne nach in gleicher Richtung gehen, wie die Überlieferung der andern Evangelisten. Dagegen habe ich von dem, was Thomas an neuen Zügen bringt, das meiste der besonderen Darstellung des Thomas-Christentums vorbehalten, so sehr ich auch geneigt bin, vieles darin[6] als echte Überlieferung anzusehen, die in der Gemeinde vergessen oder unterdrückt wurde, weil man sie nicht verstand.

Die Kirche unterscheidet die zwei Naturen Christi, die göttliche und die menschliche. Der Historiker hat es mit der menschlichen zu tun, und wenn ich das menschliche Wesen und Schicksal von Jesus zeichne, so bedeutet das nicht, daß ich die andere Seite abstreite (wie es manche Historiker tun). Sondern der geschichtlichen Methode sind eben nur die irdischen Zusammenhänge zugänglich. Für die andere Seite kann ich nur soviel sagen: lese jeder die überlieferten Worte aus Jesus' Mund — und spüre es nach, daß es Worte des Lebens sind, die uns im Tiefsten anrühren, mehr als alle Weisheiten aller Völker zusammengenommen. Aber eben diese lebendige Wirkung liegt jenseits dessen, was unsere Wissenschaft in ihre Begriffe fassen kann (auch die Theologen mühen sich damit vergebens ab).[7]

Anmerkungen

1 Wandergut, das von Mund zu Mund lief, und nicht von Jesus, mindestens nicht von ihm neugeprägt herrührte, war die Erzählung vom reichen Mann und dem armen Lazarus. Umgestaltung ist die Reihenfolge, die Lukas den Versuchungen gibt — weil er sie nicht mehr als Visionen versteht, und darum am Wechsel des Ortes Anstoß nimmt. Sonst beschränkt er sich meist auf stilistische Eingriffe (klinidion statt krabbaton u.a.).
Für die Geburtsgeschichte und für die Erzählung über den 12jährigen Jesus im Tempel beruft sich Lukas ausdrücklich auf Maria als (letzte) Urheberin seiner Angaben. Diese Berichte sind also nicht allgemeine Gemeindetradition, sondern bedurften seinen Lesern gegenüber einer Rechtfertigung. Sie zeigen, wie sehr sich Maria griechische Erlebnisweise zu eigen gemacht hatte.
Daß er bei seinen übrigen Mitteilungen solchen Quellenhinweis nicht nötig hat, zeigt mindestens, daß er nichts frei erfunden hat. Siehe „Die Glaubwürdigkeit der Evangelien", S. 69 ff. und unten S. 216 ff.
2 Nach Papias; und nach Justinus Martyr, der schwerlich von Papias abhängig ist.
3 Siehe unten S. 133.

4 Siehe S. 218 ff.

5 Wobei immerhin auch hier noch die Legendenbildung in sehr engen Grenzen bleibt.

6 Vor allem die Sprüche, die platonische Weltauffassung wiedergeben, passen zwar sehr gut in die hellenistische Welt und ihre Einflüsse auf Jesus hinein, sind aber den Judäern der Urgemeinde sicher unverständlich gewesen, und daher in dieser vergessen worden, gesetzt, daß Jesus selbst sie ausgesprochen hat. Das eben aber können wir nicht mehr sicher feststellen.

7 Th. Boman „Die Jesus-Überlieferung im Lichte der neuen Volkskunde", 1967, will dartun, daß nach den Gewohnheiten orientalischer Erzähler zu erwarten ist, daß die einmal geformten Berichte mündlich jahrzehnte lang, bis zur Niederschrift unverändert weitergegeben wurden. Das beweist, daß eine zuverlässige Tradition über Jesus auch vor der schriftlichen Fixierung möglich war. Für die Entscheidung, welche Teile dieser Tradition zuverlässig waren, gibt es nichts aus. So ist auch die Vermutung Bomans, daß der Bericht über die Kreuzigung mit den gleichlautenden Einzelheiten bei Lukas und Johannes auf Maria Magdalena zurückgehe, ansprechend aber nicht streng beweisbar. Da dieser Bericht ein Teil der „hebraisierenden" Quelle des Lukas ist, würde man für diese dieselbe Herkunft annehmen dürfen (Boman will in ihrer Erzählweise eine weibliche Stimme erkennen). Ich füge hinzu: es war eine mündliche Quelle, deren einzelne Abschnitte noch keine bestimmte Reihenfolge innehielten, und daher von den beiden Benutzern sehr verschieden eingereiht worden sind.

Erst nachdem mein Manuskript schon ein Jahr beim Verlag gelegen hatte, lernte ich J. Jeremias, Neutestamentliche Theologie I 1969 kennen. Ich habe an meinem Text nichts mehr geändert, nur einen Zusatz eingefügt, im übrigen nur die Stellen, wo wir stark voneinander abweichen, in einigen Anmerkungen hervorgehoben. Meist stimmen seine philologischen Echtheitszeichen mit den kompositionstechnischen, die ich in „Glaubwürdigkeit der Evangelien" herausgearbeitet habe, vorzüglich zusammen. Für alle Detailfragen der Überlieferung verweise ich auf dies mein früheres Buch.

124

2. Herkunft und Jugend

Im galiläischen Hügellande lag ein Dörfchen Nazareth. Es war so unbedeutend, daß es in den außerbiblischen Quellen überhaupt nicht erwähnt wird. Heute ist es als christlicher Wallfahrtsort ein beträchtlicher Platz geworden. Um die Zeitwende scheint es sogar in schlechtem Ruf gestanden zu haben. Der Ausspruch: „Kann denn aus Nazareth etwas Gutes kommen?" scheint zu zeigen, daß der Ort bei den Nachbarn einen üblen Leumund hatte, — wenn er nicht etwa nur die gänzliche Bedeutungslosigkeit des Dörfchens kennzeichnen sollte.

In diesem Orte lebten des Jesus Eltern. Ein Pilger aus Norditalien[1], der als Europäer wohl europäische Schönheitsbegriffe hatte, rühmte die besondere Anmut der Frauen von Nazareth, und noch ein moderner Reisender hob den „schönen syrischen Schlag" der dortigen Bevölkerung hervor[2]. Da die Schwestern des Jesus dort verheiratet waren, dürfen wir annehmen, daß dieser Typus auch derjenige seiner Familie war.

Nach der Familienüberlieferung stammte sein Vater Joseph vom König David, doch war die Überlieferung so verwischt, daß nicht einmal der Name des Großvaters eindeutig festgestellt werden konnte, als man gegen Ende des Jahrhunderts versuchte, den Stammbaum aufzuzeichnen[3]. Sie ist auch gleichgültig. Schon der Verfasser des Timotheos-Briefes wendet sich gegen derlei Stammbaumforschung, die zu wahrer Erbauung nichts beitrage. Das Wesen eines Menschen wird durch sein Wirken erkannt, und nicht aus den Namen seiner Ahnen.

Die Mutter Maria stammte, wenn wir Lukas glauben dürfen, aus der hohenpriesterlichen Familie, und war nahe verwandt mit der Mutter des Täufers Johannes. Und mit diesem teilte Jesus jedenfalls die Aufgeschlossenheit für religiöses Leben, die bei beiden noch weit über den Durchschnitt der hierin auch sonst begabten Judäer hinausging. — Jesus war der Erstgeborene neben vier Brüdern und mehreren Schwestern[4].

Lukas will von der Mutter Maria (direkt oder indirekt) erfahren haben, daß Jesus nicht in Nazareth, sondern in einem Stall bei Bethlehem geboren sei. Als Anlaß der Reise gibt er die Steuereinschätzung durch Quirinus an. Bei dieser hätte sich Joseph mit seiner Familie in die Heimat seiner Sippe begeben müssen. Das widerstreitet aber den eigenen chronologischen Angaben des Lukas[5]. Wenn Maria wirklich selbst von der Erscheinung eines Engels und von den Hirten erzählt hat, die kamen dem neugeborenen Kind zu huldigen, so stammt die Aussage doch jedenfalls aus einer Zeit, da sie jahrzehntelang der Gemeinde angehörte, der Jesus über jedes menschliche Maß hinausgewachsen war.

Die Schätzung des Quirinus hatte eine furchtbare Folge, die sich dem damals etwa zehnjährigen Jesus für alle Zeit einprägte, den Aufstand der Zeloten unter Judas dem Galiläer, dem es Sünde schien, einer heidnischen Obrigkeit Steuer zu zahlen. Der aussichtslose Versuch des Schwärmers, sich dem Weltreich zu widersetzen, endete in einem unermeßlichen Blutbad[6]. Erbarmungslos machten die römischen Soldaten alles nieder, was sich an dem Aufstand beteiligt hatte oder ihn von fern unterstützt hatte. Das muß auf den Knaben Jesus den nachhaltigsten Eindruck gemacht haben. Dieser politische Messiastraum, der solches Elend hervorrief, konnte nicht die richtige Deutung der alten Weissagungen sein.

Aber es mag viele Jahre gedauert haben, bis er dies Erleben innerlich verarbeitet hatte. Darüber wissen wir nichts. Nur eine Begebenheit aus der Kindheit des Jesus scheint getreu überliefert. Maria erzählte, und ich glaube es ihr, die Eltern seien mit Jesus, als er zwölf Jahre alt war, zum Fest nach Jerusalem gewandert. Bei der Heimwanderung vermißten sie ihn am ersten Abend, kehrten entsetzt nach Jerusalem zurück, und fanden ihn im Tempel, wo das geweckte Kind durch seine Fragen die erwachsenen Gelehrten in Erstaunen setzte[7].

Wir dürfen erschließen, daß Jesus dann in die Lehre eines Rabbi kam[8]. Nach den Evangelien konnte Jesus schreiben und die Schriften des Alten Testaments lesen — und das ist bedeutend schwieriger als unsere Buchstabenschrift lesen, zumal Hebräisch im Alltag nicht mehr gesprochen wurde. Jesus war auch mit den mündlichen Überlieferungen der Pharisäer vertraut. Er hat also jedenfalls rabbinischen Unterricht genossen,[9] anfangs sicher mit großem Eifer. Besonders die Psalmen zitierte er häufig. Sie mögen ihm schon vom Elternhaus oder aus der Synagoge vertraut gewesen sein. Aber bald mußten ihn die juristischen Haarspaltereien der Pharisäer abstoßen. So drängt sich auch der weitere Schluß auf, daß er ohne Abschluß aus der Lehre weggelaufen sei.

Wir finden ihn dann im Handwerk seines Vaters tätig. Joseph war Zimmermann, im damaligen Sinne, der neben dem Bauhandwerk auch das des Wagners umfaßte. Justin[10] berichtet uns hundert Jahre später, daß Jesus Pflüge und Wagen verfertigt hat. Sie müssen den Christen damals besonders werte Erinnerungszeichen gewesen sein.

Als Jesus heranwuchs, erbaute Herodes-Philippus ganz in der Nähe von Nazareth seine neue Residenz Sepphoris[11]. Natürlich wurden dazu alle Bauhandwerker der Umgebung herangezogen — und Nazareth lag nur 8 km entfernt. Andererseits wurde die Stadt mit Säulenhallen im griechischen Stil geschmückt. Wir dürfen unterstellen, daß als Leiter der Arbeiten auch griechische Künstler beteiligt waren. So erweiterte die

Tätigkeit bei diesen Bauten den Lebenshorizont der auch sonst geistig regsamen Familie. Es ist ein kleiner, aber bezeichnender Zug, daß Jesus das semitische satzschließende Wort Amen wie griechisch emen gebraucht. Auch schreibt Jakobus, der Bruder des Jesus, von allen Autoren des Neuen Testaments das beste Griechisch. Umso weniger können die geistigen Anregungen an Jesus vorübergegangen sein. Wenn wir aus seinem Munde das griechische Dichterwort wiederhören: „Niemand ist gut, als allein Gott", so beweist das, daß er vom Griechentum nicht unberührt geblieben ist. Ebenso wenn er die Söhne des Zebedaios als Dioskuren (aramäisch Boan-erges[12]) bezeichnet hat — ein Übername, der sicher auf ihn selbst zurückgeht, weil keinerlei theologische Folgerungen aus ihm gezogen worden sind. Wir dürfen daher nicht erstaunt sein, wenn auch sonst griechische Gedanken bei ihm wiederklingen. Vor allem scheint er die Form seiner letzten Mahlzeit bewußt an die griechischen Mysterien des Dionysos angelehnt zu haben[13].

Und überhaupt muß nach der großen Enttäuschung, die ihm der Unterricht der Rabbis bereitet hatte, eine Zeit des Suchens gefolgt sein, in der er sich selbst innerlich klar zu werden suchte. Eine Nachricht des Talmud läßt ihn nach Ägypten gehen. Auch sie scheint mir durch die Art seines späteren Auftretens bestätigt. Zwar die Scheinweisheit der alexandrinischen Judäer, etwa des Philo, konnte ihm keinen Eindruck machen. Das war eine fremde Geisteswelt für ihn. Aber der Talmud sagt, er lernte die ägyptische Zauberei[14]. Ägypten war ja damals das Land, wo die ärztliche Kunst am höchsten entwickelt war. Wobei die ägyptischen Ärzte weit mehr als die griechischen oder gar die heutigen auch auf die Seele des Kranken durch Suggestion („Zauber") Einfluß zu nehmen suchten. Die suggestive Heilkunst also war es, was Jesus in Ägypten lernen konnte; und wir wissen, daß er sie erfolgreich geübt hat.

Als Jesus etwa dreißig Jahre alt war — sein Vater war offenbar inzwischen gestorben[15] — ging die Erregung durch das Land, die Johannes der Täufer entfachte. Auch Jesus und seine Brüder zogen an den Jordan, um ihn zu hören und sich taufen zu lassen. Der Eindruck, den Jesus empfing, war zwiespältig. Er war hingerissen von des Täufers Redegewalt: den größten der Propheten nennt er ihn. Und dennoch, trotz dieser Macht der Sprache war Jesus enttäuscht. Johannes blieb in der Bußpredigt stecken. Von dem Neuen, was Jesus selbst das Herz erfüllte, ahnte er nichts. „Der kleinste im Gottesreich ist größer als er".

Unter diesen Umständen, — wenn dieser überragende Gottesmann keine Spur von der Gottesnähe empfand, die für Jesus das tägliche Glück seines Daseins war — mußte ihm gerade durch die Begegnung mit Johannes die Frage kommen: wer bin dann ich? Im judäischen Denken gab es nur eine

Gestalt, die mehr war als die Propheten, nämlich der Messias. Da formte sich die Antwort, die er sich auf die Frage gab, zur Vision. Als Johannes ihn taufte (sagt Markus), sah Jesus den heiligen Geist in Gestalt einer Taube auf sich herabkommen, und hörte eine Stimme „Du bist mein geliebter Sohn"[16]. Damit wurde er sich seiner Sendung und Aufgabe bewußt: er war der Verheißene.

Das Erlebnis war so erschütternd und wegweisend, daß er zunächst davon überwältigt wurde. Wie war die Aufgabe gemeint? Er ging in die Einsamkeit, lebte von den dürftigen Früchten der Einöde, um ungestört sich auf sich selbst besinnen zu können[17]. Er erzählte später seinen Jüngern, in dieser Zeit sei ihm der Versucher erschienen. Wieder erreichte sein Erlebnis visionäre Formkraft. Es war alte rabbinische Überlieferung, der Messias werde seine Kraft dadurch erweisen, daß er Steine in Brot verwandle. Eine verlockende Verheißung gerade in dem Augenblick, als Jesus durch die spärliche Nahrung der Öde vom Hunger gepeinigt wurde. Aber er wies sie als Versuchung ab: der Mensch lebt nicht von Brot allein, sondern von jedem Worte Gottes, gab er zur Antwort.

Eine zweite Versuchung stieg ihm auf. Wenn er wirklich der Messias sei, also der von Gott beschützte verheißene Erneuerer Israels, so mußte er sich ohne Schaden von der Zinne des Tempels in die tiefe Schlucht daneben stürzen können. Die Engel würden ihn auffangen, wie ein Psalm verhieß. — Er wies auch diesen Gedanken als teuflische Einflüsterung ab: das würde heißen, Gott versuchen, also gerade eine unfromme Handlung sein.

Aber entscheidend ist die dritte Versuchung. Der Satan, so sah Jesus, führte ihn auf einen hohen Berg — vielleicht den Djebel Hauran — und zeigte ihm alle Reiche der Erde —. Und er sagte ihm: „alles das will ich dir geben". Das war ja nichts anderes, als die judäische Messias-Vorstellung: ein Weltherrscher, dem alle Reiche untertan würden. Aber der Versucher fuhr fort: „wenn du mich anbetest". Das heißt, gerade diese judäische Meinung vom Messias, dieser politische Herrschaftstraum erschien Jesus als satanisch. Ihm setzte er entgegen: „Du sollst Gott allein dienen und ihn anbeten". Damit hatte er den judäischen Messiasbegriff und die herkömmliche Enderwartung innerlich überwunden. Wenn er als Messias auftrat, so nur in dem Sinne einer Herrschaft über die Seelen, jenseits von aller politischen Macht. Als er sich darüber klar war, da ging er heim nach Galiläa und begann sein Wirken.

Anmerkungen

1 Antoninus Placentinus (vielmehr sein Begleiter), Itinerar § 5: „ut inter Hebraeos pulcriores non invenientur". Daß Nazareth zur Zeit des Herodes ein Bauerndorf war, zeigen die Ausgrabungen. Vgl. Revue biblique 1956, 580 f.

2 E. Renan Vie de Jesus, 3.A. o.J., S. 98.

3 Da Domitian die Abstammung ernst nahm, so handelt es sich nicht um haltloses Gerede. Auch der Ausdruck des Talmud, man hätte gegen Jesus nicht summarisch verfahren können, weil er der Regierung nahestand, scheint mir diese Abstammung zu meinen (Strack Billerbeck I, S. 1023 = Sanh. 43 a Bar). Immerhin scheint Jesus in der Auslegung des Psalms 110 von dieser Familientradition Abstand zu nehmen (Mark. 12,35—37).

4 Die katholische Auslegung macht Vettern daraus. Das widerspricht dem ausdrücklichen Zeugnis des Josephus XX 200, und entstammt letztlich einer gnostischen, nicht einer christlichen Auffassung von der Ehe.

5 Die Schilderung des Matthäus c 1 und 2 ist in allen Punkten aus Prophetenworten herausgesponnen, und bleibt daher geschichtlich außer Betracht. Aber mit dem Geburtsdatum unter Herodes dem Großen scheint sie recht zu haben, wenn wir es auch nur durch Zurückrechnen vom 14. Jahr des Tiberius bestätigen können. Die Datierung nach dem Zensus des Quirinus bei Lukas 2,1 ist chronologisch unmöglich, wohl Gedächtnisfehler (der Maria?). Über den Zensus des Quirinus vgl. Braunert, Historia VI, S. 112 f.

6 Josephus Ant. XVIII 4—10.

7 Ein oder andere solche Begebenheit erzählen alle Mütter von ihren begabten Kindern, ohne dabei zu erfinden. Im Talmud wird ähnliche Frühreife von Moses erzählt; aber das ist eher von Lukas abhängig, als umgekehrt, wahrscheinlicher ganz unabhängig.

8 Den Namen Hillel hat allerdings Renan nur aus der übereinstimmenden Verwendung der sogenannten „goldenen Regel" (Matth. 7,12) erschlossen. Er ist schon chronologisch unmöglich, da Hillel ca. 10 n. Chr. gestorben ist.

9 So kennt er auch die rabbinische Überlieferung, daß Davids Flucht, bei der er die Schaubrote aß, an einem Sabbat stattgefunden habe. Ich schließe daraus auf intensiven Unterricht.

10 c. Tryph. 88,8. Die Ehrung der Andenken erschließe ich aus der Gesamtstimmung.

11 Darauf hat E. Wechsler hingewiesen („Hellas im Evangelium" 2.A. 1946, S. 132 ff). Ebenso auf die Bedeutung von Gadara als hellenistischem Kulturzentrum. (Nach Strabo ist dieses nicht Gerasa, sondern Gezer bei Joppe.) Wörtliche Zitate aus Menippos oder Meleager im christlichen Schrifttum sind mir nicht begegnet. Nur bei „Longinus", der gegen Hermogenes von Gadara polemisiert, und also vielleicht in die gleiche Gegend gehört, erinnert der Gebrauch von σκηνή „Zelt", für Leib an gleiche Ausdrucksweise bei Paulus. Dagegen klingt die Skina bei Mandäern und Mani nur zufällig an (hebr. Schechina).

12 Im syrisch-orientalischen Bereich kenne ich keinen Glauben an Söhne des Donnerers, der den Namen anknüpfen ließe. Wir hören in Ugarit nur von *einem* Sohn des Baal. Daß die aramäische Wortbildung den Donner entpersönlicht, entspricht der judäischen Denkweise. Merkwürdig genug, daß Jesus den mythologischen Ausdruck überhaupt aufgenommen hat.

13 Beweisen läßt sich das natürlich nicht. Aber nur in diesem Kulte war der Gedanke der Kommunion vorchristlich vorbereitet. (Das Riesenmaterial, das Frazer gesammelt hat, um die weltweite Verbreitung des Gedankens zu erweisen, fällt bei kritischer Nachprüfung in Nichts zusammen. Auch im hethitischen Ritual ist nur von einem „dem Gott zutrinken" die Rede, wie jüngst nachgewiesen worden ist. Überall sonst wird das Opfer verzehrt, aber keineswegs mit dem Gotte gleichgesetzt.)

14 „Er verführte die Menschen durch ägytpische Zauberei". Schab 104 b (Strack-Billerbeck I, S. 85, wo Ben Stada Doppelgänger von Jesus ist). Ebenso Orig. c. Cels. I, 28.

15 In den Evangelien und der Apostelgeschichte werden zwar die Mutter und die Geschwister, aber nie mehr der Vater erwähnt.

16 Man bemerke, daß Markus das ausdrücklich als eine Vision des Jesus berichtet, nicht als eine Erscheinung, die andere Menschen sahen. Woher weiß der Jünger das? Jesus hat es offenbar selbst erzählt (ich vermute, im Anschluß an das Messias-Bekenntnis der Jünger). Im Hebräerevangelium scheint die Erzählung noch als Ich-Bericht stilisiert gewesen zu sein. (Daß Origenes die Taufe in den Januar datiert hat, hat er wohl aus dem Festdatum der Epiphanie erschlossen).
Gegen die Deutung des Taufberichtes als Berufungserlebnis wendet Bultmann ein (Geschichte der synoptischen Tradition S. 152), daß die Berufungen der Propheten ganz anders geschildert seien. Darf man denn bei einem Jesus erwarten, daß sich seine Erlebnisse an eine Schablone halten?

Wohlgemerkt, es heißt „Du bist mein Sohn", nicht „Du wirst mein Sohn sein". Für die Meinung A. Schweitzers, Jesus habe erwartet, nach dem Tode zum „Menschensohn" zu werden, ist kein Zeugnis vorhanden; überall ist er der Menschensohn schon bei seinem Erdenwallen. Nur das Wort bei seiner Vernehmung durch den Hohenpriester deutet auf die Zukunft: Jesus weiß hier, daß sein Tod bevorsteht, und ist überzeugt, daß sich die eschatologischen Voraussagen trotzdem erfüllen werden. Auf welche Weise, das ist Gottes Geheimnis, das Jesus nicht aufdecken kann, auch seinen Jüngern gegenüber nicht. Die Modernen aber meinen zu wissen, wie er es sich vorgestellt hat.

17 Auch der Bericht über die Versuchungen scheint mir auf Erzählungen von Jesus selbst zurückzugehn.

3. Die Persönlichkeit

Als Jesus auftrat, war er nach der Angabe des Lukas etwa dreißig Jahre alt. Vorher gestattete das judäische Herkommen kein öffentliches Hervortreten.

Er war im mosaischen Glauben aufgewachsen und fühlte sich als Angehöriger des judäischen Volkes. Viele meinen deshalb, ihn hinreichend dadurch einzuordnen, daß sie ihn als Juden bezeichnen. In Wahrheit ist damit kaum etwas ausgesagt. Die Judäer seiner Zeit waren ein Volk von größten Gegensätzen. Es entwickelte sich zwar in ihnen das, was durch den Talmud zum heutigen Jugentum geformt worden ist; aber ebenso stammen die heutigen Araber von Palästina aus demselben Volke ab, die sich doch dem Judentum mit tödlichem Haß entgegenstellen, und sie dürften Jesus ebenso als ihren Blutsverwandten betrachten. Jesus war so wenig ein Jude im heutigen Sinne des Wortes, wie Shakespeare ein Amerikaner.

Freilich, Jesus trat auf wie ein Rabbi[1]; das heißt, er ging an den Sabbaten in die Synagogen, las aus den heiligen Schriften vor und knüpfte daran seine Auslegung. Und er sammelte wie die Rabbis einen Kreis von Jüngern um sich, die ihm folgten und bei seinen Belehrungen zugegen waren; sie sollten seine Lehre aufnehmen und weitergeben. Sie nannten ihn auch Rabbi, und es war wie bei den pharisäischen Gesetzeslehrern ein weiter Abstand der Ehrfurcht zwischen ihnen und dem Meister. Man sieht noch in der Überlieferung, wie sie nicht wagten, ihn anzureden, sondern warteten, bis er selbst das Gespräch begann[2].

Aber er war in seiner Lehre das Gegenteil eines Pharisäers. Er legte die Schriften nicht aus, um neue Rechtsregeln daraus abzuleiten. Er lehnte es schroff ab, etwa als Schiedsrichter in einem Erbstreit zu wirken. Nur die Sonderüberlieferung des Matthäus hat irrig Züge in sein Bild eingetragen, die entfernt an die Vorschriften der Pharisäer gemahnen[3]. Vielmehr verwarf Jesus die ganze Denkart der Pharisäer: Sie geben dem Volke Steine statt Brot. Sie verschließen die Erkenntnis, zu der sie den Eintritt hätten, und kommen selbst nicht hinein. Sie legen den Menschen kaum tragbare Lasten auf (Vorschriften, die sich kaum erfüllen lassen) und helfen selbst mit keinem Finger dazu. Sie machen Vorschriften über jedes Gemüse und vergessen die Hauptsache, die Liebe Gottes.

Vor allem meinte Jesus, daß die Lehre der Pharisäer zu selbstgerechtem Dünkel führen müsse. Sie nehmen den Vortritt in den Synagogen in Anspruch und wollen, daß auf dem Markte jeder sie grüße. Es war Vorschrift, daß der Pharisäer beim Gebet Gott auch dafür danke, daß er durch die Schriftgelehrsamkeit aus der Menge der Menschen hinausgehoben sei. Für Jesus war jeder Schieber, der Gott um Vergebung bat, auf richtigerem Wege und Gott wohlgefälliger.

Jesus selbst richtete sein Wort nicht an diese durch ihre Bildung dem Verständnis schlichter Worte vermauerten Gelehrten. „Ich bekenne vor dir, Vater, Herr des Himmels und der Erde", so rief er einmal aus, „daß du dies (meine Botschaft) den Weisen und Verständigen verborgen hast, und hast es den Unmündigen — den einfachen Menschen — enthüllt." Darin ist der Gegensatz seiner Botschaft zu der Grübelei der Pharisäer auf die einfachste Formel gebracht.

Auch haben die Zeitgenossen ihn nicht mit den Pharisäern verwechselt — das hat erst die tiefgründige Gelehrsamkeit unseres Jahrhunderts fertiggebracht. Sondern die Judäer ordneten ihn alsbald ein als Propheten, Nabi. Waren doch seit alter Zeit bei den Israeliten und nicht nur bei diesen, sondern im ganzen vorderasiatischen Kulturraum immer wieder Männer erschienen, die als Sprecher Jahwehs oder eines anderen Gottes vor die Menschen traten. Sie fühlten, daß sie einen Auftrag einer höheren Macht an ihr Volk weiterzugeben hätten. In dieser Weise hatte sich die Religion in Vorderasien immer wieder verjüngt. Die Propheten waren manchmal geistesgewaltige Prediger gewesen, wie noch jüngst Johannes, manchmal halb- oder ganz Wahnsinnige. Und so setzte sich auch Jesus durch sein Auftreten dem Verdacht aus, daß er von Sinnen sei.

In Wahrheit hielt er sich für mehr als einen Propheten; aber er überließ es seinen Hörern, zu erraten, wer er sei. Für diejenigen aber, denen er mit seinem Anspruch, der Messias zu sein, fremd bleibt, ist es noch immer der nächste Weg, um seine Persönlichkeit verstehen zu lernen, wenn sie ihn als einen Propheten einordnen. So tut der Islam bis zum heutigen Tage.

Seinen göttlichen Auftrag aber bestätigte er durch Wundertaten, oder wie seine Gegner sagten, durch Zauberei. Zauberärzte waren damals im Orient nichts Außergewöhnliches; aber überragend war die Heilkraft, mit der Jesus begabt war. Die nervösen Leiden, die in jener Zeit wie in allen von der Zivilisation überreizten Jahrhunderten überhand genommen hatten, lassen sich auf keine andere Weise besser behandeln als durch den Eindruck einer Persönlichkeit, die in ihres Daseins Fülle ungestört ist. Den Kranken war Jesus der Wundertäter, der heilen konnte, wo alle anderen vergeblich besprachen.

Jesus versagte seine Hilfe den vielen nicht, die ihn umdrängten. Es wäre ja ein Widerspruch zu seiner Liebesbotschaft gewesen, wenn er sich kostbar gemacht hätte. Zu heilen, das war die Gabe, die Gott ihm gegeben hatte, seine Liebe zu beweisen. Er trieb die Teufel aus den Besessenen aus, das heißt in unserer Sprache, er heilte Nervenleiden durch die suggestive Kraft seiner Persönlichkeit. Zum Beispiel befahl er einem Manne mit einer blutleer herabhängenden Hand: strecke deine Hand aus. Und unwillkürlich gehorchte jener, und damit war die Neurose überwunden. So etwas war wohl ein wundersamer Beweis seiner Kraft, aber kein Wunder, weder nach den Begriffen seiner Zeit, noch nach denen unserer Wissenschaft; denn ähnliches taten die Pharisäer, und tun dem Sinne nach unsere Nervenärzte auch, nur daß wir die Leiden nicht mehr als Wirkung böser Geister aufzufassen pflegen[4].

Und Jesus selbst nützte diese Wunderheilungen nicht, um seine Sendung zu beglaubigen. Er pflegte zu den Geheilten zu sagen, dein Glaube hat dir geholfen. Ja er verbot den Geheilten, von der Sache ein Aufsehen zu machen. Wenn die Evangelien trotzdem von Wunderberichten voll sind, so entspricht das der Denkart der Zeit. Gleiche Wundertaten rühmten die Anhänger des Sarapis von ihrem Gotte. Jesus selbst stand über der Wundersucht seiner Umgebung. Ja er kritisierte sie sogar. Manche Judäer um ihn her forderten ein Zeichen von ihm, das ihn als Propheten erweisen sollte (oder gar als Messias). Er aber erwiderte: diesem wundersüchtigen Geschlechte wird kein Zeichen gegeben werden. Er schauderte davor: wehe, wenn dieses sittlich verwahrloste Geschlecht ein Zeichen erhielte[5]. Es hätte nur eine neue Sintflut sein können.

Das ist nicht die Haltung des Magiers. Wir sehen durch die Berichte von seinen Heilungen vielmehr öfters eine ganz andere Berufsauffassung durchschimmern: die des gewissenhaften und kundigen Arztes. So wurde einmal ein epileptischer Knabe vor ihn gebracht. Jesus erfragte erst die Vorgeschichte der Krankheit, ehe er an die Behandlung heranging. Ein andermal wurde er zu einem Mädchen gerufen, für das die Klageweiber schon den Totengesang anstimmten. Er wies zuerst diese aus dem Krankenzimmer; das Mädchen sei nicht tot, sondern schlafe; und folglich war Ruhe die wichtigste Hilfe[6]. Als es dann aus dem todartigen Schlaf erwachte, verbot Jesus, daß von der Sache geredet würde, und ordnete an, daß die Kranke zu essen bekomme.

Es ist fast erstaunlich, daß in den Berichten, die alles auf Wunder umarbeiten, diese Züge noch erkennbar geblieben sind.

Die meisten Heilungen, von denen berichtet wird, bewirkte Jesus nur durch sein Wort: „Ich will es, sei gesund" oder dem Besessenen gegenüber, der sich unter Dämonenzwang fühlte: „Schweig und fahr aus ihm". Der Mann mit der steifen Hand gehorchte unwillkürlich dem Befehle, und damit war der Krampf überwunden. Ähnlich ist es bei dem Gelähmten, dem er zuerst die seelische Belastung abnahm: „Deine Sünden sind dir vergeben", und als jener aufhorchend der heilenden Suggestion zugänglich wurde, fuhr Jesus fort: „Steh auf, nimm dein Bett und geh

133

heim". Daß der Kranke gehorchte, machte ihn eben gesund. Allerdings sind solche Heilungen nicht immer dauerhaft; eine seltsame Stelle der Evangelien weist selbst auf die Rückfälle hin, die manche geheilten „Besessenen" erlitten haben.

Bisweilen nahm Jesus auch einfache Naturheilmittel zu Hilfe. Die Jünger, die er nach seinem Vorbild zu Heilungen ausschickte, rieben die Kranken mit Öl ein[7], dem allgemeinen Reinigungsmittel der Griechen, das die Juden sonst ablehnten. In anderen, allerdings schlecht beglaubigten Berichten[8], heißt es, er habe seinen Speichel oder mit diesem angefeuchtete Erde verwendet. Das würde der Erfahrung der orientalischen und afrikanischen Zauberärzte entsprechen. Alles, was von der kraftgeladenen Persönlichkeit ausgeht, überträgt die Kräfte.

Aber die eigentliche Quelle seiner Heilgabe war doch die geistige Sammlung. Er spürte sie, wie sie sich zusammenballte. Als eine Frau ihn ohne sein Wissen von hinten berührte, um sich zu heilen, da fühlte er einen Strom der Kraft von sich ausgehen,[9] — und es war ihm dies unerwünscht in dem Augenblick, da er zu einer Kranken ging, die als tot aufgegeben war und also seiner stärksten Kraftsammlung bedurfte.

Aber trotzdem er diese Kräfte spürte, war er sich doch immer bewußt, daß er nicht nach seinem eigenen Willen helfen konnte. Immer mußte die geistige Bereitschaft des Kranken dazukommen. Darum sagt er nicht „ich habe geholfen", sondern „Dein Glaube hat dir geholfen". Das eben unterscheidet Jesus von allen marktschreierischen Tausendkünstlern, die jeden Erfolg zu neuer Reklame benützen. Jesus hat mehrmals verboten, daß von seinen Wundern gesprochen werde. Das Staunen über die äußeren Erfolge drohte ja, die Hörer von dem eigentlichen Sinn seiner Botschaft abzulenken.

Die Jünger haben sich in die ärztliche Gesinnung ihres Meisters nicht einfühlen können. Ihnen war Jesus als Arzt nur der Wundertäter, und sie überboten sich in unglaublichen Wunderberichten. Da sollte Jesus eine Legion böser Geister, die einen Wahnsinnigen besessen hatten, in eine Schweineherde gebannt haben, so daß die Tiere wahnsinnig in den See gerannt und ersoffen seien. Da sollte er nach Lukas den Sohn einer Witwe zu Naim, der schon im Sarg lag, wieder auferweckt haben, oder nach Johannes gar seinen Freund Lazarus, dessen Leib schon in Verwesung übergegangen war.

Für die Zeitgenossen waren solche Berichte eine Stütze des Glaubens, für uns sind sie das Gegenteil geworden: sie machen vielen die ganzen Evangelien unglaubhaft. Es ist viel wundersamer, daß trotz dieser Verzeichnungen die ärztliche Sorgfalt von Jesus noch in einzelnen Zügen durchscheint. Wie überhaupt die Berichte sich dadurch als wahr erweisen, daß

134

sie eine geschichtliche Wahrheit erkennen lassen, von der die Evangelisten selbst nichts Genaues mehr wußten.

Als eine Vorbedingung für den Prophetenberuf galt den Zeitgenossen die geschlechtliche Unberührtheit; und für die suggestiven Heilwirkungen ist Enthaltsamkeit von Liebesgenuß nach allen Erfahrungen wichtig. Jesus blieb dem Weibe fern[10]. Gerade darum stellte er für die Ehe die unerbittliche Forderung auf, was Gott verbunden hat, solle der Mensch nicht scheiden.

Aber sonst war Jesus kein Asket. Er lebte mit offenen Augen. Und er genoß gerne mit, wenn ihm gutes Essen bereitet wurde. Er stellte sich ausdrücklich darin in Gegensatz zum Täufer: „Es kam Johannes, aß nicht und trank nicht, da sagten die Leute: er ist verrückt. Es kam der Menschensohn, aß und trank, da sagten sie: seht den Schlemmer." Daß er Nazoräer, d.h. Vegetarier[11] gewesen sei, wird trotzdem für seinen Alltag zutreffen. Auch als eine Frau ihm wohlriechende Salbe ins Haar goß, da empfand er es dankbar als Liebesbeweis und verwies den Jüngern ihr Naserümpfen über so verschwenderischen Luxus. Er gab auch seinen Jüngern keine Fastengebote, wie es der Täufer und die Pharisäer taten: „Wie können die Söhne des Hochzeithauses fasten, wenn der Bräutigam da ist", erwiederte er denen, die ihn deswegen kritisierten. Seine Botschaft soll den Menschen sein wie ein Hochzeitsfest.

Mit diesem lebensfrohen Zuge hängt seine Vorliebe für Gleichnisreden zusammen. Zwar pflegten auch die Rabbinen Gleichnisse zu verwenden, zum Beispiel von einem großen König zu erzählen, wenn sie Gott meinten. Jesus aber griff seine Gleichnisse aus dem täglichen Leben. Die Frau, die ihre Stube fegt, die Taglöhner, die auf dem Weinberg graben, und ähnliche Szenen des Alltags sind seine Lieblingsbeispiele. Viele seiner Gleichnisse sind dichterische Meisterprägungen. Sie sind noch nicht abgeleiert, trotzdem sie zwei Jahrtausende lang immer wiederholt worden sind. Jesus ist einer der ganz großen Dichter, gerade weil er das Gleichnis nicht um der Kunst willen suchte, sondern um die Gottesfreude mitzuteilen, die sein Herz erfüllte. Die ganze Natur und das Menschenleben steht vor seinem Blick: die Saat auf dem Felde und die Lilie auf der Wiese, der Sperling und der Rabe. Er redet vom ungerechten Richter, vom reichen Gastgeber, vom Sohne, der von Wanderschaft heimkehrt, vom Manne, der unter die Räuber fällt. Auch wenn er aus der Überlieferung der Rabbis schöpfte und von Gott als einem Könige sprach, prägte er den Inhalt neu, weil er eben etwas Neues zu sagen hatte.

Aus diesen Dichtungen leuchtet die lautere Lebensfreude. Und bisweilen klingt auch ein feiner Humor auf, wie in dem angeführten Worte, in dem er die Lebensweise des Täufers und seine eigene vergleicht. Wenn Jesus die gegenseitige Vergebung, die er fordert, durch das Beispiel des ungetreuen Verwalters verdeutlicht, der anderen ihre Schuld erläßt, weil er selber um seiner Schuld willen nicht auf Gnade hofft, oder wenn er den Pharisäern zuruft, nicht die Gesunden bedürfen des Arztes, sondern die Kranken — als ob er sie zu den Gesunden rechne — so ist das schalkhaft gemeint. Auch die ausführliche Beschreibung der Witwe, die ihre Stube fegt, um eine verlorene Drachme zu finden, und wenn sie das Geldstück gefunden hat, es allen Nachbarn erzählen muß, hat einen humoristischen Unterton. Nur als Ironie bekommt das Wort einen Sinn, in dem er Johannes und sich selbst als Gewalttäter bezeichnet, die das Gottesreich (in der alten Sprache ein weibliches Wesen „malkot") entführen. Und wer beachtet den Scherz, der in dem Versprechen liegt: wer um meinetwillen Haus oder Brüder, Vater und Mutter, Kinder und Äcker im Stich läßt, wird es hundertfältig bekommen (Petrus, der seine Schwiegermutter verlassen hat, an den dies Wort ausdrücklich gerichtet ist, also hundert Schwiegermütter). Die Glosse bei Markus hat es verstanden, wenn sie zufügt: hundertfältig mit allem Ärger[12]. Das Thomas-Evangelium hat uns mehr solche Aussprüche bewahrt: „Wehe den Pharisäern, sie gleichen dem Hunde, der auf der Futterkrippe von Rindern liegt: weder frißt er noch läßt er die Rinder fressen." Das sind die Züge, die die späteren Theologen am wenigsten begriffen: das Lächeln, das in Jesus Mundwinkeln gelauert haben muß, wenn er solches sagte, war ihnen nicht göttlich genug.

Aber sein Humor tat nicht weh. Selbst für seine Feinde hat er keine herabsetzenden Gleichnisse, so nahe sie gelegen hätten. In den Augenblicken, in denen ihn ein Widerstand zum Zorne reizt, da entfahren ihm keine Spottworte, sondern drohende Weissagungen von düsterstem Ernste. Denn seine Sendung ist unerbittlich. Er spürt, daß es um eine Entscheidung auf Leben und Tod geht, ja um ewiges Leben oder ewige Verdammnis. Vor dieser Aussicht muß alles Lachen verstummen. Das Bewußtsein dieser Sendung war der herrschende Zug seines Wesens. Es gab ihm die unbedingte Autorität über die Menschen seiner Umgebung. Manchen hat er mitten aus seinem Beruf herausgerufen und williges Gehör gefunden.

Und in diesem Sendungsbewußtsein vereint sich der große Gegensatz, der sein Wesen gestaltet. Einesteils ging eine unvergleichliche Kraft der Güte von ihm aus. Er brauchte die Menschenliebe nicht erst zu predigen, sein ganzes Sein atmete sie. Dieser Eindruck seines Wesens war so mächtig, daß sich die Jünger auch seinen Tod nicht anders zurechtlegen konnten, denn als Liebestat. Andernteils aber hören wir Worte von aufflammendem Zorne gegen jene Menschen, die sich seiner Meinung entgegenstellten, ja gar ihr teuflische Hintergründe unterschoben. Er war eher von zornmütigem als von sanftem Temperament. Darüber soll sein Preisen der Sanftmütigen nicht hinwegtäuschen.

Er ist kein zarter Prediger des Friedens. Er weiß, daß seine Botschaft den Menschen keine Ruhe lassen wird; sie wird Väter und Söhne entzweien, Mütter und Töchter, wird in jedes Haus die Parteiung tragen. Davor schreckt er nicht zurück. Er hat den beschwingten Willen des geborenen Revolutionärs: „Ich bin gekommen, ein Feuer auf die Erde zu werfen und ich wollte, es brennte schon".

Aber die Waffe, mit der er den Umsturz der Dinge herbeiführt, ist nicht das Schwert, sondern das Wort. Wobei wir uns gegenwärtig halten müssen, daß von seinen Reden nur einzelne Kernworte im Gedächtnis geblieben sind. Weil er sie so knapp und eindringlich zu prägen wußte, deswegen hafteten sie unvergeßlich. Deswegen sind die Berichte über seine Lehre so unerhört inhaltsvoll, daß über jeden einzelnen Satz tausende von Predigten gehalten worden sind und sie trotzdem ihre Lebensfrische nicht eingebüßt haben.

Aus der Unmittelbarkeit, mit der Jesus Gott spürte, und aus den Erfahrungen seiner Heiltätigkeit entsprang ein Selbstvertrauen, das unserem Denken abhanden gekommen ist. „Alles ist dem möglich, der glaubt." „Wer ein Senfkorn des Glaubens hat, und sagt dem Berge, stürze dich ins Meer, der wird erleben, daß es geschieht."[13] Im Glauben an seine göttliche Vollmacht bedroht er den stürmenden See — und Markus sagt, daß der Wind sich legte.[14] Dies Machtgefühl des Jesus über die belebte und unbelebte Natur ist der Weltansicht der indischen Yogins verwandt, denen die ganze Welt der Erscheinungen nur das Werk einer Hypnose zu sein schien, und ihr eigener gesammelter Wille stark genug, diese Hypnose zu wandeln. Wenn wir uns in diesen Glauben an die Wunderkraft des Wortes hineingefunden haben, so verstehen wir auch die Erwartung des Gottesreiches, wie Jesus sie hegte. Einerseits meint er, dieses Reich werde hereinbrechen mit Wundermacht — wie ein Blitz, der über das ganze Firmament fährt, und unerwartet wie ein Dieb in der Nacht. Und trotzdem kommt es nur durch die Aussaat, die er selbst mit seinem Worte vollbringt. Er selbst ist der Sämann seines Gleichnisses, der den Samen wirft und dann nach Hause geht, und ruhig abwartet, bis dieser Samen reif geworden ist. Jesus weiß, daß sein Tun geringfügig scheint, wie ein Senfkorn, und dennoch vertraut er darauf, daß aus diesem Korn ein großer Strauch wachsen werde, „in dem die Vögel des Himmels nisten können."

Anfangs war Jesus noch vom nationalen Hochmut der Judäer befangen. Der Phönikerin, die ihn um Heilung ihrer Tochter bat, warf er das schnöde Wort entgegen: „es ist nicht gut, den Kindern des Hauses das

Brot zu nehmen, und es den Hunden vorzuwerfen". Die gläubig demütige Antwort der Fremden beschämte ihn. Und je mehr er im Verlauf seiner Predigt auf den hartnäckigen Widerstand der Judäer stieß, und andererseits die Glaubensbereitschaft eines römischen Feldwebels in Kapharnaum und anderer Heiden erfuhr, desto mehr lernte er um. Da kündete er dann: ‚es werden viele aus Ost und West zum Feste kommen, die Erben des Hauses aber werden hinausgeworfen werden". Oder in den Auseinandersetzungen seiner letzten Tage: „Der Herr des Weinbergs wird die mörderischen Wächter töten, und den Weinberg an andere geben." „Viele sind berufen, aber wenige vom auserwählten Volke."[15] So droht Jesus auch den Israeliten, die sich für das Salz der Erde hielten: „Wenn das Salz dumpf wird, womit soll man salzen? Es ist zu nichts nutz, als daß man es wegschüttet und es zertreten wird." Damit hatte er den Auserwähltheitsdünkel der Judäer ebenso wie zuvor ihren Messiasglauben überwunden und ins Gegenteil umgedeutet.

Dieser aufbrechende Gegensatz zum Judäertum ist kein zufälliges Ergebnis von Mißverständnis oder persönlichen Mängeln. Er ist artbedingt. Das zeigt sich besonders in der Frömmigkeit von Jesus. Den Juden gilt das Gebet nur, wenn mindestens zehn es gemeinsam sprechen[16]. Jesus suchte zum Beten die Einsamkeit. Wie hatten die israelitischen Propheten gegen den Kult auf den Höhen geeifert. Jesus betete am liebsten auf Bergeshöhen.

Es hängt damit zusammen, daß sein Gott nicht judäisch gesehen ist. Er meint zwar, den Gott seines Volkes zu verkünden, aber er sieht ihn anders, als die Judäer getan hatten: er nennt ihn Vater, wie Perser, Griechen und Römer taten. Seine Frömmigkeit ist die des kindlichen Vertrauens. „Wer wird seinem Kinde einen Stein geben, wenn es um Brot bittet?" Dieses ruhige Gottvertrauen blieb ihm über alle Schwankungen zwischen Erfolg und Not. Und in der Qual der letzten Lebensgefahr stärkte er sich, indem er sich in Gottes Willen ergab, was auch bringen möge. Das war ihm kein eingelernter Grundsatz, sondern aus diesem Vertrauen und aus dieser Ergebung lebte er; sie waren sein innerstes Wesen.

Über das leibliche Aussehen von Jesus schweigen unsere Quellen. Nur indirekt können wir erschließen, er war von schwächlichem Körperbau. Er konnte das Kreuz nicht selber zum Richtplatz tragen, wie die rohe Gerichtspraxis der Römer vorsah. Es mußte ein Mann, der zufällig daherkam, von den Soldaten zu dem Frohndienst befohlen werden, es für ihn zu tragen. In gleicher Richtung weist, daß er der Peinigung am Kreuze in wenigen Stunden erlag, während es für gewöhnlich mehrere Tage dauerte, bis der Tod die Gequälten erlöste.

Alles andere, was man in Hinsicht auf seine Rasse erschlossen hat, hält einer Nachprüfung nicht stand. Weder die persische Herkunft, die manche aus seiner Gebetssitte erschlossen haben, noch die Beimengung von afrikanischem Blut, auf die der Stammbaum der Hohenpriester und also seiner Mutter weist[17] – die aber zwölfhundert Jahre zurückliegen würde –, noch die für seinen ebenfalls tausend Jahre vorher verstorbenen Ahnherrn, den König David, bezeugten rötlichen Haare darf man unbesehen für Jesus folgern. Die Überzeugung, die uns am fremdesten an ihm ist, die Wunderkraft, die er selbst in sich fühlte und jedem gläubigen Menschen zusprach, verbindet ihn zwar mit den indischen Yogins, aber auch mit afrikanischen Häuptlingen. So ist alles, was man darüber vorbringen kann, den Seifenblasen zu vergleichen, in denen sich sein Bild in immer neuen Farben spiegelt. Auch in die Typen des Körperbaus, die die moderne Wissenschaft aufgestellt hat, paßt er nicht hinein: die Freude an der Kleinmalerei im Gleichnis und die Neigung zu zugespitzt kurzgeschliffenen Aussprüchen, ordnen ihn den beiden gegensätzlichen Typen zu. Man könnte folgern, eben weil er von allen Typen einen Teil in sich trug, war er im stande, etwas zu sagen, was für alle Menschen Bedeutung hat. Aber auch das ist wieder eine Behauptung, die im Vordersatz und darum auch im Schluß über das wissenschaftlich Erweisbare weit hinausgeht.

Anmerkungen

1 Vgl. zu diesem ganzen Abschnitt meinen Aufsatz „Moderne Jesusbilder" in „Forschungsfragen unserer Zeit" V, 1958, Abt. Religion, S. 13 ff. Wesentliches verdanke ich einer Aussprache mit R. Harder, wenn ich auch entgegengesetzte Folgerungen gezogen habe, als er. Seiner Anregung folge ich auch darin, daß ich den Namen Jesus nicht lateinisch, sondern deutsch dekliniere.
2 Mark. 10,26; 9,33 f.
3 Nur auf diese Sonderüberlieferung des Matthäus hat Klaussner seine These begründet, daß Jesus ein Pharisäer gewesen sei.
4 Doch wird diese Deutung in USA auch von Ärzten wieder ernsthaft vertreten. Sie ist in der Tat dem Erscheinungsbild mancher Krankheiten angemessen.
5 Die bei Matthäus angehängte Deutung des Jonas-Zeichen ist schon quellenmäßig als nachträglicher Zusatz zu erweisen. Sie zeigt so recht den Abstand zwischen der Haltung des Jesus und der Auffassung der Gemeinde.
6 Wieder ist typisch, daß die Theologie bis in unsere Tage den Klageweibern mehr glaubt, als dem Worte des Jesus.
7 Jak. 5,14.
8 Mark. 8,23 fehlt in der Parallelstelle bei Matthäus (bei Lukas ist der gesamte Abschnitt ausgefallen, so daß wir daraus nichts beweisen können). Danach scheint die Heilung nachträglich dem Markustext zugewachsen zu sein. Joh. 9,6 ff ist durch die Wundersucht dieses Evangelisten verdächtig.
9 Es ist das „Mana" der Primitiven, das hier faßbar wird. Aber diese „primitive" Vorstellung entspricht eben der Wirklichkeit.
10 Das ist auffallend; denn die Vorschrift der Judäer verlangte frühe Heirat. Eine moderne Evangelien-Bearbeitung unterstellt, daß er kinderloser Witwer war. Das ist möglich, aber nicht beweisbar.

11 Ich glaube nicht, daß Nazoraios von Naziräer abzuleiten ist. Diese hätte selbst Epiphanios nicht gut zu einer jüdischen Sekte machen können, da Paulus das Naziräer-Gelübde ablegte, und die Bestimmungen darüber jedem Leser des AT bekannt waren. Sondern Nazoraier heißt „Wurzel-, bzw. Sproß-Esser" und ist noch jetzt ein Name der täuferischen Mandäer.

12 Vgl. dazu H. Clavier Novum Testamentum I 1956, S. 1 ff.

13 Nach dem Zusammenhang, in dem das Wort im Thomas-Evangelium steht, ist es allerdings als Gleichnis gemeint. Hier heißt es: (48) „Wenn zwei miteinander Frieden machen in demselben Hause, so werden sie zum Berg sagen, hebe dich hinweg, und er wird sich hinwegheben." Vgl. auch 106 „Wenn ihr die zwei eins macht, werdet ihr Söhne des Menschen werden, und wenn ihr sagt, Berg hebe dich hinweg, wird er sich hinwegheben." NB. die einzigen Stellen, wo bei Thomas der Ausdruck Menschensohn vorkommt, sind diese letzte und der bekannte Spruch: Die Füchse haben ihre Höhlen usw. (86). Denn (28) „Meine Seele empfand Schmerz über die Söhne der Menschen, weil sie blind in ihren Herzen sind" ist nur von den Menschen im allgemeinen die Rede.

14 Auch ich selbst unterlag als Kind solcher Erlebnisweise.

15 Diese Übersetzung, die Griese vorgeschlagen hat, ist die einzige, die dem Sinn des vorausgehenden Gleichnisses gerecht wird. Schon Matthäus hat das Wort nicht mehr verstanden.

16 Das kann ich zwar noch nicht aus der Zeit des Jesus nachweisen, ist aber heutige Vorschrift.

17 Das hat wohl zuerst Ed. Meyer hervorgehoben („Die Israeliten und ihre Nachbarstämme" 1906, S. 450; dann Geschichte des Altertums 2.A. II 2 1931, S. 208.) Bei häufiger Verwandtenheirat innerhalb der Hohenpriesterfamilie konnte der farbige Einschlag auch später wieder zum Vorschein kommen.

4. Lehre

Die Voraussetzung, von der Jesus ausging, war die gleiche, die seit dem Exil alle Propheten mit zunehmender Dringlichkeit verkündet hatten und die in so vielen apokalyptischen Schriften das Volk aufregte: das Ende dieser Weltzeit steht unmittelbar bevor. Jesus meinte, es sei schon da; denn der Messias sollte es ja herbeiführen. Also die gegenwärtige Generation würde es erleben, und wer den Zusammenbruch überlebte, der werde die Herrlichkeit des kommenden Zeitalters schauen.

Er tadelt das Volk und die Pharisäer: Wenn ihr den Himmel anguckt, so bemerkt ihr die Zeichen, ob es schönes Wetter oder Regen gibt; aber die Zeichen der Zeit wollt ihr nicht erkennen. Die Zeichen, auf welche er hinwies, waren seine Wunder-Heilungen; seine Jünger haben später auch sonst genug Zeichen zusammengetragen, daß die Zeit „erfüllt war". Aber für Jesus stand auch ohne Schriftbeweis fest, daß der Messias schon da sei und also die Endzeit schon angebrochen sei.

Das aber bedeutete ein grauenvolles Geschick, dem man nur mit Bangen in die Augen blicken konnte. Denn die alten Propheten ließen ja keinen Zweifel: um seiner Sünde willen würde der größere Teil des israelitischen Volkes zugrunde gehen, nur ein Rest würde in die neue, herrliche Zeit hinübergerettet werden. „Alles unschuldig vergossene Blut von Abel an bis zum Hohenpriester Zacharias, der im Tempel selbst ermordet worden war, wird an dieser Generation vergolten werden", sagte Jesus, und er malt es näher aus: Wie in den Tagen Noahs wird es sein, wenn der Messias kommt: Die Menschen aßen, tranken, freiten (und dachten an keine Strafe), bis Noah in den Kasten stieg. Da kam die Flut und ertränkte sie alle. Oder wie in Sodoma: die Menschen aßen, tranken, feilschten, pflanzten und bauten; aber an dem Tage, da Lot auszog, regnete es Feuer und Schwefel, und alle kamen um. So wird es sein, wenn der verborgene Messias sich offenbaren wird. In jener Nacht werden von zweien, die auf dem gleichen Bett liegen, von zwei Frauen, die an der gleichen Mühle drehen, die eine gerettet und die andere untergehen.

Wenn irgend ein Unglücksfall die Gemüter erschütterte, so knüpfte Jesus daran die Mahnung an jene Endzeit. Pilatus hatte eine Gruppe Galiläer beim Opfer niedermetzeln lassen: „Meint ihr, daß diese Galiläer mehr als andere sündhaft gewesen seien? Nein, wenn ihr nicht umkehrt, werdet ihr alle auf ähnliche Weise untergehen." Als der Turm von Siloam in der Stadtmauer von Jerusalem zusammenstürzte und 18 Menschen erschlug, nahm er es zum Anlaß für die gleiche Warnung. Er vergleicht die Menschen seiner Zeit mit einem reichen Manne, der nur darüber nachsann, wie er seine Scheuern vergrößern werde, die den Erntesegen nicht mehr faßten: da packte ihn plötzlich der Tod und machte alle seine Pläne zu nichte. Kann das Schicksal derer, die nur an die Sorge des Erwerbes denken, ein anderes sein?

Auf diesem düsteren Hintergrund zeichnet sich das Wirken von Jesus ab. Aber er zieht nicht die Folgerung, wie die Pharisäer taten: also haltet die Gesetze Gottes bis zum i-Tüpfchen. Seid Gerechte, so passiert euch nichts. Noch auch gibt er eine Bußtaufe wie Johannes, an die sich die Menschen als an ein äußeres Zeichen des Heils klammern könnten. Von der Bußpredigt des Johannes und anderer Propheten unterscheidet sich die Kunde, die Jesus bringt, dadurch, daß sie eine frohe Botschaft ist. Die Worte sind dieselben geblieben: „Das Reich ist nahe." „Gewaltige Menschen ziehen es gewaltsam herbei" (wie die Pharisäer durch ihre pünktliche Gesetzeserfüllung auch tun wollten). Aber der Sinn ist ein ganz anderer geworden; denn der Gott, den Jesus predigt, ist ein anderer, als ihn die Judäer bisher kannten.

Jesus selbst meinte wohl, den Gott der alten Propheten zu künden. Aber der Gott seiner Gleichnisse ist nicht der rachsüchtige zürnende Adonai, der als Strafbüttel über die Innehaltung seiner Gesetze wachte, sondern ein liebender Vater, der auch die Sünder und gerade sie nicht verstößt, sondern zur Umkehr ruft und mit Freuden aufnimmt, wenn sie heimkommen. Wohl hatte man auch in altisraelitischer Zeit Gott bisweilen als Vater bezeichnet, so namentlich in vielen Personennamen. Aber dabei war an den Vater als den Herrn der Sippe gedacht, dem sich der Sohn als Knecht unterordnete. Jesus gibt dem Worte Vater den Sinn des gütigen und allverzeihenden Erhalters. Am deutlichsten ist das in dem Gleichnis vom verlorenen Sohn. Der Sünder ist wie der Sohn, der sich sein Erbteil hat auszahlen lassen und auf die Wanderschaft ging, und der es in der Ferne mit Huren und Zechbrüdern verpraßt hat. Da kommt er in Not, daß er Schweine hüten muß (für den Judäer die schimpflichste Erniedrigung) und froh wäre, wenn er aus deren Trog essen könnte, und bekommt nichts davon. Da gewinnt er den Mut, zu seinem Vater zurückzukehren und ihn zu bitten, ihm als Lohnknecht dienen zu dürfen, da er nicht wert sei, sein Sohn zu sein. Der aber empfängt ihn mit Freuden, läuft ihm entgegen, fällt ihm um den Hals. Und während der Sohn um Verzeihung bittet, denkt der Vater nicht mehr an das Vergangene, sondern läßt ihm frische Kleider anziehen und den Mastochsen zum Festbraten schlachten. Mit diesem handfest irdischen Bilde malt Jesus die Freude aus, die Gott über einen Menschen empfinde, der zu ihm zurückkehre. Und als Gegenbild fügt er noch den Sohn dazu, der daheim geblieben ist und immer brav war, und der sich mit Recht zunächst zurückgesetzt fühlt — aber wenn er ein richtiger Bruder ist, muß er sich doch mitfreuen.

142

Man horche genau auf, wie hier nicht etwa Buße gefordert ist, die irgendwie eine Gegenleistung vor Gott wäre: sondern nur das Gefühl der Unwürdigkeit genügt, um Gott zu versöhnen. Daran ermißt man den Abstand vom Alten Testament und von allem Werkdienst der Pharisäer und ihrer christlichen Nachahmer. Jesus weiß, daß Gott unmittelbar dem Menschen nahe ist und es keiner versöhnenden Werke ihm gegenüber bedarf. „Bittet, so wird euch gegeben werden. Wer ist unter euch, der seinem Kinde einen Stein gäbe, wenn es um Brot bittet, oder einen Skorpion, wenn es um Fisch bittet (die andere Speise jener am See wohnenden Hörer). Wenn ihr schlechten Menschen gut zu euren Kindern seid, wie viel mehr Gott, dessen Wesen es ist, gut zu sein." Damit ist der Gott des Alten Testaments unvermerkt in den Vater-Gott der Griechen verwandelt.

Es ist also kein Zufall, sondern entspricht dem Wesen seiner Lehre, wenn Jesus sich vornehmlich an diejenigen wandte, die man als Sünder bezeichnete. In immer neuen Gleichnissen schärft er es ein, daß sie nicht von Gott verlassen seien. Welcher Mensch unter euch, der hundert Schafe hat und eines davon verliert, läßt nicht die neunundneunzig stehen, und sucht, bis er das verlorene gefunden hat? Das scheint zwar schon an eine sprichwörtliche Redensart anzuknüpfen, denn auch andere Religionen der gleichen Zeit gebrauchen das Bild; aber es ist geschichtlich gerade das Bild, unter dem sich Jesus selbst den Menschen eingeprägt hat. Die ältesten Kunstwerke der Christenheit stellen ihn am liebsten als den guten Hirten dar.

Nur eine andere Form derselben Botschaft ist es, wenn er dem Kranken, der sich von schwerer Tat belastet fühlte, zurief, Deine Sünden sind dir vergeben.

Aber eine Bedingung ist dabei. Jesus lehrte seine Jünger beten: „Vergib uns unsere Schuld, wie wir vergeben unseren Beleidigern." Er sagt, wenn ihr den Menschen ihre Schulden nicht vergebt, so wird euch Gott auch die euren nicht vergeben, und prägt das in ausgeführten Gleichnissen ein. Er geht bis zu der Forderung: so dich einer auf die rechte Backe schlägt, so halte ihm auch die linke hin. Nicht nur siebenmal sollst du dem Bruder vergeben, sondern siebenzigmal siebenmal.

Und nicht nur Vergebung fordert er, sondern tätige Güte. „Wenn ihr nur denen gut tut, die wieder gut zu euch sind, was ist daran besonderes? Tut wohl denen, die euch hassen, segnet, die euch fluchen. Vergeltet Böses mit Gutem. Liebet eure Feinde!" Das Wort klingt im Deutschen noch unmöglicher als im Griechischen: Jesus befiehlt nicht Liebesgefühle, sondern liebevolles Tun. Aber er wagt um der Eindringlichkeit willen gerne solchen überspitzten Ausdruck.

Vielleicht noch unmöglicher klingt der Satz, der diesen erläutert: „Seid vollkommen wie euer Vater im Himmel vollkommen ist, und Sonne und Regen austeilt an Gerechte und Ungerechte." Als ob göttliche Vollkommenheit einem Menschen erreichbar wäre. Aber Jesus meint nicht den philosophischen Begriff, sondern er meint die Unbeirrbarkeit durch die Handlungen der anderen. Wie denn bei Lukas das Wort vollkommen durch barmherzig ersetzt ist. Wir könnten es modern umschreiben: sei von naturgesetzlicher Stetigkeit in deiner Güte. Aber damit tragen wir einen Farbton ein, der für Jesus vollkommen außerhalb des Gesichtskreises lag.

Zusammenfassend drückt Jesus seine Forderung mit den Worten der Thora aus: „Liebe deinen Nächsten wie dich selbst." Das war in der Formulierung nichts Neues. Neu war die Deutung, die er dem Worte „der Nächste" gab. Er erläuterte es durch das bekannte Gleichnis vom Samariter. Für den Judäer war der Nächste nur der Volksgenosse, deswegen ist im Gleichnis des Jesus gerade der Volksfremde als Beispiel des rechten Handelns, nämlich der Barmherzigkeit gegen den Unbekannten, gesetzt. Ihm wird das rituell korrekte Handeln des Priesters und des Leviten gegenübergestellt, die das äußere Gebot beobachten und die Nähe des Sterbenden meiden, um sich nicht zu verunreinigen im Sinne ihrer Vorschriften, und die eben darum das Gebot der Liebe versäumen.

Aber Einzelvorschriften über die Liebestätigkeit gibt Jesus nicht. Wie er ja überhaupt nicht Jurist sein will wie die Pharisäer . Nur als er über eine Ehescheidung befragt wurde, erklärte er, Moses habe die Scheidung nur um der Hartherzigkeit willen zugelassen. Das göttliche Gebot aber sei, daß Eheleute ein Leib werden, und was Gott gefügt habe, solle der Mensch nicht scheiden. Jesus erklärte es für Ehebruch, eine geschiedene Frau zu heiraten. Schon bei Matthäus ist das strenge Gebot gemildert und eine Scheidung wegen Untreue (der Frau) zugelassen. Als ob nicht Jesus gerade das unbedingte Verzeihen gefordert hätte.

Noch unerbittlicher urteilt Jesus über das im griechischen Einflußgebiet weit verbreitete Laster der Knabenschändung[1]. „Wer an einem dieser Kleinen Vertrauenden ein Ärgernis begeht, für den wäre es richtig, wenn man ihm einen Mühlstein um den Hals hinge und ihn ins Meer würfe." Und daran schließt bei Markus das harte rabbinische Strafgebot gegen die Onanie: „bereitet deine Hand dir Ärgernis, so hau sie ab, denn es ist besser, du kommst einhändig ins Leben, als zweihändig in die Hölle." Entsprechendes soll Jesus vom Fuße und vom Auge gesagt haben. Aber die wörtliche Entsprechung im Talmud macht diese Überlieferung fraglich.

Für ihn wie für sein ganzes Zeitalter waren eben die Ausschreitungen des Geschlechtslebens die Ursünde des Menschen. Das ist ein gemeinsamer

144

Zug aller um jene Zeit entstehenden Religionen. Mithras- und Atthis-Ver-
ehrer unterscheiden sich darin nicht von den Christen. In einer Welt, die
das geistige Dasein als das Gute der Materie als dem Bösen entgegensetz-
te, mußte der Trieb, der den Geist am innigsten zum fremden Leibe
hinzieht, als der verderblichste von allen erscheinen. Es standen damals
wie heute genug Beispiele vor Augen, wie ein Mensch, der in sinnlichen
Ausschweifungen versinkt, zu geistigem Aufschwung untauglich wird.
Wer sich nun so ganz Gott anvertraute, wie Jesus es vorlebte, der mußte
sich der Sorgen des irdischen Lebens enthoben fühlen. So mahnte Jesus:
„Sorgt nicht, was werden wir essen, womit werden wir uns kleiden. Gott
weiß doch, was ihr nötig habt. Schaut die Raben auf dem Feld, die nicht
säen, und Gott nährt sie doch. Schaut die Lilien[2] auf dem Felde: sie sind
Unkraut, und doch schöner gekleidet, als der König Salomo in all seinem
Prunke." Nach Thomas hat er auch die logische Folgerung wie die Jaina
in Indien gezogen, daß der Mensch sich wie die Lilie mit dem Kleide
begnügen solle, das Gott ihm gegeben hat: „Wenn ihr euch entkleidet
ohne euch zu schämen, und die Kleider unter eure Füße legt, wie die
kleinen Kinder und sie zertretet, dann (spürt) ihr den Sohn des Lebendigen, und werdet euch nicht fürchten." Aber unsere Evangelien überliefern dies Wort nicht: — da wirkte zu sehr das Gefühl entgegen, das in
der Paradieses-Erzählung dem Adam bewußt machte, daß er nackt sei.
Sondern Jesus will nur die Sorge abweisen: „Wer kann sich selbst mit all
seinem Grübeln auch nur um eine Elle größer machen?" — Mit diesem
Worte kennzeichnet er die Nichtigkeit dessen, worum sich viele ängsten
und quälen. Jesus hatte überhaupt für die wirtschaftlich planende Tätigkeit keinen Sinn. Sie schien ihm überflüssig zu sein, wenn das Reich
Gottes anbreche, in dem alle Früchte von selbst wachsen sollten, und für
den Augenblick war sie nur ein Hindernis. Beschäftigt mit den Sorgen um
das leibliche Wohlergehen waren die Menschen nicht im Stande aufzumerken, um das eine zu hören, was not tat. So läßt Lukas ihn der
geschäftigen Hausfrau Martha gegenüber die müßige Maria verteidigen,
die die Arbeit sein läßt, um auf sein Wort zu lauschen.
Irdischer Besitz, der notwendig in Sorgen verstrickt, schien sogar ein
Hindernis, das abhielt, zum unbedingten Gottvertrauen zu kommen. Niemand kann zwei Herren dienen, sagt Jesus, man muß wählen zwischen
Gott und dem Mammon. Und dem gleichen Jüngling, der fragte, wie er
ins Reich Gottes gelangen könne, antwortete er: gib alles, was du hast,
den Armen, und folge mir nach. Die Enttäuschung, daß dieser sich nicht
von seinem Besitz lösen konnte, hat Jesus das betrübte Wort entlockt: es
ist wahrlich leichter, daß ein Kamel durch ein Nadelöhr gehe als ein
Reicher in das Gottesreich. So pries er die Armen selig: ihnen gehöre das

Reich Gottes, und beklagt die Reichen, denen der Besitz ihr Trost ist. Denn die Schätze auf Erden werden von Rost und Motten zernagt.

Nicht nur der Besitz, auch die Familienbande sind ein Hindernis für solches Leben: Wenn einer zu mir kommt, und nicht Vater und Mutter, Weib und Kinder und Geschwister haßt, der kann nicht mein Schüler sein. Demgemäß wies er auch seine eigenen Verwandten ab, als sie ihn von seiner Bahn abdrängen wollten: „Wer den Willen Gottes tut, der ist mir Bruder und Schwester und Mutter." Einem Manne, der seinem Rufe auswich mit der Entschuldigung, er müsse erst seinen Vater bestatten, rief Jesus zu: Laß die Toten ihre Toten begraben (oder vielleicht hat das Wort aramäisch gelautet: laß die Toten dem Totengräber).

Strenge weist Jesus jede Rechthaberei zurück. „Richtet nicht, damit ihr nicht gerichtet werdet. Rechtet nicht, damit man nicht mit euch rechte. Denn mit dem Maße, mit dem ihr meßt, wird euch wieder gemessen werden. Wenn dich jemand zum Gerichte führt, so vergleiche dich vorher mit ihm. Wenn er dir das Hemd nehmen will, laß ihm auch den Mantel." Das ist natürlich als Gleichnis zu verstehen; es deutet die Minderwertigkeit alles Besitzes gegenüber dem Gute der Eintracht und des Friedens an.

Auch die Ehren, die dem Menschen zuteil werden können, wertet Jesus gering. Er ist nicht unempfänglich dafür, aber er will keinen Ehrgeiz. Wer sich selbst erhöht, wird erniedrigt werden, und wer sich selbst erniedert, wird erhöht werden. Jesus tadelt die Pharisäer und Ratsherren, weil sie darauf Wert legen, den ersten Sitz in der Synagoge zu haben und auf dem Markt von allen Leuten ehrerbietig gegrüßt zu werden — wie es doch in jeder Gemeinschaft üblich ist, daß die geistigen Menschen einen Vorrang haben, solange nicht die natürlichen Maßstäbe durch Überbewertung des Reichtums oder durch eine Propaganda des Neides verdreht worden sind. Er mahnt, man solle sich untenan setzen, wenn man zum Gastmahl gerufen wird, damit der Gastgeber den bescheidenen Gast lieber auf einen höheren Platz rücken lasse, als umgekehrt den, der vornen sitzt, aufforderte, Platz für einen Vornehmeren zu machen. Vor allem aber mahnte er seine Jünger: „wer der größte von euch sein will, der sei euer aller Knecht". Mag ihm dabei auch unbewußt jener Ausspruch des makedonischen Königs Antigonos nachgeklungen haben, der das Königtum als eine vornehme Sklaverei bezeichnet hatte; die Verwandtschaft des Sinnes ist jedenfalls deutlich. Nur daß es dabei Jesus wieder darauf ankommt, die übliche Ansicht der Dinge auf den Kopf zu stellen.

Was ist denn nun aber das Gottesreich, zu dem er hinführen will und dem der Mensch, den er ruft, Reichtum, Familie und äußere Ehre aufopfern soll? Hier gilt es nun besonders, aufzumerken. Die Zeitgenossen erwarteten dies Reich als eine Neuordnung der irdischen Dinge, besonders der politischen Verhältnisse. Wie diese Neuordnung kommen werde, darüber machten sie sich verschiedene Gedanken; beim Volke war wohl am meisten die Meinung verbreitet, daß sie durch ein plötzliches Wunder Jahwehs herbeigeführt werde.

Manche Worte von Jesus klingen, als ob er diese Erwartung geteilt habe. Aber wie weit sind es Einkleidungen seiner Botschaft, um sie den Herzen nahezubringen, oder hat die Anschauung der Umwelt in der Erinnerung seine genauen Worte überwuchert? Das Eigene muß das sein, was ihn von der Sicht der Judäer um ihn abhebt.

Jesus sagt: „Wer das Reich Gottes nicht aufnimmt wie ein Kind, der kommt nicht hinein." Und ein andermal: „Ich gestehe es Dir ein, Vater des Himmels und der Erde, daß du dies vor den Weisen und Verständigen verborgen hast, und es den Unmündigen enthüllt hast. Ja, Vater, so war es dein Gutdünken." Es ist noch heute so: die meisten Gelehrten und Theologen verstehen ihn nicht, wer sich aber kindlich in seine Redeweise versenkt, dem ist sie so klar, daß er sich wundert, wie man sie mißverstehen kann. Das Leben selbst, wie Jesus es vorschreibt, im vollen Vertrauen zu Gott und deswegen ohne Angst und Sorge und Selbstsucht — dies Leben ist selber das Gottesreich.

Die Pharisäer versprachen denen, die alle Gebote erfüllten, einen Lohn, im messianischen Reiche. Auch Jesus übernimmt gelegentlich diese Redeweise: selig seid ihr, wenn die Menschen euch hassen um meinetwillen: euer Lohn im Himmel wird nicht gering sein. (Allerdings ist der Himmel etwas anderes als das verheißene Gottesreich, eine Umdeutung in der Niederschrift des Matthäus.) Die meisten Sprüche dieser Art, die bei Matthäus stehen, sind allerdings erst nachträglich der Botschaft des Jesus zugewachsen. Aber wie sollten die einfachen Menschen, zu denen er sprach, nicht gefragt haben: was bekommen wir dafür zum Lohn, wenn wir uns dir anschließen?

Jesus geht auf ihre Denkweise ein, aber seine Antwort prägt die Bedeutung der Worte um. Das ist am deutlichsten in dem Gleichnis von den Arbeitern, die zu verschiedener Stunde gedungen sind und dennoch den gleichen Lohn erhalten. Ein Vorgang, der dem Begriff des Lohnes widerstreitet: ausdrücklich fügt Jesus hinzu: die Arbeiter, die den ganzen Tag gearbeitet hatten, fingen zu murren an, als sie hörten, daß diejenigen, die nur die letzte Stunde gearbeitet hatten, den gleichen Taglohn empfangen sollten. Aber der Arbeitgeber weist sie ab: sie hätten den ausbedungenen Lohn empfangen und hätten kein Recht, seiner Mildtätigkeit Schranken zu setzen.

Der Lohn, den Jesus meint, ist die Aufnahme in das Gottesreich selbst: er wird nicht abgestuft danach, zu welcher Zeit der einzelne sich entschließt. In einem anderen Gleichnis wird sogar der Anspruch auf Lohn Gott gegenüber schroff abgewiesen. Das Beispiel stammt aus dem Wirtschaftsleben der Zeit mit seiner harten Sklaverei. Wenn ein Knecht vom Felde kommt, so fragt der Herr nicht, ob er müde sei, sondern läßt sich von ihm bedienen. Der Sklave hat absolut keinen Anspruch gegen den Herrn, und wenn er alles erfüllt hat, was von ihm verlangt wird, so bekommt er keinen Dank. So soll auch der, der alle Gebote erfüllt hat, sagen, er sei doch nur ein unbrauchbarer Knecht und habe nur getan, was er schuldig sei.

Dagegen braucht Jesus gerne für das Gottesreich das Bild eines Festmahls oder einer Hochzeit. Aber eben weil es Bilder sind, können sie verschieden verstanden werden. Genau und ohne Bild sagt er in den uns erhaltenen Überlieferungen nur einmal, was er meint. Er sagte, das Gottesreich ist inwendig in euch[3]. Er braucht dabei das Wort, das sonst im Neuen Testament nur einmal vorkommt, als er den Pharisäern vorwarf, daß sie das Äußere der Gefäße reinigten, aber das Innere vernachlässigten. Es ist also einfach ein Sprachschnitzer, wenn man versucht hat, zu übersetzen: das Reich Gottes ist mitten unter euch (nämlich durch die Anwesenheit des Jesus). Das ist jetzt ganz deutlich durch den Zusammenhang des Wortes im Thomasevangelium: Wenn die, die euch führen, zu euch sagen: „Siehe, das Reich ist im Himmel", dahin werden euch die Vögel des Himmels zuvorkommen. Wenn sie zu euch sagen: „es ist im Meere", dahin werden die Fische euch zuvorkommen. Aber das Reich ist in euch. — Und er erläuterte das: „Wenn ihr euch selbst erkennt, dann werdet ihr (von Gott) erkannt werden, und ihr werdet erkennen, daß ihr Söhne des lebendigen Vaters seid." Darin bestand ja gerade die Neuerung, die Jesus kündete, daß er das Gottesreich nicht als etwas dingliches auffaßte.

Aber er fährt bei Thomas fort „und es ist außer euch." Mit der Empfindung der Kindschaft ist es nicht genug, sie muß sich auch in Taten auswirken. Wie denn zahlreiche Aussprüche dieses Evangeliums von der inneren Zwiespältigkeit der Menschen handeln. „Da ihr eins wart, seid ihr zwiespältig geworden". „Wenn ihr die zwei zu eins macht, und wenn ihr das Innere wie das Äußere macht, und das Äußere wie das Innere ... dann werdet ihr in das Reich eingehen". „Wenn einer gleich ist (in diesem Sinne), wird er sich mit Licht füllen". Er stellt den Zwiespalt im Menschen unter dem Bilde eines Menschen und eines Löwen dar: „Selig ist der Löwe, den der Mensch ißt und der Löwe wird Mensch, und abscheulich ist der Mensch, den der Löwe frißt, und der Löwe wird Mensch". Natürlich ist die Bestie im Menschen gemeint.

Der Satz „wenn ihr die zwei zu eins macht" hat eine Fortsetzung, die wohl schon späteres Mißverständnis und Weiterbildung ist: „Wenn ihr das

Männliche und das Weibliche zu einem einzigen macht, damit das Männliche nicht männlich, das Weibliche nicht weiblich ist; wenn ihr Augen anstelle eines Auges macht und eine Hand anstelle einer Hand, und einen Fuß anstelle eines Fußes, ein Bild anstelle eines Bildes." Das bleibt rätselhaft, wie man es auch wendet. Aber ostasiatische Religionen umschreiben ihr Geheimnis in ähnlicher Weise.[4]

Als Baumeister von Beruf sprach Jesus von seiner eigenen Tätigkeit auch als vom Aufbauen eines Bethauses (Kahal). Wie die griechische Übersetzung Ekklesia, Kirche, konnte das Wort nicht nur das Gebäude, sondern auch die zugehörige Gemeinde bedeuten. In welcher Weise er aber diese Gemeinde aufbaute, das sagt uns der Sinn, den das Wort „erbauen" in der religiösen Sprache schon des Urchristentums angenommen hat. Es enthält die Erinnerung an das Handwerk des christlichen Heilands und seine Anwendung zeigt, daß es auf das Innere ankam.

Auf welches Innere? Das sagt ein anderer Spruch, den Jesus der Volksmenge hinwarf: „Hört mich alle und versteht mich: es gibt nichts, was von außen her in den Menschen eingeht, was ihn entweihen könnte, sondern das, was aus dem Menschen hervorkommt, das ist's, was den Menschen entweiht." Nicht einmal die Jünger verstanden ihn, so neu war damals die uns alltägliche Ausdrucksweise. Ihnen fügte er die Erklärung bei: „Was von außen in den Menschen hineinkommt, alle Speise, das geht nicht in das Herz, sondern in den Bauch, und zum After wieder hinaus. Ich sagte, das was aus dem Menschen herauskommt, das entweiht den Menschen. Denn von innen aus dem Herzen kommen die schlechten Nachreden, Unzucht, Diebstahl, Totschlag, Ehebrüche, Habgier, Schlechtigkeiten, List, Schwelgerei, böser Blick, Lästerung, Überhebung, Unbeherrschtheit. Alle diese Schlechtigkeiten kommen von innen her und entweihen den Menschen."

Es ist dies jener spätgriechische Begriff des Innen, der uns zum erstenmal bei Platon begegnet, da wo Sokrates am Schluß des Gesprächs mit Phaidros die Göttinnen des Ortes anruft und um „innere Schönheit" betet. Das Innere ist die Seele. Es darf uns nicht stören, daß wir heute zu wissen glauben, daß die Vorstellung einer Seele als des Inneren im Menschen philosophisch schief ist. Für Jesus und seine Zeitgenossen war sie durch die griechische Weisheit vorgegeben. Und das gerade ist das Neue an seiner Predigt, daß er auf die Seele und ihre Beschaffenheit mehr wert legt, als auf das „äußere" Ritual und als auf das Wohlergehen, das die alttestamentliche Religion sich als Lohn für die Beobachtung der Gesetzesvorschriften erwartete. „Seine Jünger fragten ihn: willst du, daß wir fasten und wie sollen wir beten, Almosen geben und welche Speisevorschriften sollen wir beobachten. Jesus antwortete: Lügt nicht und tut nicht, was ihr haßt. Denn alles ist offenbar vor dem Himmel"[5]. „Was hülfe es dem Menschen, wenn er die ganze Welt gewönne, und nähme Schaden an seiner Seele." Man muß dies Wort mit dem jüdischen Messiasbilde zusammenhalten, das dem Volke Israel die ganze Erde als Gewinn versprach. Dann erkennt man erst, wie ganz sich Jesus von diesem Messiasbegriff losgemacht hatte und welches vollkommene Umdenken er von seinen Hörern fordern mußte.

Das Reich Gottes ist für Jesus also eine innere Beschaffenheit. Nicht zufällig geht mit dem Evangelium zugleich die neue Auffassung über den Menschen selbst einher, als bestehe er aus einem leiblichen Äußeren und einem geistigen, göttlichen Innen. Diese Unterscheidung beginnt um die Zeitenwende, schon vor Jesus; sie gehört zu den sprachlichen Mitteln, mit denen sich Jesus verständlich machte.

Ihm selbst war es genau klar, wie neu seine Auffassung war. „Niemand näht einen Fleck ungewalkten Tuches auf ein altes Kleid, sonst reißt das aufgesetzte Stück ab, und der Riß wird größer. Und niemand füllt neuen Wein in alte Schläuche, sonst zerreißt der Most die Schläuche und Wein und Schläuche verderben. Sondern frischer Wein gehört in frische Schläuche." Das bedeutet, das Judäertum war ihm ein zerrissenes Kleid, das er nicht ausbessern wollte. Seine Lehre sei ein Most, der noch in Gährung sei, und sich darum nicht in die hergebrachten Formen einfüge. So warnte Jesus auch seine Jünger: „Hütet euch vor dem Sauerteig der Pharisäer", das heißt doch, vor der Geistesart, die alles in Begriffe aufspaltet und juristisch austiftelt. Sie empfand er als ein Nähen an dem alten Rocke.

Die Judäer sprechen von dem Messias als dem Sohne Gottes. Die altorientalische Königswürde klingt in dem Ausdruck mit. So hatten alle Pharaonen Ägyptens, so noch Alexander der Große den Titel des Gottessohnes geführt. Jesus hatte sich bei der Taufe als Gottes Sohn berufen hören. Aber er war ferne davon, sich darin zu überheben. Seine Botschaft war gerade das Streben, dieses Königsgefühl, dieses jubelnde Wissen um die Nähe und väterliche Liebe Gottes auch den anderen Menschen mitzuteilen. „Liebt eure Feinde und tut Gutes, leiht, ohne Gewinn zu erhoffen, so wird euer Lohn groß sein, und ihr werdet Gottes Söhne sein. Denn auch er ist gut gegen die Schlechten und Undankbaren." Gottes Kinder zu sein, das ist das, was das Gottesreich den Menschen bringt.

Folglich mußte auch das Kommen des Reiches ein innerer Vorgang sein. Doch sind darüber die Worte von Jesus selbst nicht eindeutig. Wohl sagte er: diesem wundersüchtigen Geschlecht wird kein anderes Zeichen zu teil werden, als das Zeichen des Jonas – des Propheten der Sage, der das Gericht Gottes über Ninive künden sollte und dann vergeblich auf das

Eintreffen der Verheißung wartete. So deutet Jesus vielleicht an, daß auch die Judäer vergeblich auf das Blutgericht über die Heiden warteten. Das Wort ist sicher echt, denn es ist ihm eine verkehrte Deutung angefügt worden.

Wenn er sein eigenes Wirken mit dem Ausstreuen einer Saat vergleicht und das Gottesreich mit dieser Saat, die weiterwächst, auch wenn der Sämann schläft; wenn er sagt, das Gottesreich sei wie ein Senfkorn, so winzig klein, und es komme doch aus diesem kleinen Korn eine mächtige Staude, in der die Vögel nisten, so ist klar, daß hier das Kommen des Reiches als der geistige Vorgang gefaßt ist, den die Botschaft — nicht sofort, sondern allmählich — bei den Hörern wirkt. Aber Jesus ist kein Systematiker, deswegen kann er zu anderen Zeiten auch das Kommen des Reiches in den volkstümlichen Wunderbildern beschreiben, die sich die judäischen Propheten und Grübler dafür ausgesonnen hatten. So hat er ausdrücklich verheißen, einige von denen, die hier stehen, werden nicht sterben, bis das Reich kommt in seiner Herrlichkeit. Das war nicht nur Anpassung an den Sprachgebrauch seiner Umgebung, sondern für ihn, dem das Wunder tägliche Tätigkeit war, war es gewiß, daß sein Wort so mächtige Wunderwirkung haben werde. Aber auf die Frage nach dem genauen Zeitpunkt hat er geantwortet, das weiß nur der Vater. Nur daß es bald sein werde, glaubte er den Zeichen entnehmen zu können. Zu diesen Zeichen der geschichtlichen Stunde rechnete er besonders seine Heilwunder. Das ist deutlich in der Antwort gesagt, die er dem Johannes dem Täufer in sein Gefängnis melden ließ — wenngleich wir nicht wissen, wieviel davon als symbolische Ausdrucksweise verstanden sein will: sagt dem Johannes, was ihr gesehen und gehört habt: Blinde sehen und Lahme gehen, Aussätzige werden rein und Taube hören, und Tote werden wach und Bettler erhalten die Kunde vom Gottesreich, und selig, wer nicht an mir Anstoß nimmt. — Also seine Predigt sieht er als das wichtigste der Zeichen an.

Wie hätte Jesus auch an der Nähe der großen Umwandlung zweifeln können, da er sich selbst als den fühlt, der berufen worden sei, sie herbeizuführen? Die bittere Erfahrung, daß sein Wort nicht überall fruchtete, störte ihn dabei nicht. Er wandte seine Mahnung, nicht zu sorgen, auch auf das eigene Werk an. Er vergleicht das Predigen des Gottesreiches mit dem Ausstreuen des Kornes auf dem Acker. Er dachte dasselbe Gleichnis weiter: von dem Samen, den der Sämann streut, fällt einiges auf den Weg, und die Vögel fressen es, einiges fällt auf Felsgrund, wo es nicht wurzeln kann, einiges wird von Unkraut erstickt. Aber dennoch ist der Ertrag der Ernte ein reicher; denn das Korn, das in gutem Boden Wurzel schlägt und dessen Ähre reif wird, trägt dreißig, sechzig, ja hundertfältig.

Das Gleichnis ist nicht, wie man wohl gemeint hat, eine Mahnung an die Jünger zur Selbstprüfung, sondern ein Trost für sie, wenn die Predigt manchmal vergeblich zu sein schien.

Nur dieses eine Mal in den überlieferten Sprüchen, soweit sie echt sind, bei der Auslegung dieses Gleichnisses spricht Jesus von seiner Lehre als dem „Wort", das er ausstreue. Der späteren Kirche ist diese Ausdrucksweise geläufig, ebenso den hermetischen Schriften. Aber der Verdacht, daß diese Stelle ein späterer Einschub sei, ist wohl unbegründet. Jesus wird uns hier vorgeführt, wie er dem engeren Kreise der Jünger ein Gleichnis auslegt: da gebraucht er natürlich andere Worte, als wenn er zur Menge redet. Und ebenso natürlich ist, daß gerade diese Ausdrucksweise im vertrauten Kreise im Gedächtnis geblieben ist und die spätere Sprache der Kirche mitgeformt hat.

Ungeduldiger als jenes Gleichnis klingt die Frage: „Warum nennt ihr mich Herrn und tut nicht, was ich euch sage." oder der verwandte Spruch: „Nicht jeder, der Herr zur mir sagt, wird in das Reich eingehen, sondern wer den Willen des Vaters tut."

Der Gehorsam gegen die Botschaft wird erst dadurch gesichert, daß die Empfänger der Lehre ihren Künder als den gottgesandten Heilskönig erkennen. Darum bedeutete der Ruf zum Reiche zugleich, daß Jesus forderte, ihn als den berufenen Messias anzuerkennen. „Wohl denen, die nicht an mir Anstoß nehmen."

Aber wie sollte er diesen Anspruch den Menschen kundtun? Wenn er offen als Messias aufgetreten wäre, so hätte die römische Militärgewalt ihn und alle, die ihm anhingen, sofort zur Strecke gebracht. Dafür stand ihm das Schicksal des Judas des Galiläers warnend vor Augen. Es hätte aber außerdem die Jünger, die er warb, selbst irregeführt. Der Lärm der Politik hätte sie ja dann taub gemacht für die andere, viel tiefer ins Herz zielende Botschaft, die er zu bringen hatte. Er durfte also gerade um des Auftrags willen, zu dem er sich von Gott bestimmt wußte, nicht aussprechen, daß er der Messias sei. Er durfte es nur durch Andeutungen denen zu verstehen geben, die schon begriffen hatten, was er mit dem Reich Gottes meine. Wenn ein Seelisch-Kranker mit dem Gefühl für das Unausgesprochene, das solchen Menschen eigen ist, ihn als Messias ansprach, so schalt er ihn und gebot ihm Schweigen, als ob ein böser Geist aus ihm rede.

Dies ist das vielberufene Messias-Geheimnis, das den heutigen Gelehrten so viel Kopfzerbrechen gemacht hat. Jesus sagte seinen Jüngern: Seid klug wie die Schlangen; wie sollte er nicht selbst Klugheit üben? Kein Denkender wird Schwäche, Verzagen darin sehen. Er gebrauchte nur die notwendige Vorsicht, um unter einer brutalen Militärregierung und

Fremdherrschaft sein Werk nicht unnötig zu gefährden. Trotzdem war er sehr deutlich: „Selig, die sehen, was ihr seht; viele Propheten haben es sich vergeblich gewünscht."

Aus dem gleichen Grunde nannte sich Jesus den Menschensohn. Das Wort war schon in der alttestamentlichen Überlieferung doppeldeutig. Ezechiel nannte sich so als den Propheten, den Gott anspricht[6]. Bei Daniel und besonders bei Henoch aber war Menschensohn die Umschreibung für Messias. So deutete Jesus mit dieser Selbstbezeichnung an, daß er der Messias sei, ohne doch den Gegnern eine rechtliche Handhabe zu bieten.

Das Wort deutete aber auch ihm selbst sein eigenes Schicksal. Bei aller Armut und Anfeindung, die er erfuhr, brachte es ihm immer wieder zum Bewußtsein, daß er das allgemeine Menschenlos teile." „Die Füchse haben ihre Höhlen und die Vögel ihre Nester, der Mensch aber hat nicht, wo er sein Haupt hinlege." Aus den Worten des zweiten Jesaias las er heraus: „Der Mensch muß leiden, muß seinen Feinden überantwortet werden." So wurden durch seine Redeweise seine Not und Leiden zum Bilde des Menschenschicksals überhaupt.

Die Judäer betrachteten den Messias als ein höheres Wesen, das vom Anfang der Zeiten her im Himmel bei Jahweh geweilt habe, um in der Endzeit auf die Erde herabzukommen und den israelitischen Weltstaat aufzurichten. Es war kaum vermeidlich, daß die Jünger diese Vorstellung auf Jesus übertrugen. Und so hat die christliche Kirche Jesus als Gottessohn mit Gott gleichgestellt, ja, ihn zu einer zweiten „Person" des einzigen Gottes gemacht. Es tut den Gläubigen weh, wenn jemand daran rührt, und man pflegt ihm zu antworten, daß er in die Geheimnisse des Glaubens nicht eingedrungen sei.

Aber es gibt einen gewichtigen Zeugen gegen diese Auffassung, der heißt Jesus von Nazareth. Als ein Hörer ihn anredete „Guter Meister", da wehrte er ab: „Was nennst du mich gut. Niemand ist gut, als allein Gott." Gerade in seinem Wissen um die Überfülle der Güte Gottes lag auch die Erkenntnis von dem unermeßlichen Abstand zwischen Gott und Mensch. Auch darin war er der Erbe der griechischen Frömmigkeit. Er sah sich nicht als Gott an, sondern als Gottes Knecht.[7] Er ahnte noch nicht, wie die nachfolgenden Geschlechter gerade in diesem seinem schlichten Wesen das Göttliche würden „durchtönen" hören.[8]

Anmerkungen

1   Zu Markus 9,41 ff: Daß das Wort „Wenn deine Hand dich skandaliert . . ." auf die Onanie geht, ist aus den rabbinischen Parallelen eindeutig zu erkennen, vgl. Strack-Billerbeck zu Matth.

18,8 ff. Also ist auch Mk. 9,41 das Zeitwort skandalieren auf eine geschlechtliche Sünde zu beziehen. Daher ist zu übersetzen: „Wer einen dieser kleinen Vertrauenden geschlechtlich mißbraucht." — Es steht bei Markus nicht „an mich Glaubenden" — das ist zwar schon bei Matthäus als Mißverständnis eingedrungen: das Wort soll nicht eine Selbstgerechtigkeit der „von der Welt Mißachteten" begründen. Sondern die „Kleinen" sind im Zusammenhang des Kapitels notwendig die Knaben, von denen 9,36 die Rede war. Die Ausdeutung der „Kleinen" als der Huren und Sünder unterstellt Markus, daß er Sprüche lediglich um eines Wortanklangs willen nebeneinander gereiht hätte, wobei gerade das Wort, das die Assoziation herbeigeführt hätte, dicht hintereinander in verschiedenem Sinne stünde. Das ist die Art des Thomas, aber widerspricht dem Charakter des Markus, der sonst immer das sachlich Zusammengehörige zusammenstellt. Bei meiner Deutung ist außerdem die Strafe, die Jesus fordert, mindestens für die damalige judäische Sittenauffassung dem Verbrechen angemessen, das er rügt, und nicht eine grausame Hyperbel — die sehr schlecht zu seinem Charakter passen würde.

2 J. Jeremias a.a.O. übersetzt „Anemonen". Das Bild ist farbenprächtiger und eindrucksvoller, wenn die übliche Übersetzung „Lilie" beibehalten wird. Doch bin ich in antiker Botanik nicht zuständig. Nicht zugestehen kann ich Jeremias, daß das Wort zur Aussendung der Jünger gehöre. Das Abtun der irdischen Sorge ist für jeden Menschen Vorbedingung für den Eintritt ins Gottesreich.

3 Nachträglich fand ich bei Percy „Die Botschaft Jesu", Lund 1953, S. 216 ff ähnliche Auffassung des Reiches „in euch". Anders Bultmann „Das Urchristentum im Rahmen der antiken Religionen", S. 203, Anm. 50. vgl. Thomas Nr. 3, J. Jeremias, Neutestamentliche Theologie I, S. 104 argumentiert: Eine solche Spiritualisierung sei der Zeit fremd. Richtig! Aber das gilt vom ganzen Evangelium. Kann denn nicht Jesus etwas neues gesagt haben, was erst von ihm ausgehend die nachfolgenden Geschlechter ergriffen und ihre Denkweise umgestaltet hat?

4 Z.B. Lü Dsu „Das Geheimnis der goldenen Blüte" übers. von R. Wilhelm 1929, S. 122.

5 Thomas Ev. 6. — Vgl. auch Ev. nach Maria 8,18 f bei W. C. Till „Die gnostischen Schriften des koptischen Papyrus Berolinensis 8502, 1955, S. 64 f: „Der Sohn des Menschen ist in eurem Innern".

6 Gegen meine Ausdeutung des Ausdrucks „Menschensohn" kann man einwenden, daß Ezechiel einen anderen Ausdruck gebraucht, als Daniel. Aber ins Aramäische übersetzt, würde er auch bei Ezechiel lauten „Bar-Enosch". Für das gesprochene Wort fiel der Unterschied also weg — und Jesus hat nicht geschrieben.

7 Die außerkanonische Überlieferung über Jesus enthält kaum ein Wort, das den Eindruck zuverlässiger Wiedergabe machte. Siehe zuletzt J. Jeremias „Unbekannte Jesus-Worte. Beiträge zur Förderung der Theologie". Eine Ausnahme machen einige Zitate aus dem Hebräer-Evangelium, und jetzt das Thomas-Evangelium. Über dieses siehe „Die Glaubwürdigkeit der Evangelien" S. 45 ff. und unten S. 209 ff.

8 lat. per-sonare.

5. Wirksamkeit

Im Winter 28/29 scheint Jesus seine Tätigkeit begonnen zu haben. Seine ersten Jünger berief er aus dem Kreise des Täufers, der nach dessen Verhaftung führerlos stand. Doch sind ihm die meisten Jünger des Täufers nicht gefolgt, sondern sie bildeten eine eigene Gemeinde, von der wir bei Paulus noch hören. Als Jünger, die ihm von Anfang an gefolgt sind, werden später Barsabbas (Justus zubenannt) und Matthias erwähnt. Wahrscheinlich gehörten auch einige der späteren Apostel dem Gefolge des Täufers an, doch sind die Nachrichten (beim Evangelisten Johannes) nicht zuverlässig.

Die vertrauenswürdigen Nachrichten beginnen mit der Berufung der beiden Brüderpaare, die Jesus am See Genezareth beim Fischfang antraf: Simon und Andreas, und die Söhne des Zebedaios, der einen größeren Fischereibetrieb hatte. Mitten von der Arbeit rief Jesus sie fort: „Ich will euch zu Menschenfischern machen", sagte er zu dem ersten Brüderpaare. Und sie folgten ihm auf sein Wanderleben. Ähnliches wird später von dem Zöllner berichtet, der nach Markus Levi hieß, nach der später in Jerusalem aufgezeichneten Überlieferung Matthaios. Dieser ließ seine Zollstätte im Stich und gab Jesus und seinem Gefolge ein Festmahl.[1]

Diese Art der Berufung setzt voraus, daß Jesus schon durch sein Auftreten Aufsehen erregt hatte. Die Berichte darüber lauten sehr gleichmäßig. Er ging am Sabbat in die Synagoge, meldete sich zum Vorlesen und predigte dann; und wenn ihn das Volk oft nicht verstand, so merkte es doch, daß hier ein Mann war, der etwas zu sagen hatte, und nicht ein Buchstabenspalter wie die Schriftgelehrten. Am Abend nach Sonnenuntergang, wenn die Sabbatruhe vorüber war, brachten sie dann alle die Kranken herbei, und Jesus waltete als Arzt. Mehrfach kam es auch vor, daß ein Kranker ihn mitten in der Predigt um Hilfe anrief — namentlich ein Nervenkranker ihn als den Messias ansprach. Jesus säumte auch dann nicht zu heilen, und solange er in der ärmlichen Provinz umherwanderte und die Augen der Obrigkeit noch nicht auf sich gezogen hatte, nahm niemand Anstoß daran.

Seine Heilungen brachten ihm einen großen Zulauf. Geradeso, wie es heute geht, wenn ein Wunderdoktor auftritt, wollten alle gerade von dem einen behandelt sein. In einem Bericht wird erzählt, daß das Gedränge so arg war, daß die Leute einen gelähmten Kranken, um ihn vor Jesus zu bringen, auf das Dach des Hauses hoben (es war offenbar ein Flachdach, wie es in Inner-Anatolien üblich ist, nur einige Balken und Reisig), dieses abdeckten und den Kranken auf seiner Bahre durch die Lucke hinunter ließen. Wäre Jesus nur ein Marktschreier gewesen, er hätte zufrieden sein können.

Aber er fühlte, daß die Menge in Wirklichkeit weit davon entfernt war, zu verstehen, was er meinte:

> „Wenn sie schauen, so schauen sie und sehen nicht,
> wenn sie hören, so hören sie und verstehen nicht,
> damit sie nicht umkehren und ihnen vergeben würde"

so zitierte er aus einem Propheten. „Ich fand sie alle trunken, ich fand keinen Durstigen unter ihnen, und meine Seele war betrübt über die Menschen, weil sie blind in ihren Herzen sind" (Thomas). Immer wieder suchte er die blinde Verehrung, die ihm entgegengetragen wurde, von seiner Person ab und auf seine Botschaft hinzulenken. Denen, die ihn als Herrn begrüßten, rief er zu: Warum nennt ihr mich Herr, und tut nicht, was ich euch sage? Es soll einmal eine Frau gerufen haben: selig der Leib, der dich getragen hat, und die Brüste, an denen du dich genährt hast. Jesus antwortete: vielmehr selig sind, die das Wort von Gott hören und einhalten. Aber er hat mit dieser Abweisung der persönlichen Huldigung keinen Erfolg gehabt. Bis zum heutigen Tage kennzeichnet das Wort jener Frau, und nicht seine Antwort die Haltung der Christenheit.

Die Männer, die er zu Jüngern berief, waren solche, die verstanden hatten, daß die Gemeinschaft, die er gründete, das messianische Reich vorbereiten wolle. Sie hofften, wie uns ausdrücklich berichtet wird, die hohen Würdenträger des kommenden Zeitalters zu werden. Das ist ja auch bei heutigen Volksbewegungen nicht anders: die ersten treuen Anhänger kommen zu Ehren beim Siege, auch wenn sie sonst keine Fähigkeiten aufzuweisen haben . Als die Zahl der Jünger sich mehrte, wählte er einen engeren Kreis von 12 Männern aus, offenbar als Gegenstück zu den 12 Söhnen Jakobs. „Die Ernte ist groß und die Arbeiter sind wenige", sagte er. Sie selbst aber verstanden, er habe ihnen verheißen, daß sie die Richter der zwölf Stämme Israels werden sollten. Es schlossen sich mindestens bei der letzten Wanderung nach Jerusalem auch die Mutter der Zebedaios-Söhne und andere Frauen an, die für die täglichen Lebensbedürfnisse des Meisters und des Jüngerkreises sorgten.

Nicht immer fand Jesus so blinden Gehorsam, wie er ihn forderte. Es wird berichtet, daß einer der Gerufenen erst von seinen Verwandten Abschied nehmen wollte, ein anderer erst noch seinen eben gestorbenen Vater bestatten. Jesus ließ solche Entschuldigung nicht gelten: „wer die Hand an den Pflug legt und zurückschaut, ist nicht geeignet fürs Gottesreich", meinte er. Die Männer, die es mit ihm hielten, durften keine anderen irdischen Bindungen mehr kennen. Am berühmtesten ist seine Antwort an den reichen Jüngling, der sich ihm näherte: verkauf, was du hast, schenk es den Armen und folge mir nach. Das war keine allgemeine

Regel, sondern gerade als Probe zu dem einen gesagt, der sein Herz zu sehr an den Besitz gehängt hatte. Bei anderen, zum Beispiel bei dem Simon, den er Kephas nannte, ließ er zu, daß er verheiratet blieb, und ging auch mit ihm in das Haus seiner kranken Schwiegermutter, um sie zu heilen.

Allmählich vermehrte sich die Zahl der Jünger. Zwar die 72, die Jesus ausgesandt haben soll, sind wohl ein Schreibfehler. Aber nach seinem Tode sammelten sich etwa 120[2], die mehr oder minder lang, teilweise vielleicht nur in seinen letzten Tagen, Jesus gehört hatten und von seinem Wesen ergriffen waren. So mag der Kreis schon in Galiläa ziemlich gewachsen sein. Nicht jeden nahm er auf. Die Kranken, die er geheilt hatte, ließ er in der Regel nicht zu: solche nervenschwache Menschen haben ja die Gewohnheit, sich an ihre Helfer anzuklammern und ihnen die Lebenskraft wegzusaugen. Das wehrte Jesus ab, nur die eine Jüngerin Maria aus Magdala wird ausdrücklich als eine Kranke bezeichnet, der Jesus sieben Teufel ausgetrieben habe.

Als Jesus glaubte, daß sein engerer Kreis hinreichend seine Gedanken erfaßt habe, sandte er die Zwölf paarweise zu einer Propagandareise aus. Sie sollten nach seiner Weise lehren und heilen und das Gottesreich vorbereiten. Er wies diese Abgesandten (griechisch „Apostel") an, ohne Geld und Gepäck und in leichter Kleidung von Ort zu Ort zu ziehen. Sie sollten sich dabei „nicht durch Fasten versündigen", sondern essen, was man ihnen vorsetze[3], und in Siedlungen, in denen man sie nicht willig aufnehme, nicht lange verweilen, sondern „den Staub von ihren Füßen schütteln."

Nach einer längeren Zeit kehrten die Ausgesandten zurück. Markus deutet die zwischenliegende Zeitspanne dadurch an, daß er eine ausführliche Erzählung über den Tod des Täufers einschiebt. Sie läßt uns ahnen, wie gefährlich es war um diese Zeit, unter der Herrschaft eines Herodes, als Prophet des nahen Gottesreiches aufzutreten. Die Predigt der Apostel mußte die Erregung der Bevölkerung noch erhöhen. Die Schriftgelehrten wurden aufmerksam, ja von der Behörde in Jerusalem kamen Männer, die gesandt waren, die neue Bewegung in Augenschein zu nehmen.

Wahrscheinlich noch vor der Aussendung der Apostel kam es zu den ersten offenen Auseinandersetzungen. Es war Frühling geworden (29) und die Ähren reiften auf den Äckern. Jesus ging mit seinen Jüngern am Sabbat durch die Felder, und einige der Jünger rupften Ähren ab, enthülsten die Körner und aßen. Da hatten die anderen Rabbis oder Schüler von ihnen eine Gelegenheit gefunden, Jesus seine Unkenntnis der Gesetze vorzurücken. Unsere heutigen Juristen würden den Eingriff in fremdes Eigentum rügen. So empfand man damals nicht: es war das gute Recht des hungernden Wanderers, sich am Feldrain zu sättigen. Aber ein Gesetzesbruch war es, dies am Sabbat zu tun, denn es war Sorge für die Nahrung, also Arbeit. Und Arbeit am Sabbat war doch verboten.

Jesus parierte den Vorwurf durch den Hinweis auf König David, der sich auf der Flucht vor Saul an den heiligen Schaubroten der Kultstätte gesättigt hatte. (So genau kannte er die Schrift und sogar den pharisäischen Zusatz, der diese Tat auf einen Sabbat verlegte.) Aber er dachte nicht daran, daraus nun eine andere Gesetzesvorschrift abzuleiten — wie es ein Pharisäer in gleichem Fall getan hätte. Sondern er arbeitete den grundsätzlichen Gegensatz heraus, der ihn von den Pharisäern schied: „Der Sabbat ist um des Menschen willen da, und nicht der Mensch für den Sabbat." Das hieß, die Gesetze sind nach ihrem Sinn auszulegen und nicht nach ihrem Buchstaben. Damit war die ganze Gelehrsamkeit der Pharisäer an ihrer Grundlage angegriffen, denn diese beruhte ja auf der Verbindlichkeit des Buchstabens, ja sogar des Schreibfehlers in der Gesetzesrolle. Man darf sich nicht wundern, daß Jesus damit fast die ganze Pharisäerschaft gegen sich aufbrachte: er bestritt ihr ja das Prinzip von dem sie lebte. Es war, wie wenn man den orthodoxen Lutheranern die Verbindlichkeit der Bibel bestritte.

Noch andere Meinungsverschiedenheiten machten es deutlich, daß Jesus von einer anderen Denkweise ausging als die Pharisäer. Er mißachtete ihre Reinigungsbräuche. Er hielt nicht darauf, daß sich die Jünger vor dem Essen die Hände besprengten, und als er darauf hingewiesen wurde, wies er den Brauch (der mit wirklicher Reinlichkeit nichts mehr zu tun hatte) als bloße Menschensatzung zurück. Er ließ seine Jünger nicht fasten — denn für sie sei Freudenzeit. Er nahm die Einladung des Zöllners an, während die Pharisäer die Tischgemeinschaft mit solchen „Sündern" als befleckend betrachteten. Und auf den Tadel deswegen sagte er schroff: „Nicht die Gesunden bedürfen des Arztes, sondern die Kranken." Kurz, er verwarf die ganze Werkheiligkeit der äußeren „Reinheit", wie sie die antiken Völker insgemein in ihren Kultvorschriften so peinlich ausgebildet hatten und die Pharisäer sie auf das tägliche Leben übertrugen. Er stellt dieser äußeren Reinheit die innere Reinheit entgegen: nicht was von außen als Speise in den Menschen eingeht, verunreinigt ihn, sondern was von innen kommt: die schlimmen Leidenschaften. Damit war die Verbindlichkeit nicht nur der judäischen Speisegesetze, sondern der ganzen pharisäischen Gelehrsamkeit verneint. Denn alles, was die Pharisäer an Vorschriften aus dem Gesetz des Pentateuch herausdeuteten, waren Regeln des äußeren Verhaltens. Es war ein vollständiges Umdenken, eine neue Einstellung zur ganzen Welt notwendig, um des Jesus Gedanken zu begreifen.

Eine Zeit lang blieb es trotz des Gegensatzes bei freundlichen Umgangsformen zwischen Jesus und den Pharisäern. Wir hören mehrfach, daß er von solchen zu Tisch geladen worden sei. Ist es Ungeschicklichkeit des Schriftstellers, daß Lukas bei solcher Gelegenheit Jesus die gröbsten Beschimpfungen gegen das Pharisäertum in den Mund legt? Oder hat Jesus wirklich, vom ungewohnten Wein angeregt, seine Verachtung des Pharisäertums seinem Gastgeber so derb ins Gesicht gesagt? „Ihr reinigt die Gefäße und Tische außen, aber euer Inneres ist voll Raubsucht und Schlechtigkeit. Übt tätige Barmherzigkeit, dann ist alles für euch rein." „Ihr erbaut Denkmäler für die Propheten, die doch eure Vorväter getötet haben."

Es wäre kein Wunder, wenn die Pharisäer auf Grund solchen Betragens wirklich, wie Lukas erzählt, auf Jesus erbost waren und darauf lauerten, ein Wort aus seinem Munde zu erjagen, durch das sie ihn vor Gericht bringen könnten. In Wirklichkeit haben mindestens einige Pharisäer noch kurz vor dem letzten Zuge nach Jerusalem Jesus ausdrücklich vor den Nachstellungen des Herodes gewarnt, also sich keineswegs feindselig verhalten.

Der ganze Gegensatz wurde am schärfsten an einer grundsätzlichen Frage kund. Wenn Jesus durch seine Predigt am Sabbat in der Synagoge die Menschen aufgerüttelt hatte, und nun ein Kranker dadurch für seine Heilkraft zugänglich wurde, durfte er den Augenblick versäumen, ihn zu heilen? Aber Kranke am Sabbat heilen war verbotene Arbeit. Jesus kleidete seinen Widerspruch gegen das Gesetz in die Frage: „Ist es erlaubt, am Sabbat Gutes zu tun?" Das konnte ihm doch kein Gesetzeslehrer bestreiten. Jeder führte am Sabbat sein Vieh zur Tränke (das war ausdrücklich erlaubt), und einen leidenden Menschen von seiner Qual zu befreien, sollte nicht gestattet sein? Diese Rede mußte jedem einleuchten, aber sie war offene Auflehnung gegen das bestehende Gesetz. Sie mußte umso aufreizender wirken, als Jesus nicht ein Ungläubiger und Spötter war, sondern seine Kritik am Gesetze als Gottberufener vorbrachte, als neue Offenbarung.

Die Abgesandten der Behörde von Jerusalem sollen diesem Ausspruch entgegengeworfen haben: er treibe durch die Macht nicht Gottes, sondern Beelzebubs, des obersten Teufels, die Krankheitsdämonen aus. Jesus wehrte sich gegen diese Verdammung seiner Lehre zunächst durch ein volkstümliches Bild, das der persischen Religion entnommen war. Wenn das Reich der Finsternis in sich gespalten wäre, so daß die Teufel sich gegenseitig bekämpften, so würde es zugrunde gehen. Also kann man nicht mit einem Teufel den anderen austreiben; sondern im Hause eines Starken muß man erst den Hausherrn selbst binden, ehe man es plündern kann. Ein Berauben des Teufels also sah er in seiner Heiltätigkeit.

Aber wenn er mit diesem Bilde die Missetat, deren er beschuldigt wurde, ins Lächerliche zog, so brach sein ganzer Zorn nun in der Gegenbeschuldigung hervor: Alle Sünden können vergeben werden, nur die Sünde gegen den heiligen Geist, das hieß gegen die Prophetengabe, kann nicht vergeben werden. Das war zwar genau dasselbe, was die Rabbinen auch lehrten; nur daß Jesus damit eben die göttliche Autorität für sich in Anspruch nahm, die jene nur den Schriften zuerkannten.

Die Evangelien schließen einen anderen Vorfall an diese Auseinandersetzungen, der wahrscheinlich mit ihnen in Zusammenhang steht. Als Jesus in Kaphernaum wieder einmal von der Menge umdrängt wurde, erschienen seine Mutter und seine Brüder in dem Orte. Sie konnten nicht an ihn herankommen und baten, man möge ihn herausrufen. Aber Jesus wußte, daß sie nicht als Glaubende gekommen waren. Vielmehr meinten sie, er sei von Sinnen, und wollten ihn in Gewahrsam nehmen. Jesus wies die Aufforderung ab. Nicht die Blutsverwandten seien seine Brüder, sondern alle, die den Willen Gottes täten; und das hieß in diesem Falle: alle, die sich Jesus anschlossen und mit ihm zusammenwirkten, um das Gottesreich herbeizuführen.

Er suchte die Gemeinschaft durch ein sinnbildliches Mahl zusammenzubinden. Er hatte in mehreren Gleichnissen die Freude des Gottesreiches als Einladung zum Hochzeitsmahl beschrieben. Er nahm dieses Mahl der messianischen Zeit, bei dem sich alle als Geschwister fühlen sollten, vorweg. Als ihm ein großer Haufen Menschen in die Einsamkeit gefolgt war, teilte er an sie die paar Brote und Fische aus, die seine Jünger dabei hatten. Jesus mochte vorschweben, daß die gleichmäßig geteilte, spärliche Speise das einprägsamste Bild der Liebe untereinander sei, die er als den Sinn des Gottesreiches anschaulich machen wollte. Aber selbst seine Apostel verstanden nicht, was er damit meine. Sie nahmen die von Jesus gesegneten Bissen als Zauberspeise auf und erzählten dann, daß von fünf Broten tausende satt geworden seien. Darum blieb dies Mahl ohne Wirkung, und die Menge verlief sich wieder. Auch ein zweites Mal gelang der Versuch nicht, auf diese Weise eine neue Form der Gemeinschaft zu schaffen.

Die ablehnende Haltung seiner Familie und die offene Gegnerschaft der Schriftgelehrten und der Abgesandten der Obrigkeit mußten auf die Dauer ihre Wirkung auf die leicht erregbare und leicht wieder ernüchterte Menge üben. Zum ersten Male zeigte sich das wohl, als Jesus beim Umherziehen in Galiläa nach seinem Heimatorte Nazareth kam. Als er in der Synagoge den Text eines Propheten auslegen wollte, da wurde er durch den Ruf unterbrochen: Arzt, heile dich selber. Die alten Bekannten, die ihn von Jugend auf beobachtet und wahrscheinlich verspottet hatten, meinten, er sei wahnsinnig. Sie hatten wohl von seinen Wundertaten in Kapharnaum und anderswo gehört, aber sie waren kritisch gestimmt, und deswegen konnten Jesus hier keine Wunder gelingen. „Der Prophet gilt nichts in seinem Vaterlande", erklärte Jesus und belegte dieses wahre Wort aus der Geschichte früherer Propheten. Woraufhin die Feindseligkeit soweit gegangen sein soll, daß die Menge versuchte, ihn in einen Abgrund hinunterzustürzen.

Er konnte sich ihr entziehen, aber es blieb nicht der einzige Mißerfolg. Auch an den Orten seiner ersten Wirksamkeit, in Kapharnaum, Chorazin und Bethsaida fand er die Menschen wieder flau geworden, als seine Predigt nicht mehr durch den Reiz der Neuheit lockte. Es ist überliefert und es besteht kein Grund, daran zu zweifeln, daß Jesus diese Orte gescholten habe: wenn irgendwo im Heidenlande solche Taten geschehen wären wie bei euch, dort würde man in Sack und Asche (wie es das Buch Jonas beschrieben hatte) Buße getan haben. Die Leute von Niniwe werden bei der Auferstehung mit diesem Geschlechte gleich erstehen, und ihr Beispiel wird zum Urteil werden: denn sie sind auf die Predigt des Jonas in sich gegangen: und ihr habt mehr als einen Jonas vor euch! Die Königin von Saba wird auferweckt werden, und ihr Beispiel wird diesem Geschlecht zur Verdammnis; denn sie kam auf den Ruf von der Weisheit Salomons um ihn kennen zu lernen. Bin ich nicht mehr als Salomon?

Man muß darin nicht bloß die Kränkung über den eigenen Mißerfolg heraushören. Tyros und Sidon wird es besser gehen beim Gericht als euch hier — das war das Vorgefühl, daß dem Land Palästina (und Jesus meinte, der ganzen Welt) entsetzliches Unheil drohe. Er glaubte, wie Johannes vor ihm, daß gerettet würde, wer sich ihm anschließe, und das ist nicht so phantastisch, wie es uns klingt: wäre es ihm gelungen, dem Messiasgedanken seine politische Spitze gegen Rom zu nehmen, wie es seiner Botschaft entsprach, so konnte sich das Schicksal für das Land friedlich wenden. Schwerlich hat er den Zusammenhang so nüchtern gesehen; denn ihm war das Schicksal die unmittelbare Tat Gottes und die Römer höchstens dessen Werkzeug; aber unter dem religiösen Bilde sah er die politischen Zusammenhänge deutlich und richtig voraus.

Vermutlich haben die beschriebenen Mißerfolge den Anlaß gegeben, daß Jesus seine Predigtreisen über die Grenzen von Galiläa hinaus in die nicht judäischen Nachbargebiete ausgedehnt hat. Im Anschluß an die eine Massenspeisung fuhr Jesus nach dem anderen Seeufer hinüber nach Gerasa, der Griechenstadt. Aber dort wies die Bevölkerung ihn ab. Die Gründe können wir nur erraten, denn die Überlieferung ist hier von der Legende ausgewischt. Mir scheint es möglich, daß Jesus selbst von einer Legion von bösen Geistern sprach, die er dort austreiben müsse, und die

Griechen dort als Schweine bezeichnete (ein für den Judäer naheliegendes Bild für den Götzendiener), die sich selbst, von Teufeln besessen, in den Abgrund stürzten. Dem Berichtenden, auf dessen Zeugnis Markus fußt, formte sich das zum Bilde: ein Besessener, der sich nackt zwischen den Gräbern herumtrieb, sei von Jesus geheilt worden, aber eine Legion von bösen Geistern habe in ihm gehaust. Die Geister baten Jesus, sie nicht aus dem Lande zu bannen, und dieser gestattete ihnen, in eine Schweineherde zu fahren, woraufhin die Tiere sich in den Abgrund stürzten. Nicht für Jesus, aber für die Denkweise seiner Umgebung, in der die Kirche entstanden ist, für die Atmosphäre magischen Aberglaubens in ihr, ist die Szene kennzeichnend.

Jedenfalls, auch die Fahrt nach Gerasa blieb für Jesus erfolglos. Dagegen hatte er bei einer Wanderung in das Gebiet von Tyros jenes denkwürdige Zusammentreffen mit der phönikischen Griechin, von dem schon die Rede war. Die Griechin hatte von seiner Heilkraft gehört und bat für ihre Tochter. Jesus weigerte sich mit den harten Worten: „Es ziemt sich nicht, den Kindern des Hauses das Brot wegzunehmen, und es den Hunden zu geben." In diesem Ausspruch kommt auch bei Jesus der Hochmut des „auserwählten' Volkes zum Vorschein — ungefähr so denken viele Juden ja noch heute über die anderen Völker (und die Nationalisten anderer Abstammung tun es ihnen gleich). Die demütige Antwort der Phönikerin aber ließ ihn aufhorchen. Sie sagte: „Es fällt aber auch manchmal eine Krume vom Tisch herab für die Hunde." Die Frau übte damit zwar nur die kriechende Förmlichkeit, die unter Orientalen im Verkehr mit vornehmeren Personen üblich ist. Aber Jesus war gerührt von der Stärke ihres Glaubens. „Dein Glaube hat deiner Tochter geholfen", sagte er, was der Evangelist mit Einzelheiten ausmalt. Das Gespräch selbst kann unmöglich erfunden sein.

Es war nicht das einzige Mal, daß Jesus bei einem Heiden den unbedingten Glauben fand, den er bei den Judäern vergeblich suchte. Auch in Kapharnaum hatte ein römischer Hauptmann (besser sollte man Feldwebel sagen) für seinen Knecht die Hilfe von Jesus angerufen; und da er meinte, Jesus werde als gläubiger Judäer Gewissensskrupel haben, das heidnische Haus zu betreten, so forderte er sogleich Heilung aus der Ferne. Seine überlieferten Worte: „Herr, ich bin nicht würdig, daß du eingehest unter mein Dach" sind sogar vorbildlich für die Haltung der Christen geworden, sie werden bei der Kommunion in jedem katholischen Gottesdienste wiederholt.

Wenn Jesus solche Haltung der Heiden mit derjenigen der Judäer verglich, die er verstockt nannte, wenn sie nicht auf ihn hörten — mußte er doch oft genug selbst seine Jünger kleingläubig schelten — so bestärkte sich ihm die Überzeugung, daß seine Botschaft nicht nur für die Judäer bestimmt sei. So stellte er bei der Rückkehr von Tyros seine Jünger vor die Frage: für wen halten die Menschen mich, für wen haltet ihr mich? Damals soll sich Petrus durch die unbedingte und rückhaltlose Antwort hervorgetan haben: Du bist der Messias. Vielleicht war es das erste Mal, daß er so hervortrat. Bei Matthäus erhält er erst daraufhin den Namen „Kephas", Fels, von Jesus zuerteilt, unter dem er in die Geschichte eingegangen ist. Aber das ist ohne Gewähr. Nach dem Thomas-Evangelium lautete das Bekenntnis nicht ganz so eindeutig, und war es vielmehr Thomas, der Jesus als den Unvergleichlichen ansprach[4]. Jedenfalls aber hat Jesus die Huldigung — denn das lag in dem Worte — nicht abgewiesen. Zwar die Worte bei Matthäus: „Selig bist du, Sohn des Jonas, weil dir nicht Fleisch noch Blut dies enthüllt haben, sondern mein Vater in den Himmeln" sind erst später aus mündlicher Überlieferung hinzugefügt. Aber auch die andern Evangelisten wissen, daß Jesus die Jünger nur hieß, darüber zu schweigen. Er lehnte die Würde nicht ab — er hatte sie ja immer beansprucht. Aber er nahm die Gelegenheit wahr, den Jüngern darzulegen, daß er nicht gekommen sei, ein irdisches Reich aufzurichten. Damals wird er von der Vision bei seiner Taufe und von den Versuchungen geredet haben. Wahrscheinlich hat er dabei schon auf das Wort des zweiten Jesaias vom leidenden Gottesknecht hingewiesen (was den Jüngern später so wichtig war, daß der Gewährsmann des Markus zweimal andere Vorkommnisse und Aussprüche nach dieser Weissagung datiert). Jesus mag dabei deutlich gesagt haben, daß es ihm gehen werde wie den anderen Propheten (und daß die Jünger um dieser Gefahr willen schweigen müßten). So hatte Petrus sein Bekenntnis nicht gemeint. Er wollte sogar Jesus die unpolitische Haltung ausreden, die er für eine Anwandlung von Kleinmut hielt. Er zog sich dadurch eine scharfe Zurechtweisung von Jesus zu: „Dort hinter mich (in das Gefolge der Jünger, das mit Abstand dem Meister nachschritt), Satanas, du denkst nicht göttliche, sondern menschliche Gedanken." Offenbar hatte Petrus ganz in judäischer Weise gemeint, Jesus werde ihn als Haudegen im Kampf gegen die Römer gebrauchen, und hatte sich darauf gefreut. Und dieser Stimmung gegenüber waren die Erklärungen von Jesus einstweilen in den Wind gesprochen. Sie hafteten infolge der kränkenden Zurechtweisung vielleicht nur unter der Schwelle des Gedächtnisses und kamen erst viel später Petrus zum Bewußtsein.

Jedenfalls, als Jesus den Petrus mit den beiden „Donnersöhnen" zusammen einige Tage später auf einen einsamen Berg mitnahm, glaubte Petrus in einer Vision den Moses und Elias vom Himmel herabkommen zu sehen, um sich mit Jesus zu besprechen. Der überirdische Anblick löschte einstweilen alle Erinnerung an das geweissagte Unheil aus.

Und wie Petrus, so erging es den anderen Jüngern. Kurz darauf bei der Rückkehr nach Kapharnaum (denn von da ab sind alle Begebenheiten in unserer Überlieferung ausdrücklich datiert) stritten sich die Jünger um den Vorrang untereinander, und als sich Jesus zu einer Festreise nach Jerusalem aufmachte, forderten die Zebedäussöhne, er solle ihnen im messianischen Reiche die ersten Plätze rechts und links neben sich, also die höchsten Posten geben. Jesus wies das ab: darüber verfüge nicht er, sondern Gott. Aber allerdings wirkte die Hochstimmung der Jünger auch auf ihn selbst zurück. Es ist den nachfolgenden Ereignissen zuzuschreiben, wenn von den Worten, mit denen er die Reise vorbereitete, gerade der Ausspruch im Gedächtnis haften geblieben ist, es sei nicht zulässig, daß ein Prophet anderswo als in Jerusalem umkomme. (Vielleicht ist das Wort nicht einmal echt.) In Wahrheit ging es ihm darum, sich dem Volke in seiner Feststimmung als den Messias kundzutun.

Die Samaritaner ließen die Festpilger nicht durch ihr Land. So wanderte Jesus mit seinen Jüngern durch das Ostjordanland nach Judäa zu, und über Jericho nach Jerusalem. Er ließ seinen Jüngern keinen Zweifel, daß es auf ihren vollen Einsatz ankomme und daß es lebensgefährlich sein werde. „Wer sein Leben bewahren will, der wird es verlieren, und wer es zu verlieren wagt, der wird es behalten." Bei diesen Worten war schwerlich an das ewige Leben gedacht, sondern an das augenblickliche Unternehmen. „Fürchtet euch nicht vor denen, die nur den Leib töten können, und wenn er tot ist, einem nichts mehr anhaben. Fürchtet euch vor dem, der die Macht hat, die Seele in ewiges Feuer zu werfen."

In die Zeit dieser Wanderung verlegen unsere Quellen auch das Gleichnis vom Manne, der auszog, sich ein Reich zu erorbern, und unterdessen sein Geld den Sklaven zu verwalten gibt. Bei seiner Rückkehr haben die einen das Geld gemehrt und geben ihm das doppelte Kapital zurück, sie werden belobt und befördert; der Sklave aber, der das Geld eingegraben hatte, um es sicher aufzuheben, und der es zurückgibt, wie er es empfangen hat, der wird als unbrauchbarer Knecht gescholten und ihm auch das anvertraute Geld genommen. Die Erzählung führt so recht in den Wucherbetrieb der Zeit hinein, und das angefügte Schlußwort: denn wer hat, dem wird gegeben werden, und wer nicht hat, dem wird noch genommen, was er hat, macht nicht deutlicher, wie das Gleichnis auszulegen ist. Unser Sprachgebrauch hat das Talent (wie Matthäus die Geldsumme benennt) als die angeborenen Gaben ausgedeutet. Eher könnte Jesus seine Lehre gemeint haben, die er den Jüngern gegeben hat, und die sie weitergeben sollen und nicht verstecken. Hatte er doch auch gemahnt, sie sollten ihr

Licht nicht unter den Scheffel stellen (wo es verlöschen müßte), sondern auf den Leuchter, damit es das Haus erhelle. Das Gottesreich müsse sein wie eine Stadt, die auf einem Berge liege, so daß sie weithin gesehen wird.

Wird man zweifeln dürfen, ob die Jünger der Aufforderung nachkamen? Sie breiteten Jesus' Ruf überall aus, wo sie durchkamen, und das Aufsehen war so groß, daß noch nach über dreißig Jahren Paulus sagen konnte: was muß ich darüber reden: es ist ja nicht in einem Winkel geschehen, sondern für alle offenkundig.

Anmerkungen

1   Die Erhebung der Zölle war damals ein privates Gewerbe: an den Fiskus (d.h. die Geldtasche) des Kaisers mußte der Zöllner eine vorher vereinbarte feste Pachtsumme abliefern; wieviel er selbst einnahm oder versäumte, war seine eigene Sache.
2   bei Paulus verschrieben „über 500": φ statt P.
3   So sagt er bei Thomas 14. Man beachte die totale Umwertung des sonst als frommes Werk eingeschätzten Fastens!
4   Thomas-Ev. 13 (Petrus sagt: du gleichst einem gerechten Angelos: ob Engel oder Bote zu übersetzen ist, läßt der Text nicht entscheiden).

6. Leiden

In Bethanien unfern von Jerusalem nahm Jesus mit seinen Jüngern Wohnung, mindestens mit dem nächsten Kreise der Zwölf.

Die Propheten hatten die Ankunft des Messias in verschiedenen Bildern verkündet. Die meisten dachten ihn sich in königlichem Gepränge mit Wunderglanz umgeben. Aber bei Zacharias stand, er werde einherziehen auf dem Füllen einer Eselin. Die Rabbinen haben die Zwiespältigkeit so erklärt: wenn Israel seiner würdig ist, kommt er auf den Wolken in seiner Herrlichkeit, wenn es unwürdig ist, auf dem Esel geritten[1]. Ob Jesus diese Deutung schon kannte, stehe dahin. Er lieh sich ein Füllen, um in die Stadt einzuziehen. Durch die Nachwirkung der Weissagung des Zacharias ist es in der Überlieferung bei Matthäus und Johannes ein Eselfüllen geworden. Die Jünger breiteten ihre Kleider auf den Weg und streuten grüne Zweige, um dem Zug festliches Gepränge zu geben. Und so groß war ihr Selbstgefühl geschwellt, daß sie den allgemeinen Passahgruß der Judäer „gepriesen sei, der da kommt im Namen des Herrn" als Huldigung des Volkes für ihren Meister mißverstanden.

Jesus zog dem Tempel zu und betrachtete sich das verworrene Treiben der Großstadt, in dem die kleine Schar der Galiläer um ihn wie ein unbedeutendes Tröpfchen in der Flut untertauchte. Sein erster Eindruck von dem feilschenden Gewimmel war: hier ist für mich keine Möglichkeit, zu wirken. Er hat ihn ungefähr in die Worte gekleidet: „An diesem Feigenbaume wachsen keine Früchte für mich, darum sei er verflucht, auf ewig dürr zu bleiben."[2] Die Jünger wunderten sich, daß Jesus um diese frühe Jahreszeit Feigen gesucht habe, und schon bei Markus ist aus dem Gleichnis das Wunder geworden, daß ein wirklicher Feigenbaum auf das Wort von Jesus hin verdorrt sei. Den ursprünglichen Sinn hat eine apokryphe Schrift bewahrt (die sogenannte Petrus-Apokalypse).

Wie konnte sich Jesus in diesem Gewühl so bemerkbar machen, daß das Volk ihm Gehör geben und sich für oder wider ihn entscheiden mußte? Seine Anhängerschaft war immerhin groß genug, um eine auffallende Tat durchzuführen. Er hatte gesehen, daß im Tempel Tauben und andere Opfertiere feilgehalten wurden und daß Geldwechsler dort die ausländischen Münzen mit entsprechendem Aufgeld umtauschten. Das war nicht nur hinderlich und störend für die Frommen, die ihr Gebet verrichten wollten, es war auch religiös anfechtbar. Als Jesus am nächsten Tage in den Tempel kam, wies er die Händler mit Gewalt hinaus und stieß die Wechslertische um, daß die Münzen durcheinanderrollten. „Denn Gott hat gesagt, mein Haus soll ein Haus des Gebetes sein, ihr aber habt es zur Räuberhöhle gemacht." Wütend wichen die Händler der Gewalt, aber bei den zuströmenden Frommen konnte es an Zustimmung nicht fehlen; so fand Jesus für seine Predigt vom nahen Gottesreiche aufmerksame Zuhörer. Waren doch viele da, die sich von Johannes hatten aufrütteln und taufen lassen.

Die jüdischen Obrigkeiten waren im ersten Augenblicke so verblüfft, daß sie Jesus gewähren ließen. Erst am folgenden Tage, heißt es, kamen Männer vom Rat (nach Markus war der Oberpriester selbst darunter) und stellten ihn zur Rede, auf Grund welcher Vollmacht er sich solchen Eingriff in die Rechte der Behörden anmaße. Jesus antwortete mit der Gegenfrage: „Auf welche Vollmacht hin hat Johannes denn getauft?" Der Menge von Johannesjüngern gegenüber, die in dem Tempel anwesend waren, wagten die Behörden nicht, den Johannes als Irrlehrer hinzustellen, und fügten sich vorläufig darein, daß Jesus als sein Fortsetzer auftrat.

Darauf gab Jesus eine viel deutlichere Antwort in einem Gleichnis, das besonders anschaulich die Art bewahrt hat, wie er seine Botschaft den Menschen nahezubringen suchte. „Ein Mann", so sagte er, „legte einen Weinberg an, mit einem Zaun darum, grub eine Kelter und baute einen Wachtturm." Schon diese Worte mußten jedem Judäer sagen, worum es sich handle, denn der Weinberg war ein altes Prophetengleichnis des Jesaias für das Volk Gottes. Jesus fuhr fort: „Er verpachtete ihn und ging weg. Zur bestimmten Zeit schickte er einen Knecht zu den Pächtern, um seinen Teil an der Frucht in Empfang zu nehmen. Die aber mißhandelten den Knecht und schickten ihn ohne Frucht zurück. Er schickte einen zweiten Knecht, den köpften und schändeten sie. Und er schickte einen dritten, auch diesen töteten sie und so noch andere. Nun hatte er noch einen lieben Sohn, ihn schickte er als letzten, weil er sich sagte: vor meinem Sohn werden sie doch Ehrfurcht haben. Jene Pächter aber besprachen sich miteinander: Das ist der Erbe! Kommt, töten wir ihn, so wird das Erbteil unser sein. Und sie packten und töteten ihn und warfen die Leiche aus dem Weinberg hinaus. Was wird dann der Herr des Weinbergs tun? Er wird kommen und die Pächter ausrotten und den Weinberg anderen geben."

Vermutlich hat Jesus das Töten des Sohnes noch nicht als vollendete Tatsache erzählt. Er wollte ja davon abhalten. Jedenfalls konnte er nicht deutlicher reden. In einer Weise, die man rechtlich nicht belangen konnte, hatte er doch gesagt, daß er der Sohn, das heißt der Messias sei, und daß er der letzte sei, der zu den Judäern komme, um sie zu mahnen, „Frucht" zu geben, das heißt von ihrem gottwidrigen, lieblosen Treiben abzulassen. Und er hatte sich ausdrücklich unter Gottes Schutz gestellt: wenn jene ihn töteten, wie sie offenbar planten, so werde das Volk untergehen und Gott sich ein anderes auswählen. Es wird auch unterstrichen, daß die judäischen Gelehrten verstanden (was nicht schwer war) daß das Gleichnis auf sie gemünzt sei. Aber statt die Warnung zu überlegen, suchten sie ihm Fallen zu legen, daß sie ihn der Menge verdächtig machen und ihn für ein unvorsichtiges Wort vor Gericht ziehen könnten.

Es ist kein Zufall, daß wir über die letzten Tage und die Reden, die Jesus damals führte, genauer als über sein ganzes früheres Leben unterrichtet sind. Es geht uns ja bei Sokrates ebenso. Die jähen Ereignisse, welche folgten, prägten auch die Vorfälle, die unmittelbar vorausgingen, der Erinnerung ein.

Die erste Falle war die scheinbar gläubig gestellte Frage: „Ist es erlaubt, dem römischen Caesar Steuer zu entrichten?" Judas, der Galiläer hatte das verneint, und daraus war damals der blutige Aufruhr hervorgegangen, der in allgemeinem Gedächtnis war. Wenn Jesus als Messias kam, so konnte er das Hoheitsrecht des römischen Kaisers nicht neben seinem Herrschaftsanspruch anerkennen. Bejahte er also die Frage, so leugnete er seine Würde, verneinte er, so war er ein Aufrührer gegen Rom und konnte sogleich zur Strecke gebracht werden. Jesus aber wies auf den Denar mit dem Kaiserbild und knüpfte daran die berühmten Worte: „Gebt dem Caesar, was des Caesar ist, und Gott, was Gottes ist."

Ein Mädchen wurde ihm vorgeführt, das bei der Hochzeit nicht mehr als Jungfrau erfunden wurde und nach dem Gesetz dafür hätte gesteinigt werden müssen. Das aber untersagte die römische Obrigkeit. Die Lockspitzel fragten Jesus, was mit ihr geschehen solle. Wie er auch entschied, er mußte dadurch in Widerspruch entweder mit dem Gesetz oder mit dem römischen Machtgebot geraten. So war die Absicht. Jesus entschied: „Wer ohne Sünde ist, werfe den ersten Stein auf sie" und begann auf den Tempelboden zu schreiben — natürlich die stadtbekannten Sünden der Ratsherren, die vor ihm standen. Kein Wunder, daß diese schleunigst das Weite suchten und Jesus bald mit der Angeklagten (und seinen Jüngern) allein stand. Er mahnte das unmündige, junge Ding, es solle sich vor neuer Sünde hüten, und entließ es.

Damit ihn niemand frage, ob er denn der rechtmäßige Erbe des israelitischen Königtums sei, gab Jesus auch noch die Auslegung einer Psalmenstelle: „Der Herr spricht zu meinem Herrn: setze dich zu meiner Rechten, bis ich die Feinde unter deine Füße lege." Das war ursprünglich gerade ein Huldigungslied an den König gewesen. Aber zu Jesus' Zeit sah man die Psalmen als ein Werk Davids an und bezog die Stelle auf den Messias. So konnte Jesus daraus herauslesen: David nennt den Messias seinen Herrn, und also nicht seinen Sohn.

Es zeugt von dem Ansehen, das Jesus durch sein Auftreten gewonnen hatte, daß nun auch die Vertreter der Sekten ihn als Schiedsrichter für ihre Glaubensstreitigkeiten in Anspruch nahmen. Ein Sadukäer glaubte die Auferstehungslehre der Pharisäer durch eine kniffliche Frage widerlegen zu können, die für die weltfremde Wortspalterei dieser Schriftgelehrten typisch ist. Eine kinderlose Witwe wurde nach dem mosaischen Rechte an den Bruder des verstorbenen Gatten vererbt. So konnte eine Frau nacheinander mit sieben Brüdern verheiratet sein. Wenn sie nun keine Kinder hatte, wessen Weib wird sie nach der Auferstehung? Jesus wies die Rechtsfrage als gegenstandslos ab: nach der Auferstehung gibt es keine Ehe und kein Liebesleben mehr. Sondern die Auferstandenen sind wie die Engel. Er meinte „geschlechtslos". Er hatte also eine andere Auffassung von den Engeln als das Buch Henoch und als Paulus, die von sinnlicher Leidenschaft der Engel zu Menschentöchtern fabeln. Es war nur folgerichtig zu schließen, wenn in der Welt der Tod aufhöre, so müßten auch Zeugung und Geburt verschwinden; aber es ist geschichtlich bedeutsam, daß Jesus diesen Schluß wirklich gezogen hat.[3] Jesus fügte seiner Antwort noch ein Zeugnis der Thora bei, aus dem er die Auferstehung, oder genauer, das Fortleben der Toten folgerte. Das gefiel den Pharisäern. Mancher mag in diesem Augenblick Jesus als Anhänger der eigenen Richtung eingeschätzt haben. Vielleicht war die Kluft gar nicht so groß. Als einer unter ihnen die weitere Frage stellte, welches das höchste Gebot sei, antwortete Jesus mit den hochheilig gehaltenen Worten des Deuteronomiums: Du sollst Gott deinen Herrn lieben von ganzem Herzen und von ganzer Seele und von ganzem Gemüte; und fügte als gleich wichtiges Gebot die Nächstenliebe an. Da konnte er nur Zustimmung finden, und es konnte scheinen, als ob er unter den Pharisäern größeren Anhang gewinnen werde. „Niemand wagte mehr, ihn zu fragen", stellt Markus fest. Seine geistige Überlegenheit war so deutlich, daß jede Auseinandersetzung ihm nur noch mehr Anhänger zuführen konnte. Den Behörden in Jerusalem muß es schwül zu Mute gewesen sein. Sie betrachteten Jesus und sein Auftreten nicht nur mit Mißtrauen, weil seine Lehre den hergebrachten Auslegungen widersprach. Sie fürchteten, daß er sich zum Passahfest offen als Messias erklären werde. Das würde einen Volksaufstand geben und die Römer, wie schon so oft, zu einem Gemetzel veranlassen. Die Römer hatten ja stets mit Unruhen im Volk zu tun. Noch saß von einem kürzlichen Zusammenstoß her ein Aufrührer Barrabas gefangen. Jesus aber gewann so rasch Anhang im Volke, daß die Bewegung den Römern bedrohlich scheinen mußte. Pilatus würde die Ratsleute selbst verantwortlich machen, wenn sie nicht rechtzeitig der Gefahr entgegengetreten wären. Auch wer Jesus für unschuldig hielt, wer überzeugt war, daß ihm ein Aufstand fern liege, konnte doch zu dem Schlusse kommen: besser daß der eine Mann sterbe, als daß das ganze

Volk, durch ihn zu einer messianischen Bewegung verleitet, sich gegen Rom empöre und dadurch zugrunde gehe. So beschlossen die Obrigkeiten: „Ja nicht auf das Fest!" darf Jesus zur Predigt kommen, er muß vorher unschädlich gemacht werden.

Es sind nicht die schlechtesten Staatsmänner, die in ähnlichen Lagen ebenso gedacht haben wie die Hohenpriester der Judäer damals. Und der äußere Erfolg schien ihnen ja zunächst recht zu geben. Mindestens für das nächste Jahrzehnt ist der Friede gewahrt geblieben. Sie hatten also jedenfalls ein gutes Gewissen bei ihrem Tun. Denn nichts verrückt die sittlichen Maßstäbe im Herzen so leicht wie die Beschäftigung mit hoher Politik und knifflicher Gesetzesauslegung. Nicht der Beschluß, den Unruhestifter zu beseitigen, machte ihnen Bedenken, sondern die Ausführung. Jesus mitten aus der aufgeregten Volksmenge heraus zu verhaften, war untunlich: das konnte gerade den Aufruhr hervorrufen, den man vermeiden wollte. Wohin er sich aber abends zurückzog, das war das Geheimnis seines engsten Jüngerkreises.

Unter diesen Jüngern war ein Judas aus dem judäischen Orte Iskara, der deshalb unter den Galiläern eine Sonderstellung einnahm. Eine schlecht beglaubigte Nachricht macht ihn zum Geldverwalter, der die gemeinsame Kasse des Jüngerkreises führte. Das mag Rückspiegelung aus späteren Verhältnissen sein, wo die häufige materielle Not der Gemeinden manchen Kassenverwalter zum Abfall verleitet haben wird. Jedenfalls, Judas erwies sich den Anerbietungen der Ratsherren als zugänglich. Sie waren ja die höchste Obrigkeit, der zum Gehorsam er von Jugend auf wie jeder Judäer erzogen war. Und sie boten ihm eine Summe Geldes, die dem armen Teufel gewaltig vorkam[4]. Was konnte es schaden, mochte er denken. Wenn Jesus wirklich der Messias war, würde er sich ja durch ein Wunder leicht befreien können. Und war er ein falscher Messias, so war es ein Verdienst vor Gott, ihn zu beseitigen.

Jesus merkte wohl, daß sich Unheil anspann. Wie sollte sich Judas nicht wenigstens durch Mienen selbst verraten haben? Was sollte Jesus tun? Nach Galiläa heimziehen? Das wäre gewesen, als ob er an seiner Aufgabe irre geworden wäre. Dann war alle künftige Möglichkeiten zu wirken zu Ende. Nein, er mußte der Gefahr entgegentreten, obwohl er sicher vorausahnen konnte, daß er der Feindseligkeit der herrschenden Kreise, dieser Vertreter des zum Untergang bestimmten Zeitalters, erliegen werde.

Als er in Bethanien übernachtete, tat eine Frau ihre überschwängliche Verehrung für den Meister dadurch kund, daß sie ein Fläschlein wohlriechenden kostbaren Salböls über sein Haupt ausgoß. Ein Jünger tadelte die Verschwenderin — wie viel hätte sie helfen können, wenn sie das Öl verkauft und das Geld an Arme gegeben hätte. Das Ideal der Kyniker, die jede Art von Lebensgenuß als schädlichen Luxus betrachteten, der dem Weisen nicht zieme, war offenbar bis in diesen Kreis gedrungen. Jesus aber wehrte dem Tadel. Ihm tat der Liebesbeweis so wohl in dem Augenblicke, da er sich dem schnöden Verrat aus dem Kreise seiner Nächsten gegenüber sah. „Die Armen habt ihr immer, mich aber nicht" sagte er, und unsere Berichte lassen ihn dabei von seinem bevorstehenden Tode sprechen.

Und das ist durchaus glaubhaft. Mochte er es auch nicht ausdrücklich sagen — denn Gottes Willen konnte ja noch immer alles anders lenken — so mußten ihn doch die düsteren Ahnungen beschäftigen. Und am meisten mußte ihn dabei quälen, daß sein plötzliches Ende ganz vergeblich war, wenn seine Jünger dann an seinem Werke verzagen würden.

So ist die große Prophezeiung, die Markus schon etwas früher berichtet, seiner damaligen Lage und Seelenstimmung durchaus angemessen. Auf dem Wege vom Tempel zurück über den Ölberg nach Bethanien hatte er den Jüngern, die den Tempelbau des Herodes bestaunten, entgegnet: von diesem Bau werde kein Stein auf dem andern bleiben. Wahrscheinlich knüpfte er daran die Verheißung, daß er sterben werde: aber er las aus den Propheten heraus, daß er dann zur Rechten Gottes sitzen und aus den Wolken als Messias wiederkehren werde. So stand es ja bei Daniel zu lesen. Ja, er sprach wohl zuversichtlich aus, daß noch viele der Anwesenden das erleben würden. Denn unzweideutig hat sich die Gemeinde auf dieses Wort verlassen. Aber auch das Wort blieb im Gedächtnis: wann dieser jüngste Tag sein wird, ist Geheimnis des Vaters, das auch ich („der Sohn") nicht kenne; er kommt wie ein Dieb in der Nacht geschlichen. Die Einzelheiten des Berichtes sind durch die späteren Gedanken der Gemeinde, die ganz in der Erwartung der Wiederkehr lebte, so ergänzt, daß Jesus' eigene Worte nicht mehr auszusondern sind.

Je näher der Termin des Festes rückte, desto heftiger drängte sich Jesus die Gefahr auf: wie könnte er erreichen, daß die Jünger auch nach seinem Tode eine Gemeinschaft blieben, die sein Werk forttrüge und nicht wieder auseinanderstiebe? Er suchte nach einer Form, ihnen das Andenken an seine Lehre unvergeßlich einzuprägen. Er entlehnte sie dem griechischen Kulte. In den Geheimfeiern des Dionysos verzehrten die Eingeweihten dieses Gottes Fleisch und Wein als den Leib und das Blut des Gottes, den einst die Titanen zerrissen hatten: zur Erinnerung an den Gott sowohl, als um durchdrungen von der göttlichen Substanz am ewigen Leben der Gottheit teilzugewinnen.

Der Abend stand bevor, an dem die Judäer alljährlich des Auszugs aus Ägypten unter Moses gedachten. Es war üblich, daß beim Verzehren des Passah-Lammes der Hausvater oder Leiter des Mahles die geschichtlichen

Begebenheiten von damals erzählte und erbauliche Betrachtungen daran knüpfte. Zu Beginn der Mahlzeit wurden bittere Kräuter gegessen und ungesäuertes Brot ausgeteilt. Außerdem war zu drei oder vier bestimmten Zeiten des Mahles je ein Becher Weins üblich, der gemeinsam getrunken wurde.

Nicht das Verzehren des Lammes, aber diese Bräuche nahm Jesus, wie es scheint, am Vortage vorweg, denn er konnte nicht mehr auf den Abend des Festes warten[5]. Er speiste mit dem engeren Kreis seiner Jünger zusammen in einem Zimmer in Jerusalem. Bei dem Verteilen des Brotes sagte Jesus nach dem Segensspruch und Dankgebet die Deuteworte: „nehmt, dies ist mein Leib." Und nach der Mahlzeit bei dem Becher Weins sprach er: „dies ist mein Blut des Vermächtnisses (Bundes), das für die vielen vergossen wird." Für die Vielen, das hieß im Sprachgebrauch der Judäer „für die Heiden"[6], und das Wort Bundesblut erinnerte ausdrücklich an das Opfer des Moses, durch welches er das Vertragsverhältnis zwischen Jahweh und den Israeliten begründet hatte. Den Jüngern, die an die bildhafte Sprache ihres Meisters gewöhnt waren, mußten die Worte sagen: Jesus betrachtete sich selbst als Opfer, und seinen Tod als den Beginn eines neuen Bundes mit Gott, in den auch die Heiden eingeschlossen seien. So sind sie denn auch immer verstanden worden.

Nicht so sicher bezeugt, aber doch wahrscheinlich echt sind die Worte, mit denen er den Jüngern einprägte, diese Feier zu wiederholen zur Erinnerung an ihn. Im Grunde lag dies schon im Worte „Vermächtnis". Aber auch wenn er sie nicht ausdrücklich gesagt hat, so war es doch in seinem Sinne, daß diese Weihehandlung der Mittelpunkt der neuen Gemeinschaft wurde.

Jesus fügte hinzu: „Wahrlich, ich sage euch, ich trinke nicht mehr vom Saft des Weinstocks bis zu dem Tage, wo ich neuen Wein im Reiche Gottes trinke." Also entweder, er werde jetzt sterben, oder das Wunder des Reiches werde hereinbrechen und seinem Tode zuvorkommen. Diese letzte Hoffnung mag Jesus noch immer vorgeschwebt haben.

Nachdem die Jünger den Passah-Lobgesang angestimmt hatten, zog Jesus mit ihnen auf den Ölberg, um dort die Nacht zu verbringen. Denn nach dem Gesetz durfte der Judäer in dieser Nacht das Stadtgebiet von Jerusalem nicht verlassen. Petrus in seiner rasch aufflammenden Art versprach bei Jesus auszuharren, was immer komme, auch wenn er mit ihm sterben müsse. Jesus soll ihm vorausgesagt haben, er werde ihn dreimal verleugnen „ehe der Hahn kräht"[7], also vor Morgengrauen.

Wer kennt nicht die Szene im Garten Gethsemane? Jesus ließ die Jünger sich lagern und entfernte sich mit den vertrautesten drei „einen Steinwurf weit", um zu beten. Er selbst in Todesangst, die Jünger noch immer so wenig der Gefahr bewußt, daß sie einschliefen und nur im Halbschlaf seine glühenden Gebetesworte hörten: „Vater, dir ist alles möglich: nimm diesen Kelch von mir, aber nicht wie ich will, sondern wie du willst." Dreimal soll er die Worte gesagt und dazwischen immer wieder vergeblich die schlafenden Jünger aufgerüttelt haben.

Ein Engel kam ihn zu trösten, sagt Lukas. Das heißt: die Ergebung in Gottes Willen überwand die Todesangst und gab ihm seine Selbstsicherheit wieder. Er war gefaßt und ruhig, als die Büttel des Hohenpriesters unter der Führung des Judas kamen. Judas begrüßte ihn (nach der persischen Sitte) mit dem Kusse und nannte ihn Rabbi: das war für die Knechte das Zeichen, wen sie greifen mußten. Einer der Jünger nur (daß es Petrus gewesen sei, sagt nur Joh.) zog sein Schwert und schlug im Kampf einem der Knechte das Ohr ab. Aber Jesus leistete keinen Widerstand — er lächelte über das große Aufgebot: „mit Schwertern und Knütteln kommt ihr, mich zu fangen wie einen Räuber. Und ich war doch tagsüber bei euch im Tempel und lehrte." Da die Jünger sahen, daß er nicht fechten wollte, flohen sie. Ein ungenannter Jüngling wagte es, von fern zu folgen: als die Knechte ihn aber am Kleide packten, ließ er dies fahren und floh nackt. Die Jünger waren eben von Jesus nicht zu Streit und Kampf erzogen, und es wäre auch nicht in seinem Sinn gewesen, wenn sie sich unnütz hingeopfert hätten.

Gegen allen Rechtsbrauch versammelte sich der Rat bei Nacht[8]. Die Vorgänge müssen im späteren Streit der Jünger mit den Juden oft und genau zur Sprache gekommen sein, so daß die Evangelisten wahrheitsgetreu darüber berichten konnten. Auch die Zeugen, die gegen Jesus aussagen sollten, waren schon bereit. Es war eine geläufige Vorstellung, daß der Messias den Tempel durch einen neuen ersetzen werde. So behaupteten die Zeugen, von Jesus gehört zu haben, er werde den Tempel zerstören und einen anderen an die Stelle setzen, der nicht von Händen gebaut sei[9]. Aber die Aussagen stimmten nicht hinreichend überein, um ein Urteil fällen zu können. Jesus ließ sie reden, er schwieg still. Da fragte ihn der Hohepriester feierlich: „Bist du der Sohn des Hochgelobten?" d.h. der Messias? Da gab es für Jesus kein Deuteln, wie wohl ein Durchschnittsmensch im Augenblick solcher Frage sich mit Leugnen herauszuwinden pflegt[10]. Er sagte „ich bin es", und fügte die Weissagung des Daniel hinzu: „ihr werden den Menschensohn sitzen sehen zur Rechten der Gotteskraft und kommen auf den Wolken des Himmels."

Der Hohenpriester Kaiphas legte dies als Gotteslästerung aus, und der Rat gab bereitwillig sein Urteil „schuldig". Kein Wunder, da er schon vorher von der Schuld überzeugt war. Wäre es ein gewöhnlicher Tag gewesen, so hätten die Priester Jesus wohl einfach aus der Stadt hinausgeschleppt und gesteinigt — so wie es später Stephanos erging. Diese

Lynchjustiz gegen Religionsfrevler ließen die Römer stillschweigend zu. Aber wie hätten sich die Judäer am Passahtage mit einer Bluttat beflecken sollen! Dazu war ihnen der Festtag zu heilig. Und Jesus über das Fest gefangen zu halten, schien wieder zu gefährlich. Wie leicht konnten seine Anhänger da versuchen, ihn zu befreien; dann wäre gerade der Aufruhr da gewesen, den Kaiphas verhindern wollte.

Also blieb nur der Ausweg, Jesus an die römische Behörde auszuliefern. Dazu mußte er des Hochverrats überführt sein. Darum eben hatte es der Hohepriester darauf angelegt, Jesus ein Wort zu entlocken, in dem er sich als Messias bezeichnete. Die Blutschuld lag dann immer nur bei den Heiden. Und vor allem: der Hochverräter wurde nach römischem Brauche gekreuzigt. Das aber diente dazu, Jesus vor allem Volke seines Ansehns zu berauben. Denn nach dem Gesetze des Moses war der verflucht, der am Pfahle hing. Es konnte des Jesus Anspruch und Lehre nicht nachhaltiger als auf diese Weise für alle Judäer angeprangert und verfehmt werden.

Der Talmud fügt als weiteren Grund hinzu, man hätte gegen Jesus nicht summarisch verfahren können, weil er der Regierung nahe stand, das verstehe ich, weil er wirklich als Nachkomme Davids gewisse Thronanrechte hatte. Aber dies ist vielleicht nachträglich als Grund hinzuerfunden.

So wurde Jesus am Morgen des 7. April 30[11] dem römischen Statthalter (Procurator) Pilatus vorgeführt. Von diesem Manne zeichnen die Evangelien in wenigen Strichen ein sehr anschauliches Bild. Zwar haben die späteren Berichte mancherlei tendenziös zugefügt: die Christen haben nach Kräften die Schuld am Urteilsspruch von ihm abzuwälzen und den judäischen Priestern zuzuschieben gesucht. Denn es galt, dem Vorwurf zu begegnen, daß Jesus ein von der römischen Obrigkeit gerichteter Verbrecher sei. Als echter Kern bleibt, daß Pilatus sich nicht auskannte. Kaiphas und andere Priester brachten die Anklage gegen Jesus wegen Aufruhr vor mit vielen Worten. Jesus verteidigte sich fast nicht, auch als er dazu aufgefordert wurde. Nach Johannes, der hier glaubhaft ist,[12] hat er gesagt: Mein Reich ist nicht von dieser Welt. Wie hätte er dem Römer erklären können, was der Messias nach der Meinung der Judäer sei, und was nach seiner eigenen Denkart! Die Jünger meinten, er habe geschwiegen, wie es vom Gottesknecht geweissagt war. Aber Pilatus erkannte in seiner Haltung das Benehmen des unschuldigen Menschen. Das Wort „was ist Wahrheit"? , das ihm entfahren sein soll, kann kaum erfunden sein. Es enthielt allerdings nicht den philosophischen Zweifel, den Nietzsche hineingelesen hat, wohl aber den Zweifel an der wortreichen Anklage.

174

Pilatus half sich auf eine charakteristische Weise. Er mußte Jesus schuldig sprechen, denn die Anklage war nicht widerlegt. Aber er versuchte, ihn durch eine Fest-Amnestie zu begnadigen. Er war also im Grunde überzeugt, daß Jesus ungefährlich sei. Er pflegte zum Feste einen politischen Verbrecher freizugeben. Aber dieser Ausweg wurde ihm durch die von den Priestern gelenkte Volksmeinung verriegelt. Die Menge bat vielmehr den Barrabas, den Anführer eines wirklichen Aufruhrs, los. Da zögerte Pilatus nicht länger, die Hinrichtung vollstrecken zu lassen. Es bedurfte schwerlich der Drohung der Priester, die bei Johannes behauptet wird, wer einen Aufrührer begnadige, sei ein Feind des Kaisers. Allerdings war eine Anzeige bei Tiberius in solchem Falle lebensgefährlich. Sondern Pilatus sah, daß die judäische Obrigkeit Jesus für einen Aufrührer hielt. Konnte es nicht wirklich sein, daß in diesem rätselhaften Volk sich ein Aufstand unter so wunderlicher Form vorbereitete? Also war es ratsam, dem Gesetz seinen Lauf zu lassen, wie es bürokratische Herzensträgheit in ähnlichem Falle immer tut. So ist Pilatus als Beispiel eines Mannes in die Geschichte eingegangen, der das Gute wohl erkennt, aber zu schwach ist, es zu tun, sondern sich durch die Umstände zum Justizmord drängen läßt, den er doch selbst bei einem andern verdammen würde.

In zahllosen Bildern ist die Qual der nächsten Stunden der Christenheit vorgeführt und eingeprägt worden. Jesus wurde den Soldaten zur Vollstreckung überlassen. Diese kleideten ihn zum Spott in ein rotes Tuch als Königsgewand und krönten ihn mit Dornen. Sie geißelten ihn nach dem römischen Brauch als Verbrecher. Dann führten sie ihn vor das Tor. Ein Simon von Kyrene, der vom Felde kam, wurde aufgegriffen, daß er das Kreuz trage; die christliche Tradition hat nicht gerade unwahrscheinlich den Grund dazu angegeben, daß Jesus selbst zu schwach war und unter der Last des Kreuzes zusammenbrach. Von den Anhängern des Jesus folgten nur einige Frauen; diese sind offenbar die Zeugen für die weiteren Umstände der Kreuzigung: wie die Soldaten Jesus einen mit Myrrhen versetzten Wein als Betäubingsmittel gaben. Jesus aber kostete nur und wies den Trank zurück. Er fürchtete den Schmerz nicht. Auf dem Kreuze aber war die Aufschrift: „der König der Judäer". Und rechts und links waren zwei Verbrecher, die ebenfalls gekreuzigt wurden. Diese Strafe wurde ja im Römerreich sehr häufig verhängt. Auch daß die Vorübergehenden von der Priesterpartei sagten: „andern hat er geholfen, sich selbst kann er nicht helfen" oder, „wenn er der Messias ist, soll er doch vom Kreuz herabsteigen" ist durchaus glaublich. Von den Jüngern wagte sich keiner hinzu, nur Maria Magdalena und ein oder zwei andere Frauen sahen von ferne das schreckliche Geschehen.

Die grausame Lust, wehrlose Menschen zu quälen, hatte die Strafe ersonnen, bei der die an die Kreuzbalken genagelten Opfer erst nach mehreren Tagen einen langsamen Erschöpfungstod starben. Sechs Stunden soll Jesus am Kreuz gehangen haben. Der Himmel verdüsterte sich, nicht durch eine Sonnenfinsternis, die am Vollmondtage unmöglich wäre, sondern so, wie sich manchmal ein Erdbeben vorbereitet. Oder waren es nur die Jünger, denen sich alle Lebensaussicht so verdunkelt hatte, daß ihnen auch der Mittag wie eine Finsternis vorkam?

In den Schmerzen am Kreuz tat Jesus das, was jedem frommen Menschen in der Qual am nächsten liegt: er begann zu beten. Und da er in der Marter nicht mehr im Stande war, eigene Gebetsworte zu formen, so stimmte er einen der Psalmen an, die ihm von Jugend auf vertraut waren. Mit lauter Stimme rief er „Mein Gott, mein Gott, warum hast du mich verlassen.“[13] Nicht als ob er sich verlassen gefühlt hätte. Denn natürlich schwebte ihm der ganze Pslam vor, der allerdings zunächst die Lage des Mißhandelten, Verspotteten beschreibt, so eindringlich, als ob er auf Jesus gegenwärtige Lage gedichtet sei. Aber er klingt aus in die Zuversicht: „Er verschmäht nicht das Elend der Armen. Er hört den, der zu ihm schreit. Alle Welt wird sich zum Gott Jahweh bekehren, und vor ihm anbeten. Denn Jahweh hat ein Reich über alle Völker.“ Alles, wofür Jesus gelebt hatte, fand er zusammengefaßt in diesem Gebete, das ihm im Sinne schwebte. Nicht als Verzweifelter, der an seinem Gott irre geworden wäre, endete er, sondern sich und sein Werk durch diesen Psalm auch dem Tode gegenüber behauptend, setzte er an mit den scheinbar widersprechenden Worten.

Und eben, da er den Hilferuf des Psalmes hervorstieß, wurde sein Gebet auf unerwartete Weise erfüllt. Indem er seine Kraft zusammenraffte mit lauter Stimme die Worte auszurufen, brachte er die langsam versiegenden Lebenskräfte zu plötzlichem Aufwallen, und darauf antwortete sein geschwächter Leib durch sofortigen Herzschlag.

Ein wohlhabender Ratsherr erbat sich den Leichnam, um ihn zu bestatten, angeblich, weil er auch der Botschaft von Jesus gelauscht hatte und zugeneigt war; mindestens ebensosehr aber, damit der anbrechende Tag des Passah nicht durch die aufgepfählte Leiche geschändet würde. Er legte ihn in ein Grabgewölbe, das er in der Nähe auf einem Friedhof für sich selbst vorbereitet hatte.

Und die Priester in Jerusalem feierten ihr Fest in dem Glauben, das Werk von Jesus sei mit ihm zu Grabe getragen, und atmeten auf. Freund und Feind von Jesus waren überzeugt, daß seine Wirkung zu Ende sei. In Wirklichkeit begann sie erst.

1 Sanh. 98^a (Rabbi Jehoshua ben Levi), zitiert bei Strack-Billerbeck a.a.O. I, S. 956 f. Grundmann „Jesus der Galiläer und das Judentum", 1940, S. 152 hat die Frage aufgeworfen, ob Jesus diese Deutung kannte. Nun ist Jesus nach Markus 11,2 auf einem Füllen in Jerusalem eingeritten. Erst die spätere Tradition bei Matthäus und Johannes hat unter dem Einfluß der Weissagung ein Eselsfüllen daraus gemacht. Lukas hat wie Markus, es ist also nicht etwa bei diesem der Zusatz Esel ausgefallen. Auf die ursprüngliche Lesung hat Schuster ZNTW 47, 1956, S. 13 hingewiesen. Aber auf einem unzugerittenen Füllen zu reiten, setzt große Übung im Reiten voraus. Sollen wir uns vorstellen, daß Jesus im väterlichen Betrieb von Jugend auf viel Gelegenheit zum Reiten hatte? Oder hat sich Markus ungenau ausgedrückt? Beides ist denkbar, und in letzterem Falle wäre zu unterstellen, daß Jesus sich nach der Weissagung gerichtet hat. Dann wäre Grundmanns Frage berechtigt, aber nicht zu beantworten.

2 In der Petrus-Apokalypse ist das Wort vom unfruchtbaren Feigenbaum als Gleichnis überliefert, offenbar unabhängig von Markus.

3 Im Thomas-Evangelium ist ihm das ausdrücklich in den Mund gelegt.

4 Die dreißig Silberstücke sind Reminiszens aus Sach 11,12 (= 1/2 Pfund Silber, etwa 1250 DM). Die wahre Höhe des Judaslohns war nach Apg. 1,18 so hoch, daß der Verräter sich ein Grundstück davon kaufen konnte.

5 Nie hat die christliche Kirche das Verzehren des Passah-Lamms in ihre Gedächtnisfeier mit aufgenommen; offenbar ist es auch bei der letzten Mahlzeit nicht verzehrt worden. Dadurch wird die Chronologie des Johannes gegen die des Markus beglaubigt. Die Szene mit Judas bei dem Mahl ist wieder aus einem Psalmenwort herausgesponnen, also keine echte Erinnerung. Vgl. zu den Bräuchen beim Passahmahl J. Jeremias „Die Abendmahlsworte Jesu" 4.A. 1967, S. 40 ff, S. 78 ff. Zum Datum (14. Nisan) unten Anm. 11.

6 J. Jeremias a.a.O. 2.A. 1949, S. 109 (aber 4.A., S. 172 arbeitet er eine Bedeutung „alle" heraus).

7 Das „zum zweiten Mal" ist nach dem Zeugnis des Codex D wohl erst nachträglich dem Text zugewachsen.

8 Gegen Lietzmanns, Dibelius' u.a. Zweifel, ob die Jünger über die Vorgänge vor dem Synedrion etwas glaubhaftes wissen konnten vgl. J. Jeremias ZNW 43, 1937, S. 148 ff. (Daselbst ist übrigens auch die Pointe der Frage wegen der Ehebrecherin sehr gut herausgearbeitet.) Die zweite Versammlung des Rats Markus 15,1 ist nur eine Rückverweisung auf die erste, siehe Die Glaubwürdigkeit der Evangelien, S. 39.

9 Charakteristisch für Johannes Ev. ist, daß bei ihm das Wort der falschen Zeugen zu einem Herrenwort wird, das nur anders gemeint gewesen sei.

10 Der als Messias aufgetretene Sabbathai unter der Türkenherrschaft hat in ähnlicher Situation seine Sendung verleugnet und zum Schein den Islam angenommen. Vgl. Scholem, Numen VII, 1960, S. 93 ff, bes. S. 96.

11 Vgl. Holzmeister, Biblica XIII 1932, S. 93 ff; E. Preuschen ZNW V, 1904, S. 1 ff. Jeremias a.a.O., S. 31 ff; Billerbeck a.a.O. II, S. 812 ff; 851 ff. Das Jahr ist bei Tertullian überliefert: er nennt die Consuln von 29, die aber nach ägyptischem Brauch für die Zeit von Okt. 29—Sept. 30 das Datum angeben. Für den Tag ist entscheidend, daß Polykarp den 14. Nisan als das von den Aposteln überlieferte Datum bezeichnet, und Clemens Alexandrinus dasselbe Datum auf den ägyptischen Kalender umgerechnet aus dem Jüngerkreis des Basilides kennt (die beiden anderen Daten aus diesem Kreis sind Schreibfehler: das eine hat dieselbe Ziffer, aber einen andern, wiewohl ganz ähnlich klingenden Monat, das andere den gleichen Monat, aber eine andere Zahl des Tages. Es ist nicht notwendig, in sie eine gesonderte Überlieferung hineinzugeheimnissen.)

12 Einzelheiten gerade dieses letzten Berichts des Johannes haben sich durch die Ausgrabungen in Jerusalem bestätigt. Vgl. W. F. Albright „The Archaeology of Palestine", S. 245. So darf man hier dem Bericht des Johannes folgen. Die Überlieferung bei Markus hält sich an den Spruch Jesaias 53,7 „er tat seinen Mund nicht auf". Sie ist dadurch geschichtlich unbeglaubigt.

13 Der Schluß auf Jesus' Stimmung in der Todesstunde wäre irrig, wenn Glaue ZNW 45, 1954, S. 106 recht hätte mit der Behauptung, der Ausruf sei nachträglich dem Psalmwort angeglichen. Aber gerade der Codex D, den Glaue für den ursprünglichsten ansieht, hat den hebräischen Wortlaut am genauesten. Th. Boman, Die Jesus-Überlieferung im Lichte der neueren Volkskunde, 1967, das ich leider erst nach Abschluß des Manuskripts kennenlernte, vermutet S. 233 im Anschluß an H. Sahlin, daß die ersten Worte des Rufes „Eli atta" gelautet hätten, so daß die Hörer „Elia, komm" verstehen konnten. Aber genauer schließt sich an die Überlieferung, wenn

wir annehmen, daß Jesus seinen Ruf Eli, eli, durch einen unterdrückten Schmerzenslaut „ah"
unterbrochen hat. Jedenfalls ist der Tonfall des Rufes kein Klageruf gewesen, wie aus der Wirkung auf den Centurio, der die Sprache nicht verstand, eindeutig hervorgeht. Dem kann ich nur
zustimmen, nicht aber den vorherigen Ausführungen, die das Psalmwort im Munde von Jesus als
unwahrscheinlich nachweisen wollen: im Todesschmerz reagiert ein Mensch anders, als sonst im
Leben.

Dritter Teil:

DIE ERSTE NACHWIRKUNG

1. Die Urgemeinde und Petrus

Unter den Jüngern des Jesus war einer, den er schon selbst als einen der Bedeutendsten erkannt und ausgezeichnet hatte, Simon, der Sohn des Jonas, ein Fischer von Kapharnaum. Jesus hatte ihm den Beinamen Kephas gegeben, der Stein oder Fels — in griechischer Übersetzung Petrus. Nur bei Matthäus sind dem Namen die erklärenden Worte zugefügt: „auf diesen Felsen will ich meine Kirche bauen". Ob sie echt sind, ist umstritten. Mir scheint der Sinn, den das Wort „erbaulich" schon bei Paulus hat, zu beweisen, daß Jesus selbst vom Aufbauen seiner Gemeinde gesprochen hat. Jedenfalls, Petrus ist der eigentliche Urheber des Christentums, des Glaubens, nicht wie Jesus lehrte, sondern an Jesus.

Er war eine visionäre Natur, das heißt, er erlebte seine entscheidenden Gedanken in der Form von Visionen. So hatte er schon einmal, als Jesus ihn mit den Zebedäos-Söhnen zusammen auf einen Berg mitnahm, den Herrn in überirdischer Verklärung gesehen. Strahlend weiß, heller als die Sonne, wurde ihm seine Gestalt, und neben ihm erschienen Moses und Elias. Petrus wußte später nur, was er selbst bei dieser Verzückung verworrenes gesprochen hatte. Daneben aber war Petrus ein Mann von schlichter Wahrhaftigkeit, der seine eigenen Schwächen nicht beschönigte. Wenn er von Jesus und seinem Leiden erzählte, so verschwieg er nicht, wie er ihn in jener Stunde der Not dreimal verleugnet habe. Ja, er gab es weiter, daß Jesus ihn bei anderer Gelegenheit Satanas gescholten hatte. Eben darum wirkte auch das Unwahrscheinliche glaubhaft, was er von seinen Visionen erzählte. Die Hörer fühlten, daß er der Lüge nicht fähig sei.

Und außerdem besaß Petrus die nüchterne Tatkraft, die sein Beruf erfordert hatte, und organisatorische Fähigkeiten, die man in dem einfachen Fischer nicht vermutet hätte. Er war nicht frei von der Lust, zu herrschen, die zu jedem Aufbau einer Gemeinschaft notwendig ist; er konnte sich dabei auch den Umständen anpassen, was seine Gegner ihm als Menschenfurcht auslegten. Aber das waren gerade Gaben, geeignet, eine wachsende Gemeinde zusammenzuhalten. Er wußte, zu leiten, aber auch im rechten Augenblick nachzugeben.

Soviel läßt sich noch von der Art des merkwürdigen Mannes erkennen, der nun durch ein Wundererlebnis der Führer der Jünger wurde. Wir wissen, daß er den Meister selbst in visionärer Weise sah. Ja, er ist auferstanden! Das war die Botschaft, mit der er die andern Jünger überraschte. So klar und lebhaft hatte er ihn gesehen, daß ihn kein Zweifel irre machen konnte.

Wenn ich die Überlieferung recht verstehe, so haben wir einen genauen Bericht über dies entscheidende Erlebnis[1]. Am Abend des Sonntages nach dem in Angst verbrachten entsetzlichen Passah ging Kephas (verschrieben Kleopas)[2] mit einem anderen Jünger von Jerusalem nach Ummana (entstellt zu Emmaus), einem nahe gelegenen Orte. Voll Trauer sprachen sie von dem, was sie von Jesus erhofft hatten, vom Messias, von ihrer Enttäuschung. Da war es Petrus, als trete ein dritter, ein Fremder hinzu und deute ihm die alten Weissagungen. Hatte nicht der zweite Jesaias vom Gottesknechte gesprochen, der geduldig wie ein Lamm für seines Volkes Sünde in den Tod gehe? Hatte nicht Jesus selbst gesagt, daß er in Jerusalem den Tod erleiden werde? Das hatten die Jünger damals nicht verstanden, Petrus selbst hatte ihm widersprochen und war heftig zurechtgewiesen worden. Jetzt ging es Petrus wie in einem Zwiegespräch mit dem Fremden auf. Gerade durch seinen Tod hat Jesus die Weissagung erfüllt. Also steht erst recht auch seine Wiederkehr in Herrlichkeit bevor.

Von solchen Gesprächen schlug beiden Jüngern das Herz wieder hoch. In dieser Stimmung taten sie beim Mahl in Ummana, wie Jesus am letzten Abend geheißen. Sie — nein doch, der Fremde, der mit ihnen am Tische saß, brach das Brot und teilte es mit ihnen — sie taten es zum erstenmale mit der Andacht, in die sie die frohe Erkenntnis versetzt hatte, und wohl mit den gleichen Worten, die Jesus gebraucht hatte. Jesus selbst war (mindestens für Petrus) in jenem Fremden gegenwärtig, jetzt erkannte er ihn. Und obgleich in diesem Augenblick die Erscheinung verschwand und das nüchterne Tagesdenken die Oberhand gewann, so war das Erlebte von visionärer Gewißheit. Petrus konnte nimmer zweifeln: Jesus war wirklich auferstanden, „ich habe ihn gesehen, mit meinen Augen hab ich ihn gesehen". Und soweit sich übersinnliche Wahrheit mit irdischen Worten wiedergeben läßt, hat er darin gewiß auch den Sinn seiner Vision richtig umschrieben.

Nachträglich erzählten nun Maria aus Magdala und eine andere Frau aus der Gemeinde, sie seien in der Früh gleich am Sonntag morgen zum Grabe gegangen, um die Salbung des Leichnams nachzuholen, die die letzte Pflicht der Angehörigen war. Aber der Stein, den die Kriegsknechte beim Begräbnis vorgewälzt hatten, sei neben dem Grabe gelegen, und das Grab selbst sei leer gewesen. Maria von Magdala wollte auch Engel im Grabe gesehen haben, ja, nach späterem Berichte den Auferstandenen selbst. Aber die Jünger glaubten ihr nicht: sie kannten die Schwärmerin, der Jesus sieben Teufel ausgetrieben hatte, d.h. sie aus Geisteszerrüttung geheilt hatte. Wie leicht konnte sie nach den grauenvollen Erlebnissen der letzten Tage einen Rückfall in die Krankheit haben. Das

leere Grab war später ein Kultplatz der Gemeinde, an dem sie sich
namentlich zu Ostern immer wieder versammelte, und das Geschehen
sich ins Gedächtnis rief und in der Erinnerung immer mehr ausschmück-
te. In den Auseinandersetzungen mit den Judäern wurde das Grab ein
wichtiger Streitpunkt, da behaupteten diese, die Jünger hätten den Leichnam gestohlen, um vorzuspiegeln, Jesus sei auferstanden; die christliche
Überlieferung ließ deshalb eigens eine römische Wache vor dem Grab
aufziehen, die dann die Auferstehung bezeugen mußte. Aber all das steht
nur im jüngsten Evangelium, dem Matthäus: Markus und Lukas wissen
nichts davon, selbst Johannes nicht. Für den Glauben an die Auferstehung war das Grab nebensächlich. Wesentlich war das, was Petrus
erlebt hatte.
Dies Erlebnis gab dem Petrus seine Tatkraft zurück, und damit die Autorität über die anderen Jünger. Er riß sie aus ihren stumpfen Klagen
heraus. Er erinnerte sich, von Jesus noch vor seinem Tode die Weisung
erhalten zu haben, die Gläubigen nach Galiläa zurückzuführen. Vielleicht
dachte er daran, sie dem Zugriff der Obrigkeit in Jerusalem zu entziehen.
Doch darauf kommt nichts an; entscheidend war, daß die elf Hauptjünger
beisammen blieben und sich „in der Gemeinschaft des Brotbrechens" bei
gemeinsamer Mahlzeit immer wieder Jesus und sein Ende in Erinnerung
riefen. Und dabei wirkte des Petrus Überzeugung und Zuversicht auf sie
alle. Auf einem Berge in Galiläa[3] sahen nun auch die versammelten Elf
den Auferstandenen, wenigstens die meisten von ihnen. Doch gab es auch
Zweifler unter ihnen, und daß dies nicht verschwiegen ist, macht den
Bericht historisch umso glaubhafter. Für die Mehrzahl war es gewiß, sie
sagten es weiter von Mund zu Mund: Jesus ist auferstanden, er wird
wahrscheinlich schon in wenigen Tagen kommen, sein Reich aufzurichten, denn ihm ist von Gott alle Macht im Himmel und auf Erden gegeben, und der Tod kann ihm nichts mehr anhaben. Wie einst die Phöniker
von Baal, so sagten die Jünger von ihm: „er hat den Tod überwunden."
Die materialistische Denkweise, die den Jüngern von ihrer judäischen
Herkunft her anhaftete, hat das Erlebnis zu einer Auferstehung des Leibes vergröbert. Das verdeckt geradezu den Sinn des Oster-Erlebnisses.
Klar ausgesprochen ist dieser vielmehr in den Worten, die die Jünger vom
Auferstandenen erlauschten: „Siehe ich bin bei euch alle Tage bis ans
Ende der Welt."
Natürlich hielt die Jünger nun nichts mehr in Galiläa fest. Für sie als
gläubige Judäer war es klar, daß Jesus von Jerusalem aus seinen Siegeszug
beginnen werde. Dorthin mußten auch sie, wenn sie dabei sein wollten.
So eilten sie zurück nach Jerusalem, nicht nur die Elf, sondern auch
andere, die Jesus im Leben gefolgt waren und nun von seiner Aufer-

stehung hörten. Das Wunder war ja diesen Menschen, die in der Erwartung des Weltendes lebten, kein Anstoß; es bestärkte sie im Glauben an Jesus als den erwarteten Messias.

Etwa hundert und zwanzig Männer und Frauen, nach anderer Angabe sogar über fünfhundert (was aber wohl aus „hundert" verlesen ist: φ für P) versammelten sich am fünfzigsten Tage nach jenem Passah, Ende Mai 30, in einer Halle zu Jerusalem zum alten jüdischen Erntefeste; alle in der Erwartung, daß Jesus bald kommen und die neue, bessere Welt begründen werde. Und da überfiel sie jene Verzückung, die in der Erinnerung als die „Ausgießung des Geistes" fortlebt[4]. Die frohe Gewißheit überkam sie, daß Jesus lebendig nahe sei, daß er den Tod überwunden habe. Sie begannen zu jauchzen, in stammelnden Silben ohne Sinn zu jubeln. Sie fühlten sich unter einer höheren, heiligen Gewalt stehen, die sie zwang, auf diese Weise Gott zu preisen. Die ganze Jüngerschaft wurde von dieser Verzückung ergriffen. Es war ein Jauchzen, wie es in den bacchischen Kulten üblich war.

Das konnte nicht verborgen bleiben. Bei dem Feste waren Judäer aus allen Weltgegenden beisammen; sie waren höchst verwundert, die heimatlichen Jodler des heidnischen Kultus hier in der Stadt des Jahweh zu vernehmen[5]. Andere meinten, es sei das Johlen von Betrunkenen (und das sagt uns, wie es klang). Die Jünger mußten Rede stehen. Und da gab (wahrscheinlich) Petrus dem eben Erlebten die Deutung: der Prophet Joel hatte geweissagt, daß am Ende der Zeiten Gott seinen Odem über sein ganzes Volk senden werde, so daß alle berufen würden, ihn zu künden. Also waren die von Jesus Berufenen der „Rest" des Volkes, den Gott retten wolle. Das war dann wieder die Beglaubigung dafür, daß Jesus wirklich der Messias sei. „Der Jesus, den ihr habt kreuzigen lassen, ist dennoch der Messias. Er ist auferstanden, wir haben ihn gesehen, und bald wird er kommen zum Strafgerichte über die ganze Welt, besonders aber über die Judäer, die er in seiner Knechtsgestalt geprüft hat."

Mächtig wirkte des Petrus Predigt auf die zusammengelaufene Menge. Wie viele waren darunter, die Jesus gehört hatten, von seinen Worten ergriffen worden waren, nur im entscheidenden Augenblick vor der staatlichen Macht zurückgeschreckt waren. Andere hatten gehorsam, wie es die Ratsherren und die weisen Rabbis verlangt hatten, dem Römer die Kreuzigung des Jesus abgetrotzt, oder waren wenigstens durch ihre teilnahmlose Neugier mitschuldig an seinem Tode geworden. Sie konnten nur entweder aus der Rede des Petrus eine tödliche Beleidigung heraushören, oder an allem, was sie bisher getan hatten, irre werden und hilflos rufen: was sollen wir denn tun, wie sollen wir uns aus dieser furchtbaren Schuld lösen?

Die Frage ist ausgesprochen worden; und Petrus hatte das Wort des Jesus verstanden, daß Gott jedem verzeihe, der ernstlich um Verzeihung bete. Er griff zurück auf die Taufe, wie sie Johannes geübt hatte und wie sie bei Bekehrungen zum Judentum ebenfalls schon lange üblich war. Zum Zeichen, daß sie sich von allem Vergangenen lossagten und namentlich von der Mitschuld an dem Justizmorde an Jesus, sollten die neuen Gläubigen sich taufen lassen. Und es drängte sich eine Menge herzu, angeblich mehrere tausend[6], ihre Schuld abzuwaschen. So wurde die Taufe die geheiligte Form für den Eintritt in Jesus' Gemeinde. Der neue Jünger wurde dabei im Wasser ganz untergetaucht mit einer Formel „zum Messias Jesus". Das ließ sich ausdeuten, als würde der Täufling ein Glied im Leibe des Auferstandenen. Die dreiteilige Taufformel, die am Ende des Matthäus-Evangeliums steht, ist erst ca. 70 Jahre später üblich geworden. Jede gemeinsame Mahlzeit wurde zur Feier. Petrus und die anderen Apostel verteilten das Brot und den Trank (wenn kein Wein da war, auch Wasser), so wie Jesus beim Abschiedsmahle getan hatte. Das war nicht mehr bloß zu seinem Gedächtnis, sondern seit jenem Erlebnis von Ummana war es Petrus gewiß, daß Jesus selbst bei diesem Mahle anwesend sei, und diese Zuversicht teilte sich der ganzen Gemeinde mit.

Die Kunde von der Auferstehung drang auch nach Nazareth. Die Familie des Jesus hatte sich zu seinen Lebzeiten sehr ablehnend verhalten. Namentlich der bedeutendste von seinen Brüdern, Jakobus, war durchdrungen von der pharisäischen Frömmigkeit, die ihm eher noch nicht streng genug war. Desto mehr erschütterte ihn die wundersame Kunde von der Auferstehung. Da tat er ein Gelöbnis, nicht wieder zu essen oder zu trinken, bis sich der Auferstandene auch ihm zeige[7]. Und wie hätte in dem künstlichen Erschöpfungszustande, in den er sich versetzte, und der Erregung, in der er sich befand, das Erlebnis ausbleiben können? Bald nach jenem ersten Pfingstfeste, scheint es, hat er sich der Gemeinde in Jerusalem angeschlossen, mit ihm auch seine und Jesus' Mutter Maria. Wie bald mußte ihm als dem Bruder des Jesus eine überlegene Autorität zufallen. Das war eine Gefahr, denn Jakobus hatte ja bisher gerade in einer entgegengesetzten Gottesauffassung gelebt. Nur der inbrünstige Glaube, daß Jesus selbst demnächst seine Gemeinde führen werde, und der orientalische Königsgedanke, für den auch die Brüder des Königs seine Knechte sind wie alle Untertanen, hielt einstweilen diese Entwicklung zurück.

Mit Ungeduld fragten sich die Jünger, wann denn nun das Reich des Messias anbrechen werde. Und diese Ungeduld verkörperte sich ihnen wieder in einem Gesichte. Als die elf Auserwählten sich auf dem Ölberge versammelten, da sahen sie Jesus; aber als sie ihn fragten, wann die Stunde komme, da entschwebte er ihnen. Sie empfanden in diesem Bilde, daß sie die schöne Gewißheit verlieren würden, wenn sie immer diese Frage wiederholten[8]. So etwa war der ursprüngliche Sinn der Vision, die die Überlieferung grob sinnlich in eine Himmelfahrt des verklärten Jesus umgezeichnet hat (4. Juli 30)[9].

Petrus ergriff den Sinn: die neue Gemeinde mußte sich auf Erden einrichten. Zunächst schlug er vor, die fehlende Stelle des zwölften Apostels neu zu besetzen, die durch den Verrat und angeblich den Tod des Judas[10] freigeworden war. Nur ein Jünger sollte dafür in Betracht kommen, der Jesus von Anfang an gefolgt war und alle seine Lehren gehört hatte. Denn diese galt es ja zu bezeugen. Durch diese Bedingung wurden die Geschwister des Jesus ausgeschlossen, die dem Petrus die führende Stellung hätten streitig machen können. Das war sachlich notwendig, damit die Gemeinde nicht in die Bahnen des Pharisäertums zurückglitte. Es wurde ein unbedeutender Mann namens Matthias erwählt (vielmehr unter zwei ausgesuchten Jüngern erlost), der später nie wieder erwähnt wird.

Weiter forderte Petrus die Gläubigen auf, sie sollten all ihr Gut verkaufen und gemeinsam vom Erlös den Unterhalt bestreiten. Es konnte ja nicht lange dauern, bis der Herr käme, mag er gedacht haben: solange würde der Betrag schon reichen. Die gemeinsame Begeisterung war so groß, daß viele der Aufforderung folgten; konnten sie doch dann unbekümmert um irdische Sorgen nur der Hoffnung auf das kommende Reich leben. Sie verbrachten die meiste Zeit im Tempel und füllten sie mit Preisgebeten und Forschen in den Schriften, ganz in essenischer Weise, nur aus einem neuen Antrieb.[11]

Bei diesem Forschen erhielten die Erzählungen aus der israelitischen Vergangenheit einen neuen Sinn. In alles und jedes wurde eine sinnbildliche Beziehung auf Jesus und sein Schicksal hineingelegt. Wenn der Prophet Jonas drei Tage im Bauch eines Fisches zugebracht hatte, so war das ein Bild für die Tage, die Jesus im Schoß der Erde gelegen hatte. Durch eine künstliche Rechenweise wurden auch diese zwei Nächte deswegen als drei Tage gezählt. Die Gemeinde war die neue Arche, in die wie zu Noahs Zeit die wenigen einsteigen mußten, die dem allgemeinen Untergang entkommen wollten. Das Manna, das die Israeliten in der Wüste als Speise vom Himmel empfingen, war ein Vorbild des Brotes, das die Gemeinde sich teilte, um darin den geistigen Leib ihres „Herrn" in sich aufzunehmen. Ja sogar die eherne Schlange, die Moses aufgerichtet hatte, um die von Schlangen Gebissenen magisch zu heilen, sollte den Heiland am Kreuz bedeuten, durch dessen Anblick der Gläubige vom Tod errettet werde.

An Stelle des Sabbats feierte die Gemeinde den darauffolgenden Tag, den Sonntag, den Auferstehungstag des Herrn, durch regelmäßige Zusammenkunft[12]. Er war jetzt der Festtag, während der Freitag als Tag des Leidens und ebenso der Mittwoch mit Fasten gehalten wurde[13]. Ein Widerspruchsgeist gegen den pharisäischen Brauch war darin bemerkbar, denn dieser hielt gerade den Donnerstag als Fasttag.

Der Mittelpunkt der Sonntagsfeier war das „Brotbrechen". So nannte man andeutend das Erinnerungsmahl. Um dieses herum fügten sich die überlieferten Gebete und Gesänge. Es traten Propheten auf, die in unzusammenhängendem Gestammel, „Zungenreden" genannt, ihre freudige Erregung kundtaten. Wie in der Synagoge wurde wohl regelmäßig ein Abschnitt der alten Schriften verlesen und über ihn gesprochen. Da legte dann einer der „ältern" Jünger (presbyteroi), die Jesus persönlich gekannt hatten, meist einer der Apostel, die Texte der Propheten so aus, daß sie von dem kündeten, von dem alle Herzen voll waren: von Jesus, seinem Wunderwirken, seinem Leiden und seinem Auferstehen.

Warum mußte er leiden? Aus dem zweiten Jesaia kam die Antwort: wie ein Opferlamm für die Schuld seines Volkes. Aber als des Jesus Volk betrachteten sich nur die Jünger. Sie waren es, die Jesus ins Gottesreich berufen hatte, nur ihnen konnten demnach all die Weissagungen und Verheißungen gelten, die die Propheten verkündet hatten. Sie waren der Rest, der bei dem großen Gericht übrig bleiben würde — entsühnt durch das Blut des Herrn selbst an Stelle der Sühnopfer, die die Thora vorgeschrieben hatte.[14]

Man rief Jesus als den Herrn, marana. Die Judäer und Zugewandten aus dem griechischen Sprachgebiet, die sich auch in Jerusalem zahlreich und zum Teil schon im ersten Jüngerkreise vorfanden, übersetzten das Wort mit Kyrios. Aber mit demselben Worte Kyrios gab die griechische Verdolmetschung des Alten Testaments den heiligen Namen Jahweh wieder, oder vielmehr das Adonai, das die Judäer anstatt dessen lasen. So wurde durch den Namen selbst Jesus für die Griechischredenden zu Gottesrang erhoben. War er das alles, was die alten Schriften von Jahweh erzählten? War er es, der die ersten Menschen geschaffen hatte? War er schon Moses im Dornbusch erschienen? War er es, der den Propheten sein Leben, sein Leiden, seinen Tod und seine Wiederkunft vorausgesagt hatte? Die einfachen Männer, die bei der Auslegung der Schriften das Wort führten, konnten wohl so schließen. War doch schon bei Henoch zu lesen, daß der Messias vorzeitlich im Himmel schon existierte. Die Kluft zwischen Jesus und der übrigen Menschheit wurde dadurch riesengroß. Mit der gleichen Einseitigkeit, mit der die alten Israeliten nur die Verehrung des einen Jahweh geduldet hatten, sah die neue Gemeinde in Jesus den einzigen Heilbringer. Er war der Vermittler zwischen dem jenseits der Planeten wohnenden Gott, den er seinen Vater genannt hatte, und der Gemeinde auf Erden. Er war ihr der Urheber aller Dinge und der Heiland. Retter

(Soter), so nannten die Griechen wohl einen ausgezeichneten König ihres Stammes, dann auch bestimmte Götter, die sie als Nothelfer anriefen (besonders Asklepios). Das Wort war den Jüngern wie vorgegeben, um die Hoffnungen zu bezeichnen, die sie auf Jesus setzten: er wird sie ja aus der Not des zusammenbrechenden Weltalters erretten.

Der Dienst aber, den er forderte, war ein reines Leben. Die Jünger nannten sich die Heiligen, das bedeutete, sie bemühten sich auf das strengste den Sittenvorschriften nachzuleben, wie Jesus sie ihnen ausgelegt hatte. Jede Unredlichkeit, jedes unkeusche Wort war aus ihrem Kreis verbannt. Sie hielten sich auch an die judäischen Gesetze, die den meisten von ihnen ja seit Kindheit geläufig und gewohnt waren. Einen Gegensatz zur neuen Lehre empfanden sie darin nicht. Jesus hatte sich ja selbst auch an diese Gesetze gehalten. Der Ernst, mit dem sich die Gemeinde einem geweihten Leben hingab, mußte auch auf die außenstehenden Judäer Eindruck machen.

So war aus der Jüngerschar eine feste Gemeinde, eine neue Sekte der Judäer geworden. Alle nannten sich Brüder und lebten als eine große Familie. Aber das Ereignis, auf das sie hofften, der Untergang der Welt und die Wiederkehr des Herrn, blieb immer noch aus. Da ließ sich die begonnene Lebensweise in Muße und Gebet allein nicht dauernd halten. Man lebte ja vom früheren Besitz, da mußte die Gemeinde immer mehr verarmen. Wir hören davon, daß ein Ehepaar, das sein Gut verkauft hatte, einen Teil des Erlöses für sich behielt und daraufhin wegen Betrug gegen den heiligen Geist sterben mußte. Petrus hielt also seine Autorität mit den strengsten Mitteln aufrecht „und alle hatten große Angst".

Aber nicht nur um der materiellen Lage willen kam es zu inneren Spannungen. Zur Gemeinde übergetretene „Gottesfürchtige" aus dem Kreise der als Heiden geborenen Griechen, die sich dem Judentum zugewandt hatten, fragten sich, ob denn das jüdische Gesetz auch für sie gelte. Wohl wurde ein Wort von Jesus angeführt, es werde eher Himmel und Erde vergehen als ein Buchstabe des Gesetzes. Aber hatte er nicht selbst das Sabbat-Gesetz anders ausgelegt? Vielleicht mußte man auch die anderen Vorschriften nicht nach dem Buchstaben, sondern nur als Sinnbilder verstehen. Bei der ersten Gelegenheit konnten Meinungsverschiedenheiten darüber sich zum Streit entzünden.

Mit der judäischen Obrigkeit kam die neue Gemeinde alsbald in Konflikt. Waren doch der gleiche Hohenpriester[15] und zum Teil die Ratsherren noch im Amt, die Jesus angeklagt hatten. Sie waren Sadduzäer, verwarfen also den Glauben an eine Auferstehung als unsinnig. Die Werbetätigkeit der Apostel mußten sie notwendig als Auflehnung gegen ihre Regierung auffassen. Sie verboten ihnen, zu lehren, aber jene trotzten darauf (wie Sokrates vor dem attischen Gericht gesagt hatte), daß man Gott mehr gehorchen müsse als den Menschen. Und die wundersamen Heilungen blieben bei den Aposteln so wenig aus wie bei Jesus selbst, so daß die Jünger großes Ansehn im Volke gewannen. Petrus und Johannes wurden festgenommen, es wurde ihnen verboten, Jesus anzurufen, und sie wurden ausgepeitscht. Das alles konnte sie nur fanatischer machen. „Freut euch, wenn sie euch schmähen und mißhandeln um meines Namens willen', sollte schon Jesus ihnen gesagt haben. Es war ja ein kleiner Anteil an dem, was er selbst gelitten hatte. Die Freude, um Jesus willen verfolgt zu werden, „an seinem Kreuze mitzutragen", wurde desto mehr eine Grundstimmung des neuen Glaubens, je mehr der Gegensatz zu den Obrigkeiten sich verschärfte.

Einstweilen bremste ein Führer der Pharisäer, der hochangesehene Rabbi Gamaliel, die Verfolgung ab. Er wies darauf hin, wieviele messianische Bewegungen im Laufe eines Menschenalters von sich reden gemacht hatten und wieder in nichts zerronnen waren. So werde auch die Jüngerschar des Jesus am einfachsten dadurch überwunden, daß man sie nicht beachte. „Wenn sie von Menschen ist, wird sie sich von selbst auflösen, ist sie aber von Gott, so werdet ihr nichts gegen sie ausrichten." Mochte Gamaliel selbst auch diese angeblich von ihm ausgesprochene zweite Möglichkeit nicht ernstlich meinen, so nahm die Gemeinde sie doch als eine Bestätigung ihres Selbstbewußtseins. Die Judäer aber befolgten den Rat des Gamaliel.

Und wirklich schienen nach einiger Zeit (vielleicht nach fünf Jahren) innere Mißhelligkeiten zum Zwist in der Gemeinde zu führen. Es erhob sich Klage, daß bei der Verteilung der Speisen einige Witwen nichtjüdischer Abstammung zurückgesetzt worden seien. Mit bewundernswerter Klugheit benützte Petrus die Gelegenheit, die Verantwortung für die wirtschaftliche Leitung, die ihm über den Kopf gewachsen war, abzugeben. Er erklärte den Unzufriedenen, es gehe über die Kraft der Apostel, zugleich für die Speisung der Gemeinde zu sorgen und für die geistige Leitung. Es sollten also für den Wohltätigkeitsdienst der Gemeinde andere Männer gewählt werden. Er müßte sonst das Wichtigere, das Predigtamt, versäumen. So schuf die Gemeinde ein neues Amt der „Diakonen", d.h. der Diener. Bezeichnenderweise fiel die Wahl auf sieben Männer, die alle griechische Namen trugen. Offenbar waren es die Wortführer der Mißvergnügten gewesen.

Bald nach der Wahl zeigte sich, daß tiefere Gegensätze obwalteten. Auch die Diakonen begannen eine rege Werbetätigkeit und zwar vor allem unter den Judäern griechischer Zunge, die in Jerusalem zusammenströmten. Einer von ihnen, Nikolaos, ist später dadurch bekannt geworden,

188

daß er nicht nur das israelitische Ritualgesetz, sondern auch die ehelichen Bindungen verwarf und die freie Liebe predigte.[16] Die Bewegung richtete sich also mindestens zum Teil gegen die sittliche Bevormundung, die die Apostel handhaben. Aber wichtiger geworden ist es, daß der hitzige Anführer der Diakonen, Stephanos, sich nicht scheute, Streit mit den Judäern hervorzurufen. Wahrscheinlich war es am Feste der Tempelweihe[17], das die Juden um die Weihnachtszeit auch heute noch mit Lichterglanz begehen. Stephanos knüpfte an das Wort an, das zur Anklage gegen Jesus gedient hatte. Jesus werde diesen Tempel vernichten. Denn Gott wohne in keinem Hause, das Menschenhände bauen. Das war arisch, nicht judäisch gedacht. Auch die Verbindlichkeit der mosaischen Gesetze werde aufhören, wenn Jesus als Messias wiederkehre. (Das war alte Überlieferung über den Messias.)

Die beleidigten Judäer führten Stephanos vor Gericht. Er aber klagte an, anstatt sich zu verteidigen. Seine angebliche Prozeßrede ist das älteste Schriftstück der Gemeinde.[18] Nach ihr warf er der judäischen Obrigkeit vor, sie habe den Messias getötet wie früher die Propheten. Daraufhin wurde er wegen Blasphemie vor das Tor geführt und gesteinigt. Denn wenn die Judäer auch kein Todesurteil verhängen konnten[19], so ließen die Römer es doch geschehen, wenn sie gesetzlos einander umbrachten. Die Bluttat aber, die von der judäischen Obrigkeit eher gebilligt wurde, reizte die Fanatiker unter den Judäern. War Stephanos ein Verbrecher, so waren doch die übrigen Jünger seine Mitschuldigen. Die Schonung hatte jetzt ein Ende. Die Häuser der Jünger wurden gestürmt, sie selbst gefangen gesetzt. Nur ist keine weitere Bluttat überliefert, obwohl die Gemeinde ihre Blutzeugen genau in Erinnerung bewahrt hat. Es blieb also wohl bei Drohungen.

Die Jünger wichen der Gewalt aus. Sie flüchteten in die Nachbarländer, wohin der Arm der judäischen Obrigkeit nicht reichte — nach Samaria, Damaskus, Antiochia. Ein Teil scheint sich auch nach Ägypten gewandt zu haben. Denn dort wird um diese Zeit eine judäische Sekte der „Heiler"[20] erwähnt, die die alttestamentlichen Schriften allegorisch auslegten und Kranke gesund beteten. Das heißt, sie lebten praktisch, wie Jesus es gelehrt hatte. Nur davon, ob sie auf Jesus als Messias hofften, hat unser Berichterstatter nichts erfahren. Und gesetzt, es waren zerstreute Flüchtlinge der verfolgten Gemeinde, so hatten sie Grund genug, darüber zu schweigen.

Wichtiger waren die Jünger, die in der Fremde zu predigen begannen. Ein Missionar oder Prediger in Alexandria wird um diese Zeit in einer romanhaften Überlieferung erwähnt[21]. Die Apostelgeschichte hebt namentlich die Tätigkeit des Philippos in Samaria und an der Küste von Palästina hervor. Da hat die zufällige Bekanntschaft des Lukas mit diesem Philippos die Nachrichten bewahrt. Besonders eifrig waren die Flüchtlinge, die sich nach Antiochia gewandt hatten, darunter solche, die aus dem griechischen Sprachgebiet, aus den Ghettos von Kyrene und Kypern stammten. Sie wandten sich auch an die Heiden und erregten die Aufmerksamkeit der Griechen. Messias lautete ins Griechische übersetzt Christos. Man gab den Leuten, die immer vom Christos redeten, den Namen Christen, und er ist ihnen geblieben. Dabei war das Wort doppeldeutig. Christos in anderer Rechtschreibung hieß „der Gute", Christianer also „die Tugendbolde", mit einem spöttischen Klange.

Die Erfolge, die die flüchtigen Prediger hatten, veranlaßten Petrus zu einer als Vorbild folgenreichen Neuerung. Er unternahm (mit Johannes) eine Aufsichtsreise in die neugegründeten Tochtergemeinden und richtete dort die Ordnung des Gottesdienstes ein. Es heißt, er betete für die Neubekehrten und legte ihnen die Hände auf, damit sie den heiligen Atem empfangen sollten. Und so sei jene stammelnde Erregung auch auf diese übergegangen. Die Form der Weihe zum Predigtamte ist damals geschaffen worden und ist durch alle Jahrhunderte so geblieben, wie sie Petrus bei jener Gelegenheit eingeführt hat.

Die Samaritaner waren immerhin dem mosaischen Glauben nahe und im gleichen Ritualgesetz erzogen; für sie war das Christentum nur eine Lösung aus der Enge sektenhafter Verkümmerung. Sonst standen sie ihm kaum anders gegenüber als die Jünger aus judäischem Stamm. Aber nicht viel später auf einer Reise des Petrus der Küste entlang schloß sich in Kaisareia auch ein Hauptmann italienischer Herkunft mit seiner ganzen Familie der christlichen Gemeinde an. Bei diesen Menschen war die Begeisterung so groß, daß es nicht erst der Taufe bedurfte, um sie in das ekstatische Entzücken zu versetzen. Und Petrus hatte den Mut, sich über die judäischen Vorurteile hinwegzusetzen und mit ihnen das gemeinsame schlichte Mahl zu halten[22]. Er soll schon damals bei der Gemeinde in Jerusalem, die sich als das Haupt der ganzen Christenheit fühlte und die Gesetzgebung für sie in Anspruch nahm, durchgesetzt haben, daß diese bekehrten Heiden nicht genötigt wurden, sich beschneiden zu lassen.

So hat Petrus im Laufe weniger Jahre nicht nur die sinnbildlichen Formen eingeführt, die die Kirche zusammengehalten haben, sondern auch die Ämter der Gemeinde geordnet und sie an eine obrigkeitliche Aufsicht gewöhnt, durch die verhindert worden ist, daß sie in einzelne Gemeinden auseinanderfiel. Aus einer Sekte hat er dadurch die Kirche geschaffen.

Anmerkungen

1 Siehe „Glaubwürdigkeit der Evangelien S. 1 ff. Nachträglich sah ich, daß auch K. Goetz „Petrus als Gründer und Ordner der Kirche" 1927 die visionäre Begabung des Petrus hervorgehoben hat.

2 Wenn der Name Kleopas, wie ich a.a.O. vermutet habe (schon in der Vorlage des Lukas) aus Kephas entstellt war. Paläographisch ist das durchaus möglich. J. Jeremias a.a.O., S. 291 meint, judenchristlicher Einfluß habe die Erscheinung vor Petrus in allen Evangelien ausgemerzt. Aber in keinem ist die angebliche Konkurrenz des Jakobus an die Stelle getreten, außer im aramäischen Matthäus. Wann und wo hätten die Judenchristen das Lukas-Evangelium umgestalten können? Da ist doch wohl meine Deutung wahrscheinlicher: der Gang nach „Emmaus" ist die Erscheinung vor Petrus. Lukas 24,34 weist auf das eben geschilderte Ereignis zurück — so in der Lesart von D, die durch Origenes bestätigt wird, also nicht eine willkürliche Änderung des Schreibers von D ist. Sondern hier haben die anderen Texte geändert, weil sie es als Widerspruch empfanden, daß der Begleiter des Petrus nichts gesehen hätte — was doch nur bestätigt, daß es sich um eine Vision gehandelt hat. — Die Ausdeutung des „Gottesknechtes" auf den Messias war dem Judentum bis zum 3. Jahrhundert n. Chr. fremd (P. Seidelein ZNW 35, 1936, S. 194 ff), weil die messianische Zeit eine Freudenzeit sein sollte (Strack-Billerbeck II 275).

3 Die Erscheinung in Galiläa, auf die Mk. 16,7 vorausweist, hat sicher im verlorenen Schluß des Markus gestanden, der dem Matthäus 28,16 ff noch vorlag. Ich möchte aber vermuten, daß auch die Erscheinung vor Petrus vorausgegangen ist. Die letzten Worte von Mk. 16,8 klingen wie die Motivierung dazu. Diese (verlorene) Schilderung des Markus muß dann die weniger ausführliche Vorlage von Lukas 24,13 ff gewesen sein. Diese Erscheinung vor Petrus hat der aramäische Urmatthäus gestrichen und durch die Erscheinung vor Jakobus ersetzt, die wir bei Hieronymus lesen. Bei der Übertragung ins Griechische wurde dann diese Erscheinung vor Jakobus ebenfalls gestrichen. Paulus aber hat beide Ereignisse nebeneinander aufgezählt. Das sind Veränderungen, die mit dem Streit um die Führung in der Gemeinde zusammenhängen. J. Jeremias möchte den Ablauf der Ereignisse zugrunde legen, wie er bei Johannes geschrieben steht. Danach hätte Magdalena aus der Ferne das leere Grab gesehen, und die Jünger alarmiert. Letzteres ist bei Markus 16,8 ausdrücklich verneint, der doch die ältere und zuverlässigere Quelle ist. Ich zweifle nicht daran, daß die Frau, der Jesus sieben Dämen ausgetrieben hatte, so nahe an der Schwelle der Geistesstörung stand, sich nachträglich an das leere Grab, an die Erscheinungen von Engeln und vom Auferstandenen selbst zu erinnern glaubte. Daß sie davon erzählte, wird geschichtlich sein. Aber für die Entstehung des Auferstehungsglaubens war es ohne Belang.

4 Das griechische Wort Pneuma kann Geist bedeuten oder Atem. Wie es im Evangelium verstanden wurde, sagt Joh.: Das Pneuma Gottes weht, wo es (oder er?) will. Ein Geist weht nicht, sondern erscheint. Dem entsprechend hat lat. spiritus zur Zeit der Kirchenväter nur die Bedeutung Atem, nie die Bedeutung Geist. Es ist also stets zu übersetzen: heiliger Atem. Nur seine Einordnung als dritte persona Gottes verlangte die Ausdeutung „Geist", weil man das Wort persona als Person mißverstand, während es doch etwa „Maske" d.h. Erscheinungsform bedeuten sollte. — Die Einzelausmalung des Pfingstwunders ist Werk des Lukas, der sich dabei an judäische Traditionen anlehnte (vgl. F. Dornseiff ZNW 35, 1936, S. 136). So läßt Philo, de decal. 33 die Stimme Gottes am Sinai aus zungengleichem Feuer ertönen. Auch wir reden ja von züngelndem Feuer.

5 Die Tatsache, daß das „Zungenreden" von unbeteiligten Hörern als das Johlen von Betrunkenen aufgefaßt werden konnte, beweist, daß Goethes Deutung (Zwo biblische Fragen) zurecht besteht. Es war das Jauchzen der Ekstase, das in den Euhoi-Rufen der bacchischen Kulte sein Gegenstück hat. Deswegen war es verständlich, das aus einem Gebiet mit Dionysoskult kamen: dies Jauchzen war eine übliche Sprache von Indien bis zum Alpenraum. Das Jodeln unserer alpinen Volksgesänge ist seine unmittelbare Fortsetzung — ich denke natürlich nicht an dessen profane Nachahmung durch Sommerfrischler.

6 Die Zahlenangaben des Lukas, Apg. 2,41 und 4,4 klingen nach orientalischer Übertreibung. Aber auch nach Tacitus hatte Jerusalem mehrere hunderttausend Einwohner, so daß die 5000 als Gesamtzahl der Gemeinde von Jerusalem vor der ersten Verfolgung nicht ganz unmöglich sind.

7 Die Erscheinung des Auferstandenen vor Jakobus ist durch Paulus 1. Kor. 15,7 bezeugt, also ist der Bericht des aramäischen Matthäus über diese Erscheinung nicht apokryph; sondern sie ist aus der kanonischen Überlieferung herausgestrichen worden, als sich der Gegensatz gegen die Judenchristen zugespitzt hatte.

8 Mit Unrecht hat Ed. Meyer (und andere) stilistisch am Anfang der Apg. Anstoß genommen. Die Inhaltsangabe des Buches fehlt nur, weil sie gleich darauf im Munde des Jesus eindringlicher

191

ausgesprochen wird. Es wäre eine Abschwächung, wenn die selben Worte vorweggenommen würden. Lukas zeigt darin mehr Stilgefühl als seine modernen Kritiker. Andere Argumente bei Dornseiff a.a.O., S. 134 ff.

9   Da Apg. 1,14 Maria und die Brüder des Jesus schon anwesend sind, die Erscheinung vor Jakobus aber nach 1. Kor. 15,6 f erst nach dem Pfingstwunder stattfand, so hat Luk. die „Himmelfahrt" chronologisch falsch eingeordnet. Vgl. den Anm. 1 a.O.

10   Die beiden Berichte über den Tod des Judas Apg. 1,18 und Matth. 27,5 widersprechen sich so, daß sie beide als Legende zu betrachten sind.

11   Daß bei der kommunistischen Organisation der Urgemeinde das essenische Vorbild mitgewirkt haben könnte, läßt sich nicht ausschließen; aber gerade solche Gemeinschaftsorganisation ist im Enthusiasmus erster Gemeindebildungen auch sonst häufig. Man könnte auch auf indirekte Wirkung von Platons „Staat" raten.

12   Die Feier des Sonntags ist schon Apg. 20,7 und 1. Kor. 16,2 bezeugt; denn „der erste vom Sabbat" bedeutet eben den Sonntag, was wegen der Mißdeutung durch gewisse Sekten zu unterstreichen nicht überflüssig ist, — wenn es auch für die wissenschaftlichen Leser nichts Neues sagt.

13   vgl. Lietzmann, Geschichte der alten Kirche I, S. 61.

14   Die Vorstellung vom Sühnopfer ist nicht erst paulinisch, sondern stammt eben aus Jes. 53. In die Abendmahlsworte darf man sie nicht hineinlesen: das „Bundesopfer" ist vom „Sühnopfer" (des Versöhnungstages) im judäischen Denken streng unterschieden.

15   Kaiphas blieb bis 36 n. Chr. im Amt: Jos. Ant. XVIII 95, vgl. 89.

16   also den Kommunismus der Gemeinde nach Platons Weisung auch auf den Besitz von Frauen ausdehnte. Beim „Hellenisten" liegt es nahe, darin wirklich Platons Nachwirkung zu vermuten.

17   Ich schließe das daraus, daß der 26. Dezember als sein Todestag von der Kirche festgehalten wird.

18   Das wird daraus erschlossen, daß sie sich stilistisch vom übrigen Text der Apg. abhebt. Also habe Lukas hier eine schriftliche Vorlage. Doch ist mit ähnlichen Argumenten so viel unmögliches bewiesen worden, daß ich der Methode gegenüber sehr skeptisch bin. Die Gemeinde von Stephanos-Anhängern in Alexandria, die Th. Boman a.a.O., S. 202 ff statuiert, ist reine Hypothese. Eher darf man eine Gemeindegründung des Apostels Thomas dort vermuten.

19   Das wird bestritten von P. Winter ZNW 50, 1959, S. 14 ff; S. 221 ff. Mir scheint der Bericht Josephus Ant. XX 200 nach wie vor für die herrschende Ansicht zu sprechen.

20   Die Deutung der Therapeuten bei Philo auf die Christen ist uralt; und ein passenderer Name für sie, bevor der Name Christen aufkam, ließe sich nicht leicht ersinnen. Strikt beweisbar ist die Identität natürlich nicht.

21   Ps. Clemens Rec. I 43,3. Die anschließenden „Taten des Petrus" sind in die Zeit gesetzt, da Paulus nach Damaskus reiste (I, 71, 3), also müßte die Szene im selben Jahre spielen.

22   Ich bin ohne Bedenken der Darstellung der Apg. gefolgt; sie hat die innere Logik für sich. Für die Glaubwürdigkeit spricht die Beobachtung von Schulze-Kadelbach, Theol. Lit. Z. 81, 1956, Sp. 11: Petrus nimmt in Joppe bei einem Gerber Wohnung, nimmt also das Ritualgesetz auch darin läßlich, wie es sich für einen Jünger ziemt, der Jesus verstanden hat. — Ferner weist J. Jeremias ZNW 36, 1937, S. 208 ff nach, daß der doppelte Zusammenstoß mit der Obrigkeit, der das erstemal nur Verwarnung, das zweite Mal Strafe nach sich zieht, genau dem judäischen Prozeßrecht entspricht, und also nicht als Dublette anzusehen ist.

192

2. Jakobus

Die Verfolgungszeit in Jerusalem dauerte nicht lange. Denn die Obrigkeit hatte ihre Aufmerksamkeit auf wichtigere Dinge zu lenken. In Alexandria war ein Zwist zwischen der makedonisch-griechischen Bevölkerung und den judäischen Mitbewohnern der Stadt ausgebrochen. Die Judäer hatten sich weit über den Stadtbezirk hinaus ausgedehnt, der ihnen ursprünglich zugewiesen worden war. Sie forderten auch Teilnahme an der Stadtverwaltung. Aber diese war mit religiösen Bräuchen der Griechen so verwachsen, daß die gläubigen Griechen so etwas nicht zulassen konnten. Nun hatte Kaiser Gaius, bekannt unter seinem Übernamen Caligula, nach altägyptischem Vorbild gefordert, daß im ganzen Römerreich der Kaiser göttlich verehrt werde. Nicht als ob er sich für einen Gott gehalten hätte: dazu hatte er viel zu zynischen Humor. Eben weil er überhaupt nichts mehr glaubte, meinte er durch den Kaiserkult alle Völkerschaften seines weiten Reiches zu gemeinsamen Festen vereinen zu können. Kleinasiatische und keltische Städte waren schon zur Zeit des Augustus mit dem Beispiel vorangegangen. Damals war die Verehrung freiwillig; Caligula wollte sie nach ägyptischer Weise zur Staatsreligion machen. Dies nun benützten die Griechen Alexandrias, um die Judäer zu ärgern. Sie forderten, daß auch in den Synagogen Kaiserbilder und Kaiseraltäre errichtet würden. Und in den Händeln, die sich darob entspannen, warfen sie die Judäer aus ihren Wohnungen in den griechischen Stadtvierteln hinaus, und es kam zu blutigen Unruhen, die in der Überlieferung wahrscheinlich sehr übertrieben sind.

Zufällig kam Herodes Agrippa, ein Jugendfreund des Kaisers, um diese Zeit nach Alexandria. Die Griechen, als geborene Spötter, machten ihre Witze auch über diesen Judenkönig. Dieser aber fuhr nach Rom, und erwirkte beim Kaiser, daß ein Edikt erging, das die Judäer ausdrücklich von der Pflicht des Kaiserkultes ausnahm. Er legte dem Kaiser auch ein (wohl selbstverfertigtes) Ehrendekret der Judäer von Alexandria vor, das sie beim Regierungsantritt des Gaius beschlossen hätten, der Stadthalter aber unterschlagen habe. So wurde dieser Statthalter Flaccus abberufen, und die Anführer der Griechen mußten sich auf ein strenges Strafgericht gefaßt machen.

Die Judäer in Palästina aber legten das Edikt so aus, als ob sie auch bei den Griechen in ihrem Lande solchen Götzendienst nicht zu dulden brauchten. Sie zerstörten namentlich die Kaiseraltäre in Jamnia und in Caesarea an der Küste. Die empörten Griechen meldeten dies sogleich nach Rom: damit hätten die Judäer gezeigt, daß sie auf Abfall vom Reiche sännen. So faßte es auch der Kaiser auf. Jedenfalls, es war nach damaligem Rechte Majestätsbeleidigung. Und so antwortete Kaiser Gaius mit dem Befehl, eine Kaiserstatue im Tempel von Jerusalem aufzustellen, und den Kaiserkult auch an dieser Stätte einzurichten. Vergeblich waren alle Gegenvorstellungen, daß dies nur mittels eines blutigen Krieges sich werde erzwingen lassen. Der Kaiser war entschlossen; nur die Herstellung der Statue, die er in Syrien in Auftrag gab, verzögerte die Ausführung des Befehls zwei Jahre lang.

Die gläubigen Judäer waren entsetzt. War das der „Greuel der Verwüstung an heiliger Stätte", von dem im Buch Daniel die Rede war, dem das Weltgericht auf der Stelle folgen werde? Sie machten sich zum Widerstand bereit. Da — wurde der Kaiser ermordet und Herodes Agrippa, der wohl nicht zufällig in Rom anwesend war und versucht hatte, zu Gunsten der Judäer zu wirken, vermittelte dem alten Claudius, der sich ängstlich versteckt hatte, den Weg zum Thron. Zum Dank dafür gab ihm Claudius das Königreich Judäa zurück (41 n. Chr.).

Agrippa war zwar selbst ein Großstadtmensch, der weder an Gott noch Teufel glaubte. Aber er hielt auf die Beobachtung der alten Bräuche. Die christliche Gemeinde war ihm entschieden unheimlich: was konnte sich aus einer solchen messianischen Sekte nicht alles entwickeln! Wir wissen nicht, aus welchem Grunde er gerade den Jakob, Sohn des Zebedai aufgreifen und hinrichen ließ. Es ist uns nur die nackte Tatsache überliefert. War aber das Christentum als todeswürdige Abweichung vom rechten Glauben zu betrachten, so mußte Agrippa vor allem suchen, das Haupt der neuen Gemeinde unschädlich zu machen. Es war nicht schwer, zu erfahren, daß dies Petrus war. Der König ließ ihn gefangen setzen, verschob aber den Prozeß auf die Zeit nach dem Passah-Fest, das eben bevorstand. Daß das Urteil auf Tod lauten würde, stand wohl im Voraus fest. Aber Agrippa starb eines plötzlichen qualvollen Todes. Auf eine Weise, die wir nicht mehr klären können, kam Petrus aus dem Gefängnis frei. Er selbst meinte, ein Engel habe seine Fesseln aufgeschlossen und die Pforte des Gefängnisses geöffnet. Das ist für die visionäre Sicht ein guter Beleg, gerade weil es vom lebhaft irdischen Bericht so derb absticht: wie die Magd im Hause des Markus, wo Petrus anpochte, zu der innen versammelten Gemeinde lief, ohne zu öffnen, und wie die Gläubigen Petrus zuerst für ein Gespenst ansahen, um ihn dann desto freudiger zu begrüßen. Petrus aber gebot ihnen Stille — die Gefahr war ja noch nicht vorüber — legte die Leitung der Gemeinde in die Hände des Jakobus, Jesus' Bruder, und begab sich auf Wanderung aus dem Bereich Judäas hinaus. Er ist auch später nur ganz vorübergehend wieder nach Jerusalem zurückgekehrt.

Jakobus war auch von den Gegnern der Christen als gesetzestreuer Judäer anerkannt. Er war am leichtesten imstande, die Gemeinde vor weiteren

Verfolgungen zu decken. Er stand in seiner Gesinnung den Pharisäern nahe: er hatte keine andere Leidenschaft, als das Gottesgesetz genau zu erfüllen, und es machte ihm nichts aus, dessen Forderungen noch zu überbieten. So erhielt er den Beinamen „der Gerechte" auch unter den andersgläubigen Judäern. Unter seiner Leitung strebte die Gemeinde danach, eine Gemeinde von Heiligen zu sein. Wir haben in seinem Briefe das Wort: „Vor allem schwört nicht, weder beim Himmel, noch bei der Erde, noch einen andern Eid. Euer Ja sei Ja und euer Nein sei Nein, — damit ihr nicht unter das Gericht fallen werdet". Der Ausspruch steht in dem viel später niedergeschriebenen Matthäus-Evangelium als Wort des Jesus. Jakobus wird sich ja bei manchem, was er sagte, auf frühe Aussprüche des Jesus im Familienkreise bezogen haben. So dürfen wir andere Aussprüche aus ähnlichem Geiste bei Matthäus, von denen die anderen Evangelisten nichts wissen, diesem Jakobos oder seinem Kreise zuschreiben. Ihm war Jesus nicht gekommen, das Gesetz aufzulösen, sondern es zu vervollständigen:[1] „Wenn eure Gerechtigkeit nicht die der Pharisäer noch übertrifft, so werdet ihr nicht ins Himmelreich kommen". Als rechter Judäer sprach er nämlich vom Reich der Himmel und nicht vom Gottesreich, um den heiligen Namen zu meiden (und so tut Matthäus überhaupt). Der Inhalt der Botschaft ist Jakobos eine neue Gerechtigkeit. Darum heißt es nun: „selig sind, die um ihrer Gerechtigkeit willen verfolgt werden". Und wie sah diese Gerechtigkeit aus? Das alte Gesetz sagte: du sollst nicht töten; jetzt hieß es für den Christen: „Du sollst nicht einmal zürnen. Wer seinem Bruder zürnt, ist des Gerichtes schuldig; wer zu ihm sagt, Dummkopf (Raka), gehört vor den Hohen Rat, und wer ihn gottlos („more") schilt, ist mit dem höllischen Feuer zu strafen. Wenn du also ein Geschenk zum Altartisch bringst und dich dabei erinnerst, daß dein Bruder etwas gegen dich hat, so laß deine Gabe liegen und versöhne dich erst mit dem Bruder. Dann komm und bring deine Gabe dar". Man hört schon an der Form der Anweisung, daß sie in einer Gemeinde gesprochen ist, in der alle sich Brüder nannten und die Teilnehmer am Gottesdienst regelmäßig ihre Gaben herbeibrachten, damit sie gesegnet und gemeinsam verzehrt würden. Ebenso überbot Jakobos das Gebot „Du sollst nicht ehebrechen": „Ich aber sage euch, wer ein Weib begehrlich ansieht, hat schon die Ehe mit ihr gebrochen." Woran der Text passend das Wort anschließt, das Markus in ganz anderem Zusammenhang aus des Jesus Mund berichtet: „Wenn dich dein rechtes Auge zur Sünde treibt, so reiß es aus". So wird auch das zusammenfassende Wort dem Jakobos gehören: „Ihr habt gehört, daß gesagt wurde: Auge um Auge, Zahn um Zahn. Ich aber sage euch, leistet dem Feindseligen keinen Widerstand".

An anderer Stelle heißt es: „Ich sage euch, daß die Menschen für jedes müßige Wort, das sie reden, am Tage des Gerichtes einstehen müssen". Der Unterschied gegen die echten Lehren von Jesus selber ist, daß hier eine neue Gerechtigkeit aufgerichtet wird, unerbittlicher noch, als die der Pharisäer. Recht programmatisch heißt es darum: „sucht zuerst das Reich und seine Gerechtigkeit". Diesem Geiste entspricht es dann, daß in die Strafrede gegen die Pharisäer eingeflochten wird: „Was die Schriftgelehrten und Pharisäer euch vorschreiben, das tut; nur an ihr Beispiel haltet euch nicht, denn sie selbst tun nicht nach ihren Worten". Ein Mann, der so dachte, wäre unmöglich so wie Jesus mit den Pharisäern als Übertreter des Gesetzes in Streit geraten. Es ist wohl eine Persönlichkeit von sittlicher Erhabenheit, die hier redet, aber nicht derjenige, dessen Bürde leicht ist.

Dieser Frömmigkeit, die sich an peinlichster Sauberkeit des Gewissens übersteigerte, konnten viele Glieder der Gemeinde nicht Genüge leisten. Sie spricht daher auch aus, daß nicht alle in der Gemeinde auserwählt sind. Wenn Jesus das Gottesreich mit dem Saatkorn verglichen hatte, das er ausstreue, das aber dann weiterwächst, so wurde das Gleichnis jetzt weitergedichtet: „aber dann kommt der Teufel und streut Unkraut hinein." Und gegen alle Regel vernünftiger Landwirtschaft, aber als verantwortungsvoller Gemeindeleiter fügt (wie ich meine) Jakobus hinzu: „laßt das Unkraut wachsen, damit ihr nicht beim Ausroden auch das Korn zertretet. Gesondert wird es bei der Ernte", d.h. dem großen Gottesgericht.

Den gleichen Gedankengang bringt die Erweiterung eines anderen Gleichnisses. Jesus sah das Gottesreich als das Hochzeitsmahl, zu dem alle Krüppel und Verstoßenen gerufen werden. Jetzt wurde hinzu gedichtet, daß trotzdem vom Gastmahl ausgeschlossen wird, wer kein hochzeitliches Kleid anhat, das heißt, wer sich nachträglich mit Sünden befleckt hat. Denn „nicht jeder wird in das Reich kommen, der Herr, Herr zu Jesus sagt, sondern wer den Willen des Vaters tut". All diese Zusätze, die das Matthäus-Evangelium über seine Quellen Markus und das Spruchbuch hinaus hat, atmen einen Geist, total verschieden vom Jesusbilde der andern Quellen.

Am großartigsten hat Matthäus den Gedanken, daß auch über die Gemeinde selbst noch Gericht gehalten wird, in der Erweiterung des Zukunftbildes vom jüngsten Gericht durchgeführt: „Wenn der Menschensohn in seiner Herrlichkeit kommt, dann wird er auf dem Thron seiner Herrlichkeit sitzen und alle Völker werden vor ihm versammelt werden, und er wird sie sichten, wie der Hirte die Schafe von den Böcken sondert (d.h. die nicht zur Aufzucht bestimmten Jungschafböcke ausmerzt). Und er wird die Schafe zur rechten und die Böcke zur linken stellen. Und dann wird der König sagen – an dieser Stelle verrät sich, daß ein Späterer über Jesus redet, nicht er selbst – „kommt ihr, die mein Vater gut befunden hat, damit ihr das Reich erbt, das von Weltbeginn für euch bereitet ist". Und es werden die Werke der Barmherzigkeit aufgezählt: „denn alles, was ihr dem Geringsten meiner Brüder getan habt, das habt ihr mir getan". Und ebenso wird umgekehrt denen, die die Werke der Barmherzigkeit versäumt haben, entgegengeworfen: „weg von mir ins ewige Feuer! Denn ich war hungrig und ihr habt mich nicht gesättigt; ich war durstig und ihr habt mich nicht getränkt" usw. „Was ihr dem Geringsten gegenüber unterlassen habt, das habt ihr an mir versäumt". Es ist eines der eindrücklichsten Bilder, das in den Evangelien steht, und es hat mit am frühesten die Phantasie der bildenden Künstler angeregt, Jesus als den sondernden Hirten darzustellen. Aber es ist nicht aus dem Munde von Jesus geflossen, sondern es weist uns den Geist der in seiner Gemeinde der „Heiligen zu Jerusalem" unter dem Regiment seines Bruders die Menschen formte.

Der Mission unter den Heiden und Samaritanern stand diese Gemeinde ablehnend gegenüber. Sie legte Jesus die Worte in den Mund: „Ich bin nur zu den verlorenen Schafen des Hauses Israel gesendet". So fügt Matthäus bei der Aussendung der Apostel die Mahnung ein: „Biegt nicht ab auf die Wege der Heiden und betretet nicht die Städte der Samaritaner. Geht lieber zu den verlorenen Schafen des Hauses Israel. Ihr werdet mit deren Dörfern nicht fertig werden, ehe der Menschensohn kommt". Die gleiche Ausdrucksweise verrät die gleiche Hand bei beiden Einschüben. Die Unduldsamkeit der Judäer war eben in diesem Kreise nicht vollkommen überwunden, und hat diese Worte geformt. Am schärfsten kommt sie wohl in der Anweisung zu Tage, die dem essenischen Brauch entspricht: „Wenn der Bruder gegen dich gesündigt hat, so weise ihn zuerst unter vier Augen zurecht. Und wenn er nicht hören will, dann vor ein oder zwei Zeugen. Bleibt er verstockt, dann vor der ganzen Gemeinde. Und wenn er auch auf die Gemeinde nicht hört, dann sei er dir wie ein Heide oder Zöllner". Das Wort nimmt sich in der Feder des Zöllners Matthäus besonders seltsam aus. Wie sticht es ab gegen die echten Worte dessen, der gerade die Sünder und Zöllner gerufen hatte. Hier spricht eben ein Gemeindeleiter aus den praktischen Bedürfnissen seines Amtes heraus. Umgekehrt mußte dieser Leiter das strenge Gebot, eine Ehe nicht aufzulösen, mildern: bei Unzucht (d.h. Ehebruch[2] der Frau) sollte die Scheidung zulässig sein. Genauso hatte der pharisäische Rabbi Hillel entschieden.

So war die Gemeinde in Gefahr, durch die Abschließung unter der Leitung des Jakobus zu einer Sekte zusammenzuschrumpfen. Er war zwar ein Gemeindeleiter, der den judäischen Behörden keinen Anstoß gab. Er soll nur von Brot und Wasser gelebt haben, das Ideal der griechischen Weisen der kynischen Schule mit dem des judäischen Heiligen vereinend, indem er allen Überfluß als Luxus ablehnte. Dazu paßt es, daß der aramäische Matthäus, der den Geist der Gemeinde unter Jakobos wiederspiegelt das Aufhören der blutigen Opfer im Tempel fordert: solang ihr opfert, wird der Zorn Jahwehs nicht nachlassen. Man kann diese Strenge der Lebensführung nur hochachten, aber eine dauernde geschichtliche Wirkung konnte von solcher Gemeinde nicht ausgehen.

Anmerkung

1   Die Echtheitsfrage beurteilt J. Jeremias a.a.O. anders als ich. Die antithetische Formulierung Matth. 5 würde an sich für Jesus selbst als Urheber sprechen. Aber gerade um umlaufenden Worten Autorität zu geben, kann sie nachgebildet sein. Authentisch von Jesus ist jedenfalls das Gebot der Feindesliebe, und das Verbot der Ehescheidung (das gerade bei Matth. gemildert ist). Dem Sinne nach ist die ganze Kasuistik des Kapitels pharisäisch. Man wird fragen: hat Jakobos eine solche Autorität gehabt, daß er der Gemeinde gegenüber reden konnte: „ich aber sage euch". Darauf antworte ich: als die Gemeinde sich im Lauf des ersten Jahrzehnts vom Judäertum losgelöst hatte, bedurfte sie einer solchen Autorität. Die Erinnerung an sie ist sowohl im Thomas-Evangelium, als auch in den Pseudo-Clementinen bewahrt.
2   Brieflich werde ich belehrt, daß man vielleicht übersetzen muß „bei Prostitution der Frau"

3. Paulus

Bei der Verfolgung, die mit dem Tode des Stephanos einsetzte, tat sich ein junger Judäer aus Tarsos besonders hervor. Diese Stadt in Kilikien war ein Tummelplatz griechischen kolonialen Geisteslebens. Wir kennen eine ganze Reihe von Namen von Männern aus Tarsos, die als Philosophen geglänzt haben. Neue geschichtlich bewegende Gedanken sind nicht von ihnen ausgegangen, wenigstens uns nicht überliefert. Die Stadt lag am Handelswege, der Syrien mit Kleinasien verband, und hier zweigte der Küstenweg von der Hauptstraße ab. Kein Wunder, daß sich dort auch eine größere Menge von Judäern ansässig machte.

Schon im Namen hatten die Eltern dem Jungen die Inbrunst ans Herz gelegt, mit der sie auf die nationale Befreiung Israels hofften. War der alte König Saul ja doch der Befreier Israels vom Joch der Palaister gewesen, aber durchaus kein religiöser Bekenner. Doch hinderte der Nationalismus den Vater nicht, das römische Bürgerrecht zu erwerben, das ein kostbares Vorrecht im damaligen Rechtsleben war. Es vererbte sich auf den Sohn, und daher ist dieser unter dem römischen Namen Paulus („Kurz") in die Geschichte eingegangen.

Der heranwachsende Saul war ein echter Großstädter. Kein Anzeichen deutet daraufhin, daß er die herrliche Lage seiner Heimat überhaupt bemerkt hat: am strahlenden Mittelmeer in der fruchtbaren Ebene, über die fern die Schneegipfel des Taurus herüberglänzten. Aus dem griechischen Stadtviertel dagegen drangen nicht nur Redeweisen und Dichterzitate zu ihm, sondern die Rennbahn und andere städtische Vergnügungen scheinen ihn angezogen zu haben. Von ihnen nimmt er seine bestgelungenen Gleichnisse. Vom Landbau hat er keine wirkliche Anschauung. Wenn er einmal ihm ein Beispiel entnimmt, so wird es schief. Frühzeitig kam Saul in rabbinische Lehre nach Jerusalem zum berühmten Rabbi Gamaliel. Sein Temperament machte ihn zum fanatischen Pharisäer, und Eiferer für das Gesetz. Er hatte die juristische Begabung des Judäers und die rastlose Beweglichkeit des Intellektuellen. Dazu konnte er sich ohne Rücksicht auf Gefahren mit seiner ganzen Kraft für eine Idee einsetzen. Auch ein zornmütiges Temperament spürt man in seinen Briefen. Das schloß weltmännische Klugheit des Benehmens im Einzelfall nicht aus. Darin war er den ungelenken schlichten Männern von Jesus' erstem Jüngerkreis weit überlegen. Es konnte nicht ausbleiben, daß sie ihn mit Mißtrauen betrachteten, als er sich ihnen näherte, und ihn mißverstanden.

Von seinem äußeren Aussehen berichtet ein Roman des 2. Jahrhunderts, der darin wohl noch eine Erinnerung aus mündlicher Überlieferung fest-

halten kann: er sei klein von Wuchs gewesen, kahlköpfig und mit
krummen Beinen, zusammengewachsenen Augenbrauen (also ein Räzel)
und stärker hervortretender Nase. Aber seine Haltung war edel und den
Eindruck beherrschte der liebevolle Blick seiner Augen. In seiner Jugend
werden wir ihm eher den bohrenden Blick des Fanatikers zuschreiben.
Ob Saul den Jesus zu Lebzeiten je gesehen hatte, darüber drückt er sich
gewunden aus. Jedenfalls hatte er seine Predigt nicht gehört. Als Phari-
säerschüler wird er aber zum Passah in Jerusalem gewesen sein, und war
vermutlich unter der Menge, die den Barrabas losbat. So mag er das Bild
des leidenden Jesus halbbewußt in sich aufgenommen haben. Aber eine
unmittelbare Wirkung erfuhr er nicht.
Erst durch die Streitgespräche mit Stephanos lernte er die christlichen
Lehren kennen, und zwar sogleich in der Spiegelung durch griechische
Denkart. Sie reizten zunächst alle judäischen Gefühle in ihm zur Wut. Ein
Messias, der die Sabbat-Gesetze entkräftete, der den Tod als Verbrecher
am verfluchten Kreuze starb — schon die Vorstellung war für den Pharisäer eine Gotteslästerung. Saul war nicht nur bei der Steinigung des
Stephanos zugegen — wenn er auch zu vornehm war, selbst Steine zu
werfen. Er war auch einer der eifrigsten Schergen, als der Hohe Rat
anschließend die Christen aufspüren und einkerkern ließ. Schießlich ließ
er sich (wahrscheinlich im Frühjahr 36) Vollmachten geben, die geflüch-
teten Christen auch in Damaskus auszuheben.
Wie fern dem jungen Saul die Lehre des Jesus stehen mußte, das geht aus
dessen Worten über die Pharisäer hinreichend hervor. Aber andererseits
hatte Saul auch viele Wortkämpfe mit Saddukäern durchzufechten. Da
war der meist umstrittene Punkt die Auferstehung zum Gericht und der
künftigen Herrlichkeit, welche die Pharisäer behaupteten, aber aus dem
Alten Testament nur ungenügend beweisen konnten.
Auf dem Wege nach Damaskus, in der Mittagsglut des schattenlosen
Weges, die den Geist zugleich ermüdete und aufpeitschte, drängte sich da
der Gedanke bildhaft seinem inneren Blicke auf: wenn Jesus auferstanden war, wie die Christen behaupteten, so war damit ja die Auferstehung
bewiesen. Dann war aber Jesus wirklich der Auserwählte Gottes, und das
Vorhaben, dem Saul entgegenritt, die blutigste Sünde. Der Gedanke
nahm die Form einer Vision an. Lukas erzählt, wohl nach des Paulus
eigenem Bericht: er sah vom Himmel ein blendendes Licht, heller als die
Sonne, und aus dem Glanze rief eine Stimme: Saul, Saul, warum verfolgst du mich? Und auf seine Frage gab die Stimme Bescheid: ich bin
Jesus, den du verfolgst. In einem Bericht, den Lukas dem Paulus selbst in
den Mund legt, folgen noch die Worte: es wird dir hart ankommen, dich
wider den Stachel zu bäumen." Das war eine sprichwörtliche Redensart

aus einem Stück des Euripides. Das hieß, es war Saul durch die Vision plötzlich klar, daß er keinen anderen Weg mehr habe, als unter dem Joche des Jesus. Wie sollte ihn die Vision nicht überwältigen! Wovon er bisher auch nur die Möglichkeit unwillig abgewiesen hatte, das war ihm nun gewiß: Jesus war auferstanden, er hatte ihn mit eigenen Augen gesehen.

Taumelnd fiel er zu Boden, und als er wieder aufstand, war er blind, so daß seine Begleiter ihn nach Damaskus führen mußten. Auch dies ist dem visionären Erlebnis angemessen, das alle seine bisherigen Lebensziele zum Einsturz brachte. Denn die Vision sagte nicht nur, daß Jesus lebe, sondern daß er dann wirklich der Messias sein müsse. Darin lag das Bewußtsein einer ungeheuren Schuld und einer unverdienten Begnadung. Er hatte Jesus und die Seinen verfolgt, er war mitschuldig am Blute des Stephanos. Der Eifer für das Gesetz hatte ihn in die schlimmste Sünde gestürzt, die überhaupt denkbar war. Und trotzdem hatte sich Jesus gerade ihm gezeigt, nicht um ihn zu verdammen, sondern um ihn zu rufen. Die Sünde war ihm also nicht nur vergeben, sondern ohne jedes Verdienst aus eigener Kraft hatte ihm Gott in dem Augenblick, da er begann zu glauben, seine höchste Gnade geschenkt: die Berufung, für Jesus zu zeugen. Natürlich verbreitete sich in Damaskus sogleich die Kunde, daß der Verfolger der Christen eingetroffen sei, aber von Blindheit befallen sei. Da wagte es ein Christ, Ananias mit Namen, den gefährlichen Mann aufzusuchen. Vielleicht könnte er ihn heilen und damit die Verfolgung abwenden. Durchaus möglich, daß er es auf ein Traumgesicht hin tat, wie berichtet wird. Ananias ging zu Saul, so erzählt es Lukas, legte ihm die Hände auf und sagte: „Saul, der Herr hat mich gesandt, Jesus, damit du wieder sehest." Es mußte dem Paulus recht als Gottesfügung erscheinen: es kam ein Mann, mit dem er sich über sein Erlebnis aussprechen konnte. Denn seinen judäischen Begleitern konnte er sein Erlebnis nicht mitteilen. Und ganz wie es die Erfahrungen unserer jüngsten Wissenschaft bestätigen: die Neurose der Blindheit verging damit, daß sich die Seelenspannung aussprechen konnte. Von allen Wundern, die das Neue Testament berichtet, ist dies das glaubhafteste.

Sogleich ließ Paulus sich taufen, und vielleicht hat nie jemand inbrünstiger durchlebt, wie er im Untertauchen im reinen Wasser sein ganzes bisheriges Leben mit aller blutigen Schuld abwasche, mit Christus sterbe, und als neuer Mensch beim Auftauchen mit Christus auferstehe. Ein neues Leben begann für ihn.

Sobald er das Wichtigste vom christlichen Glauben gelernt hatte, drängte es ihn, öffentlich von der Wandlung Zeugnis abzulegen, die mit ihm vorgegangen war. So nahm er am nächsten Sabbat in der Synagoge von

Damaskus das Wort. Wo alle Anwesenden eine Anklage gegen die Christen von ihm erwarteten, da predigte er von Jesus dem Messias und seiner Auferstehung. Es wird uns berichtet, die Vorsteher der dortigen Judäer wollten ihn daraufhin festnehmen. Die Mitchristen aber beförderten ihn in einem Korb über die Stadtmauer ins Freie. Aber was sollte er beginnen? Nach Jerusalem konnte er nicht, dort würden sich die beiden herrschenden Sekten vereint haben, den Abtrünnigen aus dem Wege zu räumen. Drei Jahre hielt er sich in arabischem Gebiet auf, gewiß auch, um sich selbst im Verborgenen über sein Erlebnis klar zu werden. Was hatte er eigentlich erlebt? Nietzsche hat gemeint, es sei Paulus im Augenblick der Vision klar geworden, daß sich das Christentum als Sprengstoff benützen lasse, um das Römerreich zu zerstören. Aber das ist aus dem Ergebnis erschlossen, und zwar aus einem Ergebnis, das sich zufällig mit der Ausbreitung des Christentums verbunden hat. Die Kräfte, die das Römerreich zerstört haben, waren der Geburtenrückgang und die sittliche Verwahrlosung besonders der Soldaten. Beide sind nicht vom Christentum ausgegangen oder gefördert, sonder eher bekämpft worden. Gewiß, der antike Staat stand und fiel mit seinen Göttern. Darum hatte Augustus die alten Gottesdienste wieder zu beleben versucht. Das war schon damals leere Formel geblieben. Nun hat Paulus den Abscheu der Judäer gegen die heidnischen Götzendienste sicher geteilt, und wenn er das Christentum predigte, so richtete sich das notwendig gegen diese Kulte. Aber tat er damit etwas anderes, als die Philosophen der kynischen Schule? Wenn er das Christentum als Mittel zu irgend etwas angesehen haben sollte, so höchstens dazu, die judäische Gottesauffassung den gebildeten Griechen nahe zu bringen. Ein Gegensatz gegen das Römerreich, eine heimliche Revolution lag darin so wenig wie in der Philosophie.

Daß Christentum und Römerreich in einen Kampf auf Leben und Tod geraten würden, war zwar vielleicht aus unterbewußten Gründen notwendig; einstweilen konnte wohl niemand vorhersehen, warum das Christentum nicht ebensogut eine „erlaubte Religion" werden sollte, wie das Judentum oder die Mysterienkulte.

Nun wird man einwenden: der Gegensatz war dadurch gegeben, daß Jesus von der römischen Obrigkeit als Verbrecher gerichtet war. Indeß hat die christliche Tradition versucht, den römischen Statthalter zu entlasten, und die Verantwortung für das Urteil den Judäern zuzuschieben. Die Christen wollten nicht Revolution gegen Rom, sondern gegen die judäische Theokratie. Paulus aber erwähnt den irdischen Anlaß von Jesus' Tod überhaupt nicht. Für ihn ist er von den unsichtbaren dämonischen Beherrschern (Archonten) des gegenwärtigen Aions verursacht.

Warum fühlte er sich dann gerade als Apostel an die Heiden gesandt? Durch die Art, wie er zum Christentum gekommen war, erschien ihm das mosaische Gesetz, für das er wie alle Judäer geeifert hatte, als abgetan. Dafür fand er den Grund: Jesus hatte durch seinen Tod am Kreuz eben dieses Gesetz aufgehoben. Was bisher verflucht war, das Zeichen des Kreuzes, das war jetzt heilig. Paulus war diesem Gesetz abhold: darum war seine Predigt für die Judäer ein Ärgernis. Dagegen war damit gerade der Anstoß behoben, den die Griechen bisher am einzigen Gott der Judäer genommen hatten. Das wußte Paulus vermutlich seit seiner Jugend in Tarsos, und das gab ihm die Richtung, in der er seine Sendung zu erfüllen suchte.

Doch dauerte es noch ein Jahrzehnt, bis er öffentlich hervortrat. Er spürte, welchen Widerstand er als Neuling mit seiner Vergangenheit unter den Christen der Urgemeinde finden würde, und er hatte die Geduld, die nötige Zeit hingehen zu lassen. Erst drei Jahre nach seiner Bekehrung, als die Obrigkeit in Jerusalem ganz von den Sorgen wegen Caligula beschäftigt war, kam er dorthin, um mit Petrus Fühlung zu nehmen. Dann ging er in seine Heimat Tarsos zurück. Er wartete, bis ihn Barnabas, ein unmittelbarer Jünger von Jesus, den die Urgemeinde nach Antiochia sandte, aus seiner Verborgenheit hervorzog und als Prediger nach Antiochia berief. Damit hatte er ein Amt in einer Gemeinde und konnte nun zu einer Wirksamkeit ansetzen.

In Antiochia hatten ungenannte Jünger, die bei der ersten Verfolgung dorthin geflüchtet waren, bei der griechisch sprechenden Bevölkerung unerwarteten Anklang gefunden. War doch in dieser Weltstadt der alte hellenische Glaube längt im Zusammenprall der verschiedenen Religionen und Philosophien zerrieben worden. Wie viele mußten sich an solchem Orte nach neuem Glauben sehnen! Die Großstadt war der fruchtbarste Boden für alle Sekten.

Nach einem Jahr eifriger Tätigkeit in Antiochia brach Paulus mit Barnabas zusammen und mit Markus als Dolmetsch zu seiner ersten großen Predigtreise auf: nach Kypern, Pamphylien und ins südliche Innere Kleinasiens. Es gab mancherlei Wechselfälle auf dieser Reise. Einmal wurden die Prediger von Judäern fast zu Tode gesteinigt, ein andermal konnten sie kaum verhindern, daß die begeisterten Galater ihnen als wundertätigen wandernden Göttern ein Opfer darbrachten. Die gehässige Ablehnung durch die Judäer war für Paulus ein willkommener Anlaß, seine Begleiter zu überreden, die Predigt direkt an die Andersgläubigen zu richten. Und die Atmosphäre dafür war in dieser Gegend der Völkermischung günstig, wo schon der persische Glaube an das Gericht über die Toten und an Mithra, den Mittler und Erlöser, der christlichen Botschaft vorgearbeitet hatten.

Aber es war das Schicksal des Paulus, daß er immer mit den Christen der Urgemeinde in Streit geriet. Markus, der ihm wohl ebenso wie später dem Petrus als Dolmetsch gedient hatte, trennte sich im Zwist von ihm. Durch ihn oder einen andern Mitchristen wurde in Jerusalem bekannt, daß Paulus lehre, der Christ werde durch seinen Glauben allein vor Gott entsühnt und „gerecht", ohne alle Werke. So hatte es Paulus ja in seiner Vision erlebt. Das wurde der Anlaß, daß Jakobus als Leiter der Gemeinde von Jerusalem und anerkanntes Haupt der ganzen Kirche einen Brief an alle Gemeinden ergehen ließ, um gegen die Streitsucht des Paulus und besonders seine neue Lehre Stellung zu nehmen.

Der Brief beginnt mit einem Angriff auf den, der im Glauben „Unterschiede macht" – oder sollen wir übersetzen „grübelt"? Er gleiche dem vom Wind aufgewühlten hinundherwogenden Meere. Es soll sich dieser Mensch nicht einbilden, er empfange etwas vom Herrn, dieser seelengespaltene, in allen seinen Wegen unzuverlässige Mensch. Der niedere Mensch soll sich seiner Höhe rühmen, der Reiche seiner Niedrigkeit – er wird wie das Gras in der Sonne auf seinen Wegen vertrocknen. Nach einigen Zwischenbemerkungen folgte ein weiterer Angriff: Niemand soll in einer Versuchung sich darauf hinausreden, er werde von Gott versucht, Versucht wird jeder von seiner eigenen Gier: sie gebiert die Sünde und diese den Tod. Laßt euch nicht irre machen, Brüder. Jede gute Gabe kommt von oben, vom Vater der Lichter, der uns durch das Wort der Wahrheit geboren hat, als Erstlinge einer seiner Schöpfungen.

Dann geht es im Umweg auf das eigentliche Ziel zu. Zuerst tadelt Jakobus das Reden im Zorn. Und daran knüpft er die Mahnung: seid Täter des Wortes, nicht bloß Hörer, die sich dann herausreden. Wer das Wort nur hört und nicht danach handelt, gleicht dem Mann, der sich in den Spiegel schaut, und dann wieder vergißt, wie er aussieht, d.h. ohne Selbsterkenntnis ... Es soll sich keiner auf Reichtum etwas einbilden, Gott hat die Armen erwählt ... Unter der Überschrift: erfüllt das königliche Gesetz der Nächstenliebe, fordert Jakobus auf, man müsse das ganze Gesetz beobachten, nicht nur einen Teil. Das Gericht wird unerbittlich sein über den, der selbst kein Mitleid zeigt. Der Glaube, wenn er nicht durch die Taten des Erbarmens begleitet wird, ist tot. „Du leerer Mensch, erkenne an Abraham, daß er durch seine Taten gerechtfertigt wurde, da er seinen Sohn zum Opfer darbot." An dieser Stelle wird ganz deutlich, daß der Brief auf Paulus zielt, der ja immer Abraham als Beispiel für seine Lehre heranzog. Weiter verweist ihm dann Jakobus seine Zungenfertigkeit, die eben immerzu Streit hervorrufe. Redet euch nicht nieder, ihr Brüder. Wer das tut, ist nicht Täter des Gesetzes, sondern macht sich zum Richter über das Gesetz ... Nach weiteren Bemerkungen über Ausbeutung der Schnitter durch die Reichen, deren Ernte sie einbringen, folgt ein Hinweis auf die nahe Wiederkunft des Herrn. Daran schließt das Verbot des Schwörens, wie es auch in die Bergpredigt aufgenommen ist; eine Anweisung zum Heilen der Kranken, und schließlich die Mahnung, einen irrenden Bruder auf die rechte Bahn zurückzubringen.

Paulus parierte den Angriff in seiner weltklugen großzügigen Weise. Es war ein Jahr der Mißernte gewesen, doppelt schwer zu tragen, weil es mit dem Sabbatjahr sich zeitlich berührte. Er veranstaltete eine Sammlung in Antiochia für die notleidenden Brüder in Jerusalem. Mit den gesammelten Hilfsgeldern ließ er sich zur Urgemeinde schicken: so zeigte er durch die Tat, daß er ja mit seinen Angriffen auf das Gesetz nicht das Gesetz der Nächstenliebe meine, sondern nur die rituellen Vorschriften. Dann verhandelte er mit den Führern der Gemeinde, und da auch Petrus schon gelegentlich bei der Bekehrung einer heidnischen Familie sich über die Ritualvorschriften hinweggesetzt hatte, so gewann er diesen als Sprecher für seinen Antrag. Die versammelten Apostel einigten sich darauf, daß von den bekehrten Heiden nur die Enthaltung von Götzendienst, Blut und Unzucht gefordert werden sollten.

Es war ein voller Sieg des Paulus, der ihm nun die Bahn freigab zu umfassender Missionstätigkeit. Zugleich hatte die Gemeinde dadurch den entscheidenden Schritt getan, eine Kirche zu werden. Sie hatte sich eine oberste gesetzgebende Leitung geschaffen, die verhinderte, daß sie in einzelne örtliche Gemeinden auseinanderfallen könnte. Nach dem Vorbild dieses Apostelkonzils sind unzählige große und kleine Versammlungen der Kirchenhäupter abgehalten worden, und ihren Beschlüssen kam Gesetzeskraft für alle Gläubigen zu. Sie galten als vom heiligen Geist eingegeben, der in den Versammlungen walten sollte.

Freilich, das neu geschaffene Gesetz, das dieses Konzil beschlossen hatte, grenzte die neue Kirche ebensosehr gegen die Judäer wie gegen die Heiden ab. Und Jakobus gab ihm die strengste Auslegung: bald forderten die Judenchristen, daß auch das Opfer im Tempel verschwinden solle. So legte das aramäische Matthäus-Evangelium Jesus den Ausspruch in den Mund: solang ihr nicht aufhört zu opfern, wird der Zorn Gottes über euch nicht nachlassen. So konnte sich bald eben an diesen Geboten eine ebenso unleidliche Werkheiligkeit entwickeln, wie es die pharisäische Werkheiligkeit gewesen war.

Zudem stellte sich alsbald heraus, daß die Bestimmungen doppelte Auslegung möglich machten. Paulus verstand unter Enthaltung von Blut die Unterlassung von Bluttat, so daß das Edikt die Einhaltung des ersten, fünften und sechsten Gebotes des Alten Testamentes bedeutete. Die Gemeinde von Jerusalem aber hatte gemeint: Enthaltung von Blutgenuß, und setzte darum noch hinzu „und von Ersticktem", so daß die Beziehung auf die Speise offenkundig war. Und als Abgesandte von Jerusalem nach Antiochia kamen, wo sich Petrus damals aufhielt, und bisher ruhig mit den bekehrten Heiden gesessen und gegessen hatte, da mahnten sie ihm diese Bedeutung des Beschlusses an, und er ließ sich dazu bereden, sie anzunehmen.

Mit der ganzen Leidenschaft seiner zornmütigen Seele wandte sich Paulus gegen diese Nachgiebigkeit. Er warf dem Petrus vor, er lasse sich durch Menschenfurcht von der Linie des Evangeliums abkehren. Während jener doch eben nur den Beschluß des Konzils buchstäblicher befolgte. Aber Paulus sah eben die ganze Wirksamkeit seiner Mission gefährdet, wenn diese Auslegung des Beschlusses durchdrang. Da wären die Christen ja ebenso wie bisher die Judäer vom judäischen Schächter abhängig geblieben, von der Speisegemeinschaft mit ihren unbekehrten Verwandten und Freunden ausgeschlossen gewesen, wären bei jeder Geselligkeit aufgefallen, kurz zum Dasein von Sektierern verurteilt gewesen. Das mußte er mit Einsatz seiner ganzen Kraft verhindern. Die strenggläubigen Judenchristen konnten nach der Entscheidung des Konzils Paulus zwar nicht einfach aus der Gemeinde ausschließen. Aber sie brachten ein angebliches Jesuswort in Umlauf: wer das geringste der Gebote aufhebt, wird der Kleinste heißen im Himmelreich. Paulus nahm den Vorwurf auf: ja gewiß, ich bin der Kleinste, ich, der ehemalige Verfolger, bin nur wie eine unausgereifte Frucht. Vermutlich war das indische Märchen bis nach Syrien gelangt, wonach gerade die von der Mutter abgetriebene Frucht zum Helden und Stammvater der ganzen Menschheit geworden sei. So war der Vorwurf ein Stachel mehr für Paulus, unermüdlich für den Glauben zu werben — so wie er ihn verstand. Als Abgesandte aus Jerusalem in die Gemeinden in Lykaonien kamen, die er gegründet hatte, und auch dort die Beschlüsse des Konzils in der judenchristlichen Auslegung anmahnten, da schrieb Paulus in der höchsten Erregung: ich habe euch das Evangelium gebracht, wie ich es von Christus selbst vom Himmel her empfangen habe, und wer euch ein anderes Evangelium bringen will, der sei verflucht. Der gleiche Streit brach aus, als Petrus durch Korinth kam, wo Paulus auf seiner zweiten Reise eine ansehnliche Gemeinde geworben hatte, er kehrte wieder in seinen letzten Jahren in Rom und er hätte wohl die Kirche dauernd spalten können, wenn nicht Kaiser Nero Petrus und Paulus gleichermaßen für den Brand von Rom verantwortlich gemacht hätte, und sie gleichzeitig den Märtyrertod hätte sterben lassen. Damit schien der Gemeinde Christus selbst besiegelt zu haben, daß er das Zeugnis von beiden gleich werte, und der Zwist ihrer Anhänger mußte verstummen.

Man darf den Unterschied nicht übertreiben. Paulus glaubte genauso inbrünstig wie die früheren Jünger, daß die gegenwärtige Welt im Schwinden begriffen sei. Jesus ist ihm wie diesen der künftige Weltenrichter, und die Gläubigen („die Heiligen") sind dazu berufen, ihm beim Gerichte beizustehen. Er ruft mit der Gemeinde nach der Wiederkehr des Heilands: Marana-tha „Komm, Herr"! Nur fühlt er sich seit seiner Bekehrung schon als neugeschaffen, als Glied der künftigen Welt. Aber auch das nur im Geiste; sein körperliches Leiden, das er nur andeutet, mahnte ihn hinreichend, daß sein Leib noch den Mächten dieser zum Untergang bestimmten Welt untertan sei.

Der eigentliche Unterschied war vielmehr der Bildungsstand. Paulus ist sich klar darüber, daß er nicht jede Krankheit gesund beten kann. An seinem eigenen Leiden war diese Kur vergeblich. Er fand auch die Geistesgabe des „Zungenredens" nicht besonders erbaulich: in der versammelten Gemeinde soll man vernünftig predigen. Kurz er hält nicht so viel von dem, was die Urgemeinde die Gaben des Geistes nannte. Er wandte sich mit seiner Predigt an den Verstand der Menschen, nicht an das Unterbewußtsein, das sich jenen Gaben des Geistes erschloß. Damit aber war er der Mann, der den jungen Glauben gerade den bildungsstolzen Griechen bringen konnte.

Und weiter ist Paulus der Begründer der Geschichtsphilosophie. Den Griechen war die Geschichte ein regelloses auf und ab. Der Einzige, der sich Gedanken über ihre Gesetze machte, Herodot, begnügte sich mit der Feststellung: die Götter lieben es, das Kleine groß und das Große klein zu machen. Für Paulus aber erhält die Geschichte, zunächst die israelitische, den Sinn einer Entwicklung auf Jesus hin, und alles seit Jesus ist eingeordnet in die Bewegung, die von ihm ausgeht, die immer weiter und tiefer gehende Ausbreitung des christlichen Glaubens. Dieses Ordnungsprinzip hat den Denkern 1700 Jahre lang genügt. Die Kirchenväter ordneten auch die griechisch-römische Geschichte als Vorbereitung auf das Evangelium ein. Je weiter Jesus in die Vergangenheit zurückwich, umso mehr wurde er die „Mitte der Zeit". Erst als die vielgestaltige Geschichte Ostasiens bekannt wurde, die sich nicht um diesen Mittelpunkt gruppieren ließ, mußten sich die denkenden Köpfe nach einer neuen Geschichtsphilosophie umsehen.

Aber freilich, ein Unterschied war zwischen der Predigt des Paulus und der von Jesus erwählten Apostel: Paulus kannte Jesus nicht aus eigenem Erlebnis. Der Heiland wird ihm gewissermaßen abstrakt. Nur die Tatsache der Kreuzigung und der Auferstehung kamen für Paulus in Betracht; des Jesus vorheriges Wirken konnte er nicht bezeugen. So gewaltig seine Briefe gewirkt haben, — doppelt stark, weil er sie ganz im Antrieb des Augenblicks geschrieben hat und nicht daran gedacht hat, daß irgend eine Nachwelt sie lesen oder gar als Offenbarung werten werde — vom lebendigen Jesus führen sie ab. Paulus ist zwar der Vater der christlichen Theologie: des ewig wiederholten fruchtlosen Bemühens die Gottessichten des Alten Testaments und des Jesus auf gemeinsamen Nenner zu bringen. Das bedeutet, die ungeheure Mannigfaltigkeit des lebendigen religiösen Lebens von mehr als tausend Jahren in ein gemeinsames Schema zu pressen. Aber eben damit hat er dahin mitgewirkt, aus dem Gottesreich, das Jesus gemeint hatte, die Kirche zu gestalten, die bestenfalls das Schneckengehäuse für jenes lebendige Gebilde ist. Er hat die Gemeinde wohl aus der Enge des Judenchristentums befreit, aber er hat die Engherzigkeit der Theologie an die Stelle gesetzt.

Von dieser Wirkung war unmittelbar wenig zu spüren. Die Briefe des Apostels blieben noch ein halbes Jahrhundert lang unbekannt, und wurden erst von Markion (um 110 n. Chr.) ans Licht gezogen. So sind auch des Paulus eigene religiöse Gedanken zunächst unwirksam geblieben. In der griechischen Welt fand Paulus mit seinem Auferstehungsglauben keinen Widerhall. Wenn wir Lukas glauben dürfen, wurde er in Athen deswegen ausgelacht. Um sich verständlich zu machen, nahm er die griechische Redeweise an: der Leib ist ihm ein Zelt, das die Seele im Tode verläßt. Das Fortleben nach dem Tode, wie es Platon gekündet hatte, wird Paulus desto vertrauter, je näher er selbst dem Tode kam. Es wurde ihm zum Fortleben in Christus, der ja den Tod überwunden hatte. Damit trat Christus in mystischer Schau selbst an Gottes Stelle, und zwar nicht nur als Auslegung der Schrift, sondern im lebendigen religiösen Erleben.

4. Das Thomas-Evangelium

Unser Bild des Christentums ist so sehr durch das Wirken des Paulus bestimmt, daß wir leicht dazu kommen, die Besonderheiten dieses Apostels für notwendige Züge des Christentums zu halten. So gehört es zu den besonderen Glücksfällen unseres Jahrhunderts, daß uns ein Fund der jüngsten Vergangenheit einen Blick in ein Gemeindeleben vermittelt, das von der Theologie des Paulus unberührt geblieben ist. Aus einer gnostischen Bibliothek in Ägypten ist ein Evangelium eine lose Aufreihung von Sprüchen aus dem Mund von Jesus[1] nach Thomas ans Licht gekommen. Da uns unter dem Namen dieses Apostels gnostische Schriften bekannt waren,[2] überraschte es durch das schlichte Bild, das es zeichnet.

Vom Zauberkram der Gnosis ist keine Spur darin. Das Wort Gnosis kommt nur in einem seiner Sprüche vor: „Die Pharisäer und die Schriftgelehrten haben die Schlüssel zur Gnosis empfangen und versteckt. Sie sind selbst nicht hineingegangen, und die hineingehen wollten, ließen sie nicht". Hier ist also die Gnosis die durch die Schrift vermittelte Gotteserkenntnis. Auch von den Geheimlehren der anderen Gnostiker ist nichts zu bemerken. Wohl spricht Jesus von seinen Geheimnissen, die er nur denen mitteilt, die der Geheimnisse würdig sind. Aber diese Geheimnisse sind die uns wohlbekannten Gleichnisse und einige ihnen verwandte Aussprüche. Fast die Hälfte des Thomas-Evangeliums stimmt wörtlich oder dem Sinn nach mit Worten der anderen (synoptischen) Evangelien überein; aber auch im Sondergut des Thomas sind viele Worte, die unverkennbar den Stempel derselben Persönlichkeit tragen, die in jenen Evangelien spricht, und die ich deswegen als echte Überlieferungen über Jesus verwendet habe. Anderes aber ist zeitbedingt.

Thomas oder wer unter seiner Maske schrieb, hielt einerseits den Zusammenhang mit der judenchristlichen Urgemeinde fest. Er erzählt: „Die Jünger sprachen zu Jesus: Wir wissen, daß du von uns gehen wirst. Wer soll dann unser Rabbi sein? Jesus antwortete ihnen: Wohin ihr gekommen seid, ihr werdet zu Jakobus dem Gerechten gehen".[3] Dieser judenchristlichen Anknüpfung entspricht der Spruch: „Wenn ihr den Sabbat nicht als Sabbat haltet, werdet ihr den Vater nicht sehen", sowie die uns aus rabbinischen Quellen bekannte Bezeichnung der fünf Bücher des Moses als fünf Lebensbäumen des Paradieses. Dazu kommen einige Verse aus dem Sondergut des Matthäus — wobei Thomas mehrmals deutlich die altertümlichere Fassung bewahrt hat. — Aber viel stärker ist die Ablehnung des judäischen Ritenwesens. Als die Jünger wegen Fasten und Speisegesetzen fragten, antwortete Jesus „Lügt nicht und tut nicht, was ihr haßt". Und an anderer Stelle: „wenn ihr fastet, so werdet ihr euch eine Sünde schaffen, und wenn ihr betet, werdet ihr verurteilt werden, und wenn ihr Almosen gebt, tut ihr eurem Geiste[4] etwas schlechtes. Sondern wenn ihr in irgend ein Land geht, wenn man euch aufnimmt, so eßt, was man euch vorsetzt, und heilt die Kranken unter ihnen. Denn was in euren Mund hineingeht, wird euch nicht verunreinigen".[5] Hier sind offenbar die jüdischen Speiseregeln mit dem Fasten gemeint, das man nicht beobachten dürfe, wenn man zu Gast ist. Noch deutlicher ist der Spruch: „Wenn die Beschneidung etwas nützte, würden die Kinder beschnitten gezeugt werden. Nur die Beschneidung der Herzen hat Nutzen". Die Gemeinde, die dieses Evangelium in Gebrauch hatte, hat also die judäischen Riten abgeschafft und sich dabei auf Worte von Jesus berufen.[6] — Auch den Prophetenbeweis lehnte sie ab: „Die Jünger sagten: Vierundzwanzig Propheten sprachen in Israel, und sie sprachen alle von dir. Jesus antwortete: Ihr habt den vor euch Lebenden bei Seite gelassen und habt von den Toten gesprochen".

Das Leiden von Jesus ist in diesem Evangelium nur durch das Gleichnis von den bösen Weingärtnern angedeutet. Auch der Messiasanspruch ist nur gerade durch dies Gleichnis gesagt. Vom Gegensatz gegen die Pharisäer handelt nur der schon angeführte Spruch, der später in Form eines drastischen Gleichnisses wiederholt wird. Aber alle geschichtlichen Züge dieses Gegensatzes sind ausgemerzt. Wie überhaupt Thomas die geschichtlichen Einzelheiten vernachlässigt.

Wohl hören wir den Anspruch, wie Jesus selbst ihn erhoben hat: „Aus dem, was ich sage, versteht ihr nicht, wer ich bin?". „Ihr prüft das Antlitz des Himmels und der Erde, und den, der vor euch ist, habt ihr nicht erkannt, und diesen Augenblick wißt ihr nicht zu prüfen". „Die Jünger fragten, wann wird die neue Welt kommen? Er antwortete: „Die, die ihr erwartet, ist gekommen, aber ihr erkennt sie nicht". Das entspricht der Haltung, die Jesus im Leben eingenommen hat, und ordnet sich in seine Eschatologie ein.

Daneben aber ist im Thomas-Evangelium ein starker Einschlag platonischer Philosophie.[7] „Wenn ihr euresgleichen seht, so freut ihr euch. Wenn ihr aber eure Bilder seht, die vor euch entstanden sind, die weder sterben noch in Erscheinung treten, wie viel werdet ihr ertragen?". „Selig ist, wer war, bevor er wurde". Das ist deutlich die Lehre von den Ideen, die der Welt entrückt sind. Darf man sie Jesus selbst zuschreiben, und haben die anderen Evangelisten sie nur übergangen, weil sie nichts mit ihr anzufangen wußten?

Aus solcher Sicht folgt dann logisch die Abwertung des Kosmos: „Wer die Welt erkannt hat, hat einen Leichnam gefunden. Und wer (sie als) Leichnam gefunden hat, dessen ist die Welt nicht wert". „Wer sich selbst findet, dessen ist die Welt nicht würdig". Aus der Ideenlehre ergibt sich auch die Unterscheidung von Fleisch und Seele. Sie wird ganz objektiv betrachtend formuliert: „Wenn das Fleisch wegen des Geistes entstanden ist, so ist das ein Wunder. Wenn aber der Geist wegen des Leibes, das wäre ein wunderbares Wunder. Ich aber wundere mich darüber, wie sich dieser große Reichtum (des Geistes) in dieser Armut (des Leibes) niedergelassen hat". Wenn das Evangelium nach Thomas wirklich gnostisch wäre, so hätte es an einen solchen Ausspruch leicht die Fabel vom Absinken der Seele anknüpfen können. Es ist zu betonen, daß dazu auch nicht ein Ansatz gemacht wird. Vielmehr lautet die Folgerung (an anderer Stelle) nur: „Wehe dem Fleisch, das von der Seele abhängt. Wehe der Seele, die vom Fleisch abhängt."

Und die praktischen Schlüsse aus der Abwertung der Welt lauten „Meine Jünger gleichen kleinen Kindern, die sich auf einem Feld niedergelassen haben, das ihnen nicht gehört. Wenn die Herren des Feldes kommen, werden sie sagen: übergebt uns unser Feld" (und die Kinder verjagen). „Werdet Vorübergehende".[8] „Wer die Welt gefunden hat und reich (an Kenntnis?) geworden ist, möge die Welt verleugnen." „Wer das All erkennt und sich selbst dabei verfehlt, verfehlt das Ganze". „Wenn ihr euch nicht der Welt enthaltet (wörtlich: fastet), werdet ihr das Reich nicht finden".

Nicht als Wort aus Jesus' Mund, sondern als Ausdeutung durch Salome ist an einen Spruch angehängt, daß diese Jüngerin sich freut, nicht geboren zu haben.

Andere Sprüche knüpfen an essenische Ausdrucksweise an: „Es ist Licht innen in einem Lichtmenschen, und er leuchtet der ganzen Welt" und ähnliche Aussprüche. Doch ist dies bei Thomas nur ein Bild oder Gleichnis neben vielen anderen.

Eine Saite, die in den anderen Evangelien nur schwach anklingt aber eben dadurch sich als echt erweist, tönt auf in dem Seufzer: „Ich stand mitten in der Welt und erschien ihnen im Fleisch. Ich fand sie alle trunken, ich fand keinen Durstigen unter ihnen. Und meine Seele schmerzte über die Menschenkinder, weil sie blind in ihrem Herzen sind". Aber der Spruch wird gleich wieder zur Hoffnung gewendet: „Jetzt sind sie trunken. Wenn sie ihren Wein abgeschüttelt(?) haben, werden sie umdenken". Ja Jesus preist die Einsamen: „Viele stehen an der Tür, aber die Einsamen sind es, die ins Brautgemach eingehen werden". Und mit verwandtem Sinn läßt sich zuordnen: „Wenn drei Götter beisammen sind, sind es Götter? Wo zwei oder einer allein ist, mit dem bin ich".

Das alles läßt sich ungezwungen in das Bild einordnen, das uns die anderen Evangelien darbieten. Wohl nur durch schiefe Übersetzung fallen die

Sprüche heraus, in denen davon die Rede ist, zwei zu einem zu machen. Was gemeint ist, zeigt die Parallele: „Wenn zwei mit einander Frieden machen im selben Hause, werden sie zum Berg sagen: hebe dich hinweg, und er wird sich hinwegheben". Das erläutert nicht nur einen wohlbekannten Spruch, sondern auch die andere Fassung (106) „Wenn ihr die zwei zu eins macht, werdet ihr Söhne des Menschen werden, und wenn ihr sagt, Berg hebe dich hinweg, wird er sich hinwegheben". Handelt es sich bei diesen Sprüchen um die äußere Entzweiung, so wird in anderen Fällen an die innere Entzweiung gedacht sein: (11d)" da ihr eins wart, seid ihr zwei geworden. Wenn ihr aber zwei geworden seid, was werdet ihr tun? " Darauf möchte ich auch das drastische Bild beziehen: „Selig ist der Löwe, den der Mensch ißt, und der Löwe wird Mensch; und abscheulich ist der Mensch, den der Löwe frißt und der Löwe wird Mensch". Es wird der blutgierige Trieb der Seele mit dem Löwen gemeint sein.

Von da werden wir auch dem rätselhaften Spruch (22b) seinen Sinn abgewinnen können: „Wenn ihr die Zwei eins macht, und wenn ihr das Innere macht wie das Äußere und das Äußere wie das Innere und das Obere wie das Untere; und wenn ihr das Männliche und das Weibliche zu einem einzigen macht, darin das Männliche nicht männlich, das Weibliche nicht weiblich ist; wenn ihr Augen anstelle eines Auges macht und eine Hand an Stelle einer Hand und einen Fuß anstelle eines Fußes, ein Bild anstelle eines Bildes, dann werdet ihr in das Reich eingehen". Das ist eine Anleitung zur Meditation, wie sie in den buddhistischen und taoistischen Gemeinschaften Ostasiens gepflegt und mit sehr ähnlichen Formeln umschrieben wird. Wir kommen damit ins Gebiet der Mystik, das uns in den Evangelien nur bei Johannes begegnet. Noch weiter in die Mystik hinein führt der Spruch, in dem sich Jesus mit dem allgegenwärtigen Leben Gottes gleichsetzt: „Ich bin das Licht, das über allem ist. Ich bin das All. Es ist das All aus mir hervorgegangen und zu mir gelangt. Spaltet ein Holz, ich bin da; hebt den Stein auf und ihr werdet mich da finden"[9]. Da spricht nicht mehr der Jesus, wie wir ihn kennen, sondern derjenige, der bei Johannes sagt: ich und der Vater sind eins. So ist es wohl kein Zufall, daß im Johannes-Evangelium gerade Thomas mehrmals aus dem Kreis der übrigen Jünger herausgehoben ist. Was uns dann wieder zum Zeugnis dienen kann, daß das Thomas-Evangelium seinen Namen zu recht trägt, im Gegensatz zu späteren Legenden, die dem gleichen Apostel zugeschrieben worden sind[10].

In dem koptischen Evangelium, von dem ich rede, tritt Thomas nur einmal (13) hervor, da aber in einer Weise, die der späteren Kirche unerträglich war. Es heißt hier: „Jesus sagte: Vergleicht mich, sagt mir, wem

ich gleiche. Simon Petrus sagte zu ihm: Du gleichst einem gerechten
Boten. Matthäus sagte: Du gleichst einem weisen klugen Menschen. Thomas sagte zu ihm: Meister, mein Mund wird es gar nicht über die Lippen
bringen, zu sagen, wem du gleichst. Jesus sagte: ich bin nicht dein Meister, da du getrunken hast, trunken bist von der sprudelnden
Quelle, die ich ausgelotet (richtiger wohl „erbohrt") habe. Und er nahm
ihn abseits und sagte ihm drei Worte. Als Thomas aber zu seinen Gefähr-
ten kam, fragten sie ihn: Was hat Jesus zu dir gesagt. Thomas antwortete:
wenn ich euch eines der Worte sage, die er mir gesagt hat, werdet ihr
Steine nehmen und nach mir werfen, und Feuer wird aus den Steinen
kommen, euch zu verbrennen". Damit ist angedeutet, daß Thomas in
Jesus den erkannt hat, der sich mit Gott eins wußte, und selbst nach
solcher Einung strebte. Damit ist aber gegeben, daß er in die Entwicklung
gehört, die in den Briefen des Johannes und besonders in dessen Evangelium und Offenbarung ihr bleibendes Denkmal gefunden hat. Sein eigenes Jesusbild wird wohl am besten durch den Spruch umschrieben, der
auch das Selbstbewußtsein von Jesus treffend wiedergibt: Jesus sagte:
„wer mir nahe ist, ist dem Feuer nahe, und wer fern von mir ist, ist fern
vom Reich"[11] .

Anmerkungen

1   Hgg. v. A. Puech u.a. Leiden 1958. Einzelne Aussprüche waren schon als Agrapha bekannt.
Mit der gnostischen Ausdeutung des Th. Ev. durch J. Leipoldt: „Das Evnagelium nach Thomas"
1967 kann ich mich nicht befreunden.
2   Vgl. die Bruchstücke des Kindheits-Evangeliums nach Thomas bei Hennecke a.a.O., sowie die
Thomas-Akten, aus denen man vielleicht mehr Gnosis herausgelesen hat, als gemeint war. Das
Perlenlied jedenfalls läßt sich als Ausdeutung des entsprechenden Jesus-Wortes in der Seepredigt
durchaus christlich einordnen.
3   Die anschließenden Worte „um dessentwillen Himmel und Erde entstanden sind", knüpfen
dem Sinne nach unmotiviert an. Ich halte sie für den Nachsatz zu einem ausgefallenen weiteren
Spruch.
4   Wörtlich: euern Geistern, ich verstehe, jeder seinem Geist.
5   Durch den Nachsatz erklärt sich die Paradoxie des Anfangs. Es handelt sich um einen Spruch
bei der Aussendung der Jünger.
6   Das ist also eine spätere Stufe der judenchristlichen Entwicklung, als diejenige, die bei
Matthäus zu Wort kommt.
7   Es ist nicht nur möglich, sondern geschichtlich wahrscheinlich, daß Jesus noch mehr hellenisti-
sches Gedankengut aufgenommen hatte, als die Synoptiker überliefern. Die Gemeinde vergaß
solche Worte, oder gab sie nicht weiter, weil sie Mißverständnisse und Sektiererei hervorrufen
konnten.
8   Umgekehrt Paulus 1. Kor. 7,31: Die Welt geht vorüber.
9   Ähnlich haben sich Mystiker wie Halladj und Djellaleddin Rumi ausgedrückt. Das wirft dann
wieder auf das Grundanliegen des Johannes-Evangeliums ein Licht, so daß wir manche bisher als
unhistorisch verworfene Stellen als Aussagen eines Mystikers verstehen lernen können. Einstweilen halte ich Thomas und Johannes für die Mystiker.
10   Diese Thomas-Psalmen klingen in der Wortwahl teilweise an die Psalmen von Qumran
an. Im Inhalt setzen sie zum Schritt von Jesus zur Gnosis an, der dann in den Thomas-Akten
vollzogen ist. Vgl. A. Adam, ZNW Beiheft 24, 1959.

11 Wie man von Lukas gesagt hat, daß bei ihm die Theologie des Kreuzes fehle (z.B. Haenchen, Z. f. Theologie und Kirche 52, 1955, S. 205 ff; Winter, Theol. Lit. Z. 1956, Sp. 36 ff), so auch bei Thomas.

Auf die ganz andere Beurteilung des Thomas-Evangeliums bei J. Leipoldt, Das Evangelium nach Thomas, 1967, sei nur hingewiesen. Mir scheint, weil uns das Evangelium von Kindheit an geläufig ist, unterschätzen die Theologen leicht, wie schwer verständlich es den Zeitgenossen war.

5. Die Jesus-Bilder der Evangelien

Daß der lebendige Jesus nicht ganz über dem abstrakten Christus des Paulus und der ihm folgenden Theologen vergessen werden konnte, ist zunächst das Werk des Markus.

Zwei von einander unabhängige Zeugen[1] bezeichnen das Markus-Evangelium als die Sammlung der Erinnerungen des Petrus. Es trägt denn auch ganz die Züge von dessen Eigenart. Es ist Jesus, wie er sich den Augen des visionären Begleiters darbot. Die Steigerung ins Wunderbare ist nicht lügenhaft süßliche Legende, sie ist das Zeugnis des Petrus über Jesus, für das er den Tod erlitten hat. Es ist denn auch bis in die Zeit Voltaires in seiner Glaubwürdigkeit nie angefochten worden. Voltaire allerdings nahm Anstoß zunächst an der Erzählung von den Dämonen, die in die Schweine fuhren: wo kommen im Judenland Schweine her? fragte er — und bemerkte nicht, daß die Erzählung in der griechischen Dekapolis spielte. Historisch gesehen ist sie ein zu visionärer Erinnerung umgeformtes Gleichnis, das sich bei dem sexuellen Treiben der Mischbevölkerung hellenistischen Unglaubens dem Judäer aufdrängte, und sich beim Anblick unserer entgleisten Jugend und noch mehr unserer sogenannten führenden Menschen nur allzudeutlich wieder aufdrängt: eine Legion von Dämonen, von der die Menschen zu erlösen sind, die aber in Schweinen sich selbst in den Abgrund stürzen. Man muß sich nur an die Redeweise der Zeit angleichen, so wird das Bild unheimlich lebendig.

So hat Petrus auch erlebt, daß sich auf das Wort von Jesus der Sturm legte — zum mindesten der Sturm der Angst in seiner Seele. Dergleichen ist nicht Erfindung zum Zweck der Erbauung — dem nebenbei gesagt erfundene Wundergeschichten nur sehr schlecht dienen, — sondern es ist die Erlebnisweise des gläubigen Menschen. Ich könnte auch aus unserer Zeit von einem Kinde erzählen, das zu spüren meinte, wie auf sein gläubiges Gebet hin der Wind sich legte, der es beim Schulweg behinderte. Mag das naturwissenschaftlich irrig sein, als Erlebnis war es Wahrheit.

Das Bild, das Markus gezeichnet hatte, genügte nicht allen Christen. Der Menschensohn, der es ablehnte Wunderzeichen zu geben, war dem wundersüchtigen Geschlecht zu irdisch, und den Judenchristen zu heidnisch. So hat einerseits ein Unbekannter, dessen Werk bei Lukas und Johannes benützt ist, Wunderzeichen gesammelt, die im Munde der Jünger umgingen: wie Jesus Wasser in Wein verwandelt habe, wie er viele Tausende mit wenigen Broten gespeist habe (dies hatte auch Markus zweimal berichtet), wie seine Anwesenheit genügt hatte, daß sich die Netze der Fischer bis zum Zerreißen füllten und so weiter bis zu einer Mahlzeit, die der Auferstandene mit den Elfen gemeinsam gehalten habe, um zu zeigen, daß er kein Gespenst sei. Wir können über dies verlorene Evangelium allerdings nur mutmaßen, denn es sind noch keine sicheren Reste wiedergefunden.

Andererseits hatten mehrere Jünger vielleicht schon vor Markus[2] die Aussprüche von Jesus aufgezeichnet — in loser Weise aneinandergereiht, wie eben das Gedächtnis durch irgendwelche Anklänge von einer Erinnerung zur andern geleitet wurde. Wir haben jetzt eine solche Spruchsammlung: eben im Thomas-Evangelium. Für die Geschichte des Jesusbildes ist aber nur diejenige Sammlung von Bedeutung, die bei Matthäus und Lukas verarbeitet ist.

Als die Judäer sich gegen Rom erhoben hatten und die judenchristliche Gemeinde bei der Annäherung der römischen Heere nach Pella im Ostjordanlande entwich, soll Matthäus, der die beschwerliche Wanderung nicht mehr mitmachen konnte, ihr sein Evangelium mitgegeben haben. Es war eine Rückübersetzung des Markus ins Aramäische, bereichert durch die Überlieferung der Spruchsammlung und durch vielerlei andere Worte, die in der Gemeinde umliefen. Aus diesen hat Matthäus vor allem die Bergpredigt und die Rede vom jüngsten Gericht geformt. Denn für ihn war Jesus der neue Gesetzgeber und Richter. Zugleich derjenige, in dem sich die messianischen Prophezeihungen des Alten Testaments erfüllt haben. Kurz, hier ist Jesus der Drohende und Fordernde, wie ihn die Judäer als Messias erwartet hatten. Und da dies Evangelium bei der Zusammenfassung des Neuen Testaments an die erste Stelle gesetzt wurde, so hat dies Gemälde vor allem die Auffassung der späteren Christen geformt. Ein heiliges Leben zu führen, wie Jesus selbst es geführt hat, das wies Matthäus an, brachte aber eben damit auch die Angst vor der Sünde, das Verzweifeln, weil der Mensch so hohen Forderungen nicht gerecht werden konnte, gerade wenn er ein waches Gewissen hatte.

Das Matthäus-Evangelium scheint noch in der Erwartung geschrieben zu sein, daß das Weltende unmittelbar bevorstehe. Ganz verändert ist die Stimmung im Evangelium des Lukas. Auch dieser hat den Bericht des Markus als Rahmen für alles, was er zu berichten hatte, zugrunde gelegt. Aber Lukas wollte Geschichte schreiben. Ihm ist Jesus und sein Wirken nur der Anfang des großen Geschehens, das er darzustellen unternimmt. Die Lage der Welt hatte sich inzwischen verändert. Die unmittelbaren Jünger von Jesus waren fast alle weggestorben, die Wiederkehr des Messias aber war ausgeblieben. Nur die Zerstörung von Jerusalem war eingetroffen. So folgerte Lukas kritisch: nur diese habe Jesus vorhergesagt, die nahe Wiederkehr sei ein Mißverständnis der Jünger. Infolgedessen trat er auch sonst an seinen Stoff kritisch heran. Vor allem sucht er ihn zu einem vollen Lebensbild auszuweiten. Daher sammelt er auch Nachrichten über den Täufer und Familien-Überlieferungen über Jesus' Kindheit. Und schon in diese wird die Weissagung eingelegt, Jesus sei gesendet als Heil für alle Völker, als Licht der Offenbarung für die Heiden, und als Ruhm für Israel, — Worte, die sich dann im zweiten Teil der Apostelgeschichte durch die Tätigkeit des Paulus erfüllen.

Lukas sieht also Jesus nicht mehr aus dem judäischen Gesichtswinkel, sondern als den Heiland (Soter), den gerade die Griechen erwarteten. Aber er war Historiker genug, diese Schau seinem Stoff nicht aufzuzwingen, sondern mitzuteilen, was seine Quellen boten, auch wo es sich nicht direkt für seine Sicht verwenden ließ. Nur den sprachlichen Ausdruck glättete er, um sein Werk auch den anspruchsvolleren Lesern genießbar zu machen.

Man hat ihm Schönfärberei vorgeworfen, weil er die Streitigkeiten zwischen Paulus und Petrus übergangen hat. Als ob diese für sein Thema, die Ausbreitung des Christentums über die Welt, irgendetwas nennenswertes beigetragen hätten. Vielleicht hat er nicht einmal etwas von ihnen erfahren. Die Briefe des Paulus waren ja nur an die von ihm gegründeten Gemeinden gerichtet, und wurden erst fünfzig Jahre später durch Markion gesammelt und bekannt gemacht. — Schwerer scheint gegen den Historiker Lukas zu sprechen, daß er ein Stück des Markus-Textes ausgelassen hat. Er scheint bei der Arbeit durch eine grobe Flüchtigkeit von der einen „Brotvermehrung" (d.h. Vorwegnahme des messianischen Festmahls) auf die zweite übergesprungen zu sein. Und da Papier damals nicht so billig war, wie heute, konnte er den Fehler nachträglich nicht mehr verbessern, gesetzt, daß er auf ihn aufmerksam wurde. Man könnte auch unterstellen, die Ausführungen von Jesus über die Wesenlosigkeit der Speisegesetze und Reinheitsvorschriften des mosaischen Gesetzes waren für die griechischen Leser, für die Lukas schrieb, ohne Bedeutung. Der Zusammenstoß mit der Phönikerin vielleicht sogar anstößig, weil er Jesus in den nationalen Vorurteilen befangen zeigt, die er selbst später überwunden hat: er paßte nicht in das Bild des Erretters für die Heiden. Aber damit wäre immer noch nur ein Teil der Auslassung begründet.

Jedenfalls beruht die geschichtliche Wirkung des Lukas vor allem auf dem, was er neues zum Lebensbilde zugefügt hat. Als Heiland mußte Jesus für die griechisch Denkenden der Sohn eines Gottes sein, — des einzigen Gottes, den er ja seinen Vater nannte. So malt Lukas die Botschaft des Engels, von der Maria vielleicht selbst etwas gesagt hatte, nach dem Vorbild aus, das Aischylos gedichtet hatte: durch das heilige Pneuma (den Atem Gottes) wird die Jungfrau Maria schwanger. Und wie auf den Denkmälern des Mithra sind es die Hirten, die das neugeborene Kind zuerst anbeten. Falsch allerdings ist es, moderne soziale Verhältnisse unterzulegen: die Hirten waren im alten Orient ein gehobener Stand, von großem Freiheitsstolz und Selbstbewußtsein.[9] — Was aber die Engel den Hirten bei Lukas gesungen haben, die Botschaft Ehre sei Gott im Himmel und auf Erden, Frieden den Menschen seiner Gnade — das ist tausend Jahre später in der friedlosen Zeit des frühen Mittelalters recht eigentlich zum Losungswort geworden, in das die Mönche von Cluny den ganzen Inhalt der christlichen Botschaft zusammenfaßten, und das noch heute zu jeder Weihnachtszeit erklingt: darin ist Lukas ein Künder, der die Botschaft des Jesus unverfälscht weitergegeben hat.

Wieder vergingen zwei Jahrzehnte, bis der letzte überlebende Jünger, Johannes der Alte (Presbyteros) sein Evangelium niederschrieb. Wenn er nach der Überlieferung unter Trajan schrieb, so kann er Jesus nur als Knabe gekannt haben — auch wenn er als achtzigjähriger Greis zur Feder griff. Dem entspricht nun die ganze Art seines Evangeliums. Schon der Stil ist greisenhaft: fast jedes Wort wird noch einmal umschrieben. Johannes meint immerzu sich selbst kommentieren zu müssen. Und die Umrisse der Gestalt von Jesus verschwimmen ihm. In den vielen Streitgesprächen, die er mit Andersgläubigen gehabt hat, hatten seine Erinnerungen sich umgestaltet, wie bei jedem Greise.

Die äußere Lage hatte sich verändert. Nach der Zerstörung Jerusalems hatten die Pharisäer die Leitung des Volkes in eigene Hand genommen. Sie hatten die Christen einfach aus der Synagoge ausgeschlossen, sie erklärten jeden für einen Ketzer, der auch nur ein einziges Wort von Jesus billige;[4] sie fügten ins tägliche Gebet eine Bitte ein, Gott möge diese Abtrünnigen vernichten.[5] Aus der Hitze dieses Kampfes heraus schreibt Johannes auch Jesus direkt judenfeindliche Worte zu: ihr seid die Kinder des Teufels. Sonst aber weiß er vom Leben des Jesus nichts zu berichten, als eine Reihe von faustdicken Wundertaten. Nur die Ereignisse und Gespräche beim letzten Mahl werden breit ausgesponnen, und über das Verhör vor Pilatus scheint er sogar besser unterrichtet zu sein, als Markus, über den Tod hat er mindestens eine Quelle, die richtige Angaben enthielt, und die auch Lukas schon vorlag.

Nicht das Leben des Menschen Jesus zeichnet Johannes, sondern die Selbstverkündigung eines Gottes. Der Täufer kündet ihn an, als das Lamm Gottes. Das erste Wunder, das Jesus vollbringt, ist die Verwandlung von Wasser in Wein, wie sie das Erscheinen des Dionysos kennzeichnete. Und wie ein neuer Dionysos sagt er zu den Jüngern: ich bin der Weinstock und ihr seid die Reben. Wie überhaupt dieser johanneische Jesus im Stil von sich redet, wie Isis und andere Götter der Inschriften: ich bin die Wahrheit, ich bin das Licht der Welt: ich bin der Weg, die Wahrheit und das Leben. Ich und der Vater sind eins.

218

Man kann diese Worte in der Art der Mystiker ausdeuten. So hat ja 900 Jahre später der Mystiker Halladj in der Verzückung gerufen: ich bin Gott. Auf solche Bedeutung weist besonders der Satz, der die Jünger auffordert: bleibt in mir, wie ich in ihm (in Gott). Hier ist Jesus der Mittler zu Gott geworden, die heilige Mahlzeit der Gemeinde zur mystischen Vereinigung mit diesem Mittler und dadurch mit Gott selbst, ganz wie in den zeitgenössischen bacchischen Kulten.

Dies Bild des Mysteriengottes Christus hat sich im Laufe der Kirchengeschichte immer mehr über das Bild des Menschen Jesus gelegt und diesen weithin aus der Sicht der Gläubigen verdrängt. Damit wurde die neue Religion fähig, alle die Mysterienkulte der ägyptischen und griechischen Welt in sich aufzunehmen, die Gottesgebärerin Isis als Gottesmutter Maria, und Jesus selbst als den Heilbringer, menschlich näher als der ägyptische Horos und Serapis, der kleinasiatische Attis, der persische Mithra oder der griechische Dionysos und Adonis. Und wer dürfte bestreiten, daß die mystische Erfahrung Wahrheit sei? Nur geschichtliche Wahrheit ist sie nicht.

Neben dem Festhalten dieses mystischen Bildes hat Johannes aber noch einen weiteren Zweck oder Anlaß bei der Niederschrift seines Evangeliums. Oft müssen sich die Christen zu dieser Zeit haben sagen lassen: euer Meister hat gelogen, er ist nicht wiedergekehrt zum Gericht. Darauf antwortet Johannes: er ist dagewesen zum Gericht. Sein Erdenwallen war selbst die Krisis — das griechische Wort kann Gericht, Entscheidung oder Sonderung, auch nur Scheidung bedeuten. Er läßt Jesus sagen: ich richte niemanden, aber wer mich ablehnt, der hat sich damit selbst gerichtet, — sich ausgeschieden aus dem Reiche der in Gott Lebendigen. An der Stellung zu Jesus scheiden sich die Menschen, und dies eben sei das „jüngste" Gericht, mit dem der neue Aion anhebt. Das ist zwar johanneische Ausdrucksweise, aber trifft den Sinn dessen, was Jesus selbst gemeint hatte, wenn er durch sein Wort das Reich Gottes gründen wollte. Aber diesen tiefsten Gedanken des Johannes hat die Kirche bis heute nicht begriffen. Noch immer wartet sie auf die Auferstehung des Fleisches und das Gericht über Lebende und Tote.

Wollte ich die geschichtliche Wirkung von Jesus schildern, so müßte ich nun eine kurze Darstellung der Kirchengeschichte bis zum heutigen Tage folgen lassen. Aber das würde nicht nur weitere Bände nötig machen. Es könnte dabei doch nichts anderes erzählt werden, als wie das Jesusbild bald dieses, bald jenes Evangelisten sich in den Vordergrund gedrängt hat. Denn alle die Gestalten der Kirchengeschichte, selbst Männer wie Augustinus und Luther sind gegenüber den großen Kündern um die Zeitenwende: gegenüber dem Täufer, Jesus, Petrus, Jakobus, Paulus und

Johannes doch nur Nachahmer, Nachbeter vorgefaßter und fest formulierter Gedanken, die sie aus den Schriften des Neuen Testaments entnommen haben. Das Bild von Jesus, das Paulus und die Evangelisten hinterlassen haben, hat sie alle bestimmt. Möchte es mir gelungen sein, das Bild des geschichtlichen Jesus, das bei allen als eigentlich lebendige Kraft durchscheint, in ähnlich eindrucksvoller Weise erstehen zu lassen.

Anmerkungen

Vgl. allgemein zu diesem Kapitel mein Buch: die Glaubwürdigkeit der Evangelien, 1969.
1 Papias und Justinus martyr. Solche Anklänge sind gewiß nicht aus mnemotechnischer Absicht entstanden.
2 Ed. Meyer Ursprünge und Anfänge des Christentums I 1924, S. 235 u. 250 f will nachweisen, daß in dieser Spruchsammlung Markus selbst benützt sei, und sich des Papias Notiz über das Matthäus-Evangelium auf diese Spruchsammlung beziehe. Aber unser Matthäus-Evangelium ist so deutlich noch in der Erwartung der nahen Wiederkehr geschrieben, daß mir diese Thesen als unwahrscheinlich vorkommen, Bomann a.a.O., S. 112 ff will die Spruchsammlung dem Kreise der Hellenisten um Stephanus zuweisen. Das scheint mir ohne Gewähr. Näher liegt es jetzt, einen Kreis um den Apostel Thomas zu vermuten.
2a Daß der Judäer Matthäus für die judenchristliche Gemeinde sein Evangelium auf aramäisch abgefaßt hat, müßten wir unterstellen, auch wenn es nicht überliefert wäre. Warum der bei den Judenchristen durch Epiphanios und Hiernoymus bezeugte aramäische Matthäus nicht dieses selbe Evangelium sein soll, sondern ein aus dem griechischen rückübersetzter Text, mag ein anderer begreifen. — Eine eigene Sonderquelle für das Sondergut des Matthäus anzusetzen, ist nicht erforderlich. Er war doch selber ein Träger der Tradition, und zwar der judenchristlichen, — sofern man überhaupt den frühen Nachrichten irgendeinen Wert zubilligen darf.
3 v. Kamphoevener, Anatolische Hirten-Erzählungen dokumentiert wie dieses Standesbewußtsein der Hirten bis in die Gegenwart lebendig ist. Die sumerische Erzählung von Dumuzis Werbung um Innin belegt dies Standesbewußtsein für das 3. Jahrtausend v. Chr.
3a Für das Sondergut des Lukas möchte Boman a.a.O. eine weibliche Erzählerin erschließen, die er mit Maria Magdalena identifiziert. Diese mag als erste Formerin besonders der hebraisierenden Quelle, die gutes Detail über Golgatha bei Lukas und Johannes bringt, in der Tat in Betracht kommen. Für die Übermittlung an Lukas liegt es näher, die Töchter des Philippus zu unterstellen.
4 Strack-Billerbeck I 37 f.
5 ebenda I, S. 406, IV, S. 218 f.

Die christlichen Theologen sagen, das Alte Testament sei nur ein Bruchstück, solange es nicht ergänzt wird durch das Neue. Geradeso wird das bisherige Christentum nur als Bruchstück dastehen, sobald das Ereignis eintritt, auf das es wartet: die Wiederkehr des „Logos". Und vielleicht sind es nicht die schlechtesten Christen, die es schon jetzt nur als Bruchstück empfinden.

Es war meine Aufgabe, als Geschichtsforscher, den Anfängen des Christentums nachzugehen. Ich habe versucht, die menschlichen psychologischen Zusammenhänge bis ins visionäre Erleben hinein aufzudecken. Ich bin der Zuversicht, daß solche Einsicht in die geschichtlichen Zusammenhänge den Glauben nicht zerstört, sondern ihn im Gegenteil aus undurchsichtig gewordenen Hüllen der Vergangenheit befreit, und dem Erkennenden Mut gibt, den vorbildlichen Gestalten zu folgen, die den christlichen Glauben zuerst vorgelebt haben; — und auch den Mut zu eigenem visionären Erleben. Dann kann die geschichtliche Erkenntnis auch zum Grundstein neuer Gotteskunde werden. Freilich ist es schwerer, den ersten Jüngern oder gar Jesus selbst nachzuleben und sein Leben gottverbunden an die gottgesetzte Aufgabe zu wagen, als die von ihnen geprägten Worte formelhaft nachzusprechen. Das negative Christentum der Glaubenszänkereien zu überwinden durch das Christentum der Gottesunmittelbarkeit und der sozialen Tat, die Liebe übt gegen Dankbare und Undankbare, das ist die Aufgabe, zu der uns die geschichtliche Betrachtung des lebendigen Jesus aufruft.